梦山书系

AI如何适用于教学

给中小学教师的实操指南

刘大伟　赵梓如　等 编著

海峡出版发行集团 | 福建教育出版社

图书在版编目（CIP）数据

AI 如何适用于教学：给中小学教师的实操指南/刘大伟等编著．－福州：福建教育出版社，2025.8.
ISBN 978-7-5758-0687-9
Ⅰ．G632.0-39
中国国家版本馆 CIP 数据核字第 2025TR8723 号

AI 如何适用于教学
——给中小学教师的实操指南
刘大伟　赵梓如　等 编著

出版发行	福建教育出版社
	（福州市梦山路 27 号　邮编：350025　网址：www.fep.com.cn
	编辑部电话：0591-83727542　83726908
	发行部电话：0591-83721876　87115073　010-62024258）
出 版 人	江金辉
印　　刷	福建东南彩色印刷有限公司
	（福州市金山工业区　邮编：350002）
开　　本	710 毫米×1000 毫米　1/16
印　　张	14.5
字　　数	208 千字
插　　页	2
版　　次	2025 年 8 月第 1 版　2025 年 8 月第 1 次印刷
书　　号	ISBN 978-7-5758-0687-9
定　　价	45.00 元

如发现本书印装质量问题，请向本社出版科（电话：0591-83726019）调换。

目　录

绪论 ·· 1

第一章　AI 适用教学的价值与原则 ·················· 8

第一节　为什么说 AI 是教育变革的必然选择 ············ 8
一、传统教育模式面临哪些根本性困境 ······················· 8
二、全球信息化如何重塑教育格局 ····························· 10

第二节　AI 将如何重构教学核心价值 ···················· 11
一、精准化教学能带来哪些质变 ································ 11
二、个性化学习有哪些实现路径 ································ 13
三、AI 如何实现教学效能跃升 ································· 14
四、AI 将催生哪些教学模式革命 ······························ 15

第三节　AI 教学必须遵循哪些核心原则 ················· 17
一、教育主体性原则如何把握人机边界 ······················ 17
二、伦理安全原则有哪些不可逾越的红线 ·················· 19
三、教学适配原则如何避免"技术至上" ··················· 21
四、如何把握 AI 教学融合的渐进性原则 ··················· 22

第二章　AI 教学工具测评与选型指南 ·············· 24

第一节　AI 浪潮下，如何慧眼识珠，选对您的教学好搭档 ···· 26
一、AI 工具百花齐放，如何精准把握 ······················· 26

二、分类看待 AI，方便后期选型 …………………………………… 27

　　三、本章目的：助您高效选型，用好 AI 教学工具 ……………… 31

第二节　AI 工具大点兵，快来挑选您的"主力干将" ………………… 32

　　一、文本阅读与写作类 AI 工具 …………………………………… 32

　　二、图片与视频生成类 AI 工具 …………………………………… 38

　　三、智能交互与学伴类 AI 工具 …………………………………… 40

　　四、作业生成与智能批改类 AI 工具 ……………………………… 43

　　五、科研写作类 AI 工具 …………………………………………… 44

第三节　可以从哪些核心维度科学测评 AI 教学工具 ………………… 47

　　一、如何评估 AI 教学工具的功能性与教学适用性 ……………… 48

　　二、技术性与易用性应从哪些方面开展测评 …………………… 54

　　三、如何识别与规避 AI 大模型在教学场景中的"幻觉"现象 …… 57

第四节　AI 工具选型决胜局：哪三大思维定成败 ……………………… 60

　　一、秉持工作流思维：先拆分教学任务，明确教学任务中 AI 的
切入点，高效人机协同 ………………………………………… 61

　　二、强化技术链思维：打造自己的 AI 工具库，让 AI 合力助推
教学任务高效改进 ……………………………………………… 69

　　三、立足需求性思维：分配给 AI 最适合的任务，最大化发挥教
师自己的教学能力优势 ………………………………………… 71

第三章　AI 赋能教学的教师准备 ……………………………………… 76

第一节　如何提升数字技术知识与技能 ………………………………… 77

　　一、怎样主动解锁前沿数字知识与技能 ………………………… 77

　　二、怎样能快速升级数字化教学技能 …………………………… 79

第二节　如何提升数字化应用能力 ……………………………………… 82

　　一、如何玩转 AI 工具"组合拳" ………………………………… 82

二、如何有效运用智能工具达成不同学习目标 ············· 84
 第三节　如何借助数字化技术提升专业素养 ················· 90
　　一、如何用 AI 进行教学实践反思与改进 ················· 90
　　二、如何选用 AI 工具进行专业阅读 ····················· 92

第四章　AI 支持下的教学流程 ································ 96
 第一节　教学前测：AI 如何破解学情密码 ··················· 96
　　一、如何借助 AI 设计教学前测内容 ····················· 97
　　二、如何借助 AI 组织教学前测 ························ 101
 第二节　教学设计：AI 如何赋能教师备课 ·················· 103
　　一、如何深度对话 AI，辅助教学策略优化 ··············· 103
　　二、如何借助 AI 有效生成教学资源 ···················· 108
 第三节　教学现场：AI 如何驱动实时交互 ·················· 117
　　一、AI 伴学有哪些百变魔法 ··························· 117
　　二、AI 赋能下，课堂如何实现学习方式转变 ············· 121
 第四节　教学反思：怎样用 AI 实现教学迭代 ··············· 124
　　一、时空维度的全景洞察 ····························· 124
　　二、认知层面的深度解构 ····························· 126
　　三、评价体系的范式革新 ····························· 127

第五章　AI 赋能教学的学科应用 ···························· 129
 第一节　语文教学场景中的 AI 工具应用初探 ··············· 129
　　一、数字赋能的小学语文古诗教学 ····················· 129
　　二、"追问"AI，赋能高中作文进阶教学 ················ 134
　　三、人工智能在语文阅读教学中的"智读"路径探索 ······ 139

第二节　数学教学场景中的 AI 工具应用初探 …………… 142
一、课外的教研"多面手" ……………………………… 142
二、AI 在立体几何中的应用探索 ……………………… 147
三、AI 教学智能体助力概念教学的应用案例 ………… 151

第三节　英语教学场景中的 AI 工具应用初探 …………… 155
一、AI 赋能小学英语听说教学 ………………………… 155
二、AI 赋能英语阅读教学 ……………………………… 159
三、AI 赋能英语写作教学 ……………………………… 163

第四节　跨学科教学场景中的 AI 工具应用初探 ………… 169
一、"尝一口人间春色"综合实践活动 ………………… 169
二、"科巷 AI 变形记"综合性学习活动 ……………… 173

第六章　AI 支持下的作业管理与日常工作 …………… 176

第一节　AI 如何进行作业管理 …………………………… 176
一、如何进行作业分层设计与布置 ……………………… 177
二、如何进行批改与反馈 ………………………………… 179
三、如何进行分析与追踪 ………………………………… 184

第二节　AI 如何助力教师日常工作 ……………………… 186
一、如何进行日程智能提醒 ……………………………… 186
二、如何填报数据和生成报告 …………………………… 186
三、哪些琐碎工作正在被 AI 悄悄承包 ………………… 189
四、AI 如何让教研会议效率翻倍 ……………………… 190

第三节　AI 如何协助行政日常工作 ……………………… 191
一、如何让 AI 自动生成会议纪要与待办事项 ………… 191
二、年终总结怎样"三键"搞定 ………………………… 192

第七章　AI支持下的学生管理与家校协同 …… 194

第一节　AI支持下，您如何成为超级班主任 …… 194
一、如何落实智能化学生信息管理 …… 194
二、如何进行个性化学生管理支持 …… 198
三、如何辅助学生心理健康监测 …… 203
四、AI如何化身保护学生安全的数字哨兵 …… 205

第二节　AI如何打通家校协同"最后一公里" …… 209
一、家教难题破解：AI私房课单精准推送 …… 210
二、如何用AI破解沟通密码 …… 214
三、怎样用AI组建专家智囊库 …… 218

后记 …… 220

绪　论

《教育强国建设规划纲要（2024—2035年）》中明确提出要"促进人工智能助力教育变革"，尤其对教师群体提出了"深化人工智能助推教师队伍建设"的目标。面对当前人工智能（Artificial Intelligence，缩写为AI）发展得日新月异，尤其是2025年春节期间DeepSeek横空出世，让广大中小学教师借助人工智能实现专业发展，促进教育教学变革不仅成为了可行，也是极为紧迫的工作。但通过我们对一线教师的走访调研发现，借助生成式人工智能参与日常教育教学的教师并不是很多，究其原因，既有经验性教师已经形成的教学"路径依赖"，也有缺乏任务驱动而形成的学习惰性，因而"变革意识"必然成为"智能时代教师的适应与创新素养"[①]。那么，究竟生成式人工智能为中小学教师教育教学提供哪些帮助？本书拟从实践层面阐述当下较为常用的几类生成式人工智能与教育教学的结合，淡化对"是什么""为什么"的研究，凸显"怎么做"，以为中小学教师运用人工智能实践提供更多参考。

随着生成式人工智能迭代更新的速度越来越快，能够适用于教育教学场景的生成式人工智能类型也逐渐增多，除了大家耳熟能详的DeepSeek、豆包、Kimi、Sora、通义千问、秘塔等生成式人工智能软件之外，还有其他一些比较有代表性的生成式人工智能软件。其中与教育教学最为匹配的有以下几个：一是豆包，豆包具有多语言对话功能、语音交互功能、角色扮演功能、代码

---

① 何春，冯晓英. 教师需要怎样的智能素养？——基于全国3.38万名教师的调查分析[J]. 中小学管理，2025（4）：23-27.

生成功能、数据分析功能等，适合于教师与学生在课堂互动中使用；二是有言，有言可以通过文本输入生成 3D 虚拟角色视频，且支持场景选择和角色定制，可以帮助教师制作数字人，免去出镜烦恼；三是希沃旗下的 Bloom，Bloom 基于 DeepSeek 基础上投喂了新课标内容和日常教学素材库，形成了"1＋N＋N"的垂直类教育大模型，支持 AI 一键备课，3 分钟内生成教学大纲、教案和 PPT，可以将教师从重复繁琐的日常备课中解救出来，投入到更具创造力的工作中；四是今春火爆全网的 DeepSeek，DeepSeek 是最具代表性的推理大模型，对框架、数据、文本等方面的思考和处理在很大程度上弥补了人类思考的局限性，它也是当前很多大模型更新的基础底座。

如何将生成式人工智能的迭代更新融入中小学教师日常的教育教学活动中去，从而提高教育教学效率和质量？结合现有工具的使用体验，一线老师可以从备课、上课和评价等几个环节加以运用，将人工智能与日常教学紧密结合。

一是借助人工智能，提升备课效率和质量。借助人工智能参与备课，不仅仅大大缩减了重复劳动的时间和频率，而且还可以借助人工智能的深层次推理功能，进一步丰富教师的备课思路和方法。其实，早在 2019 年中共中央办公厅、国务院办公厅印发的《关于减轻中小学教师负担进一步营造教育教学良好环境的若干意见》中就提出："充分利用现代信息技术特别是人工智能技术，提升教育管理工作的信息化、科学化水平。"但时至今日，在基层学校中，仅就备课这一环节，依然存在着反复手抄等并无实际价值的重复性劳动，大大占用了教师的日常工作时间，增加了教师工作负担。此次 DeepSeek 等推理大模型的横空出世，为教师备课工作进一步智能化，给教师进行创造性工作提供了时间上的可能。

以希沃 Bloom 的"一键备课"为例，我们以"《威尼斯小艇》第一课时"为指令，输入后它立刻进入深度思考阶段，随后提供了四点教学目标，分别涉及语言积累与运用、内容理解与梳理、审美鉴赏与创造、文化传承与理解，教师还可以根据自己对文本的理解增加教学目标。随后教师点击"生成大纲"按钮，Bloom 就开始生成教学活动设计大纲，既可以形成条目式的，也可以形成思维导图式的，还可以变换为表格式的。在点击生成PPT按键后，Bloom开始立刻生成教案及授课PPT，用户既可以发出"生成实录版"指令，将教案设计转化为教学实录，也可以根据自有图片或视频对PPT进行进一步改进完善，其具体耗费时间如下表所示：

表I-1 希沃Bloom"《威尼斯小艇》第一课时"备课用时

功能	指令	生成内容	用时
教师助手	生成一份教学设计	2109字	52秒
	细化教案	3131字	70秒
Bloom一键生成	深度思考	生成4点教学目标	28秒
	生成大纲	教学活动设计3层级导图	57秒
	生成PPT+教学设计	生成PPT+教学设计（含设计意图）	1分13秒

当然作为教师，我们也要注意到，新事物一开始出现时并不是尽善尽美的，Bloom其强大的功能是依托于DeepSeek+新课标+教育教学素材投喂而成，但不同地区的差异也会在备课上有所体现，所以教师要学会分辨。此外，PPT风格雷同、系统不稳定导致的内容混乱都是教师需要在使用过程中予以关注的。但不可否认的是，一键备课的出现大大减轻了教师备课负担，也可以在短时间内实现同课异构的目标，"人人成为教研员"成为了可能。

除了使用希沃Bloom提高日常备课效率外，我们还可以使用有言来开展微课制作，加入更多的视频元素，使课堂教学方式更加多元。我们以一节英语课为例，进入有言界面后选择作品中心和教育教学场景，再选择合适的模板进入制作流程，将已有的PPT上传至有言的"我的素材"中，同时在脚本库中上传脚本，这里需要关注的是要检查脚本和PPT，确保是否一一对应，否则会出现画面和人声不同步的情况，随后设置虚拟人物声音类型，点击3D生成，视频通过渲染就可以形成一个完整的数字人微课视频。

二是贯穿课堂教学，激发学生学习兴趣。在课堂教学环节，教师可以借助人工智能参与到教学工作中去，引导人工智能与学生对话，提升学生的关键能力和必备品格，让学生在辨析过程中形成高阶思维。以五年级写作课《神奇的探险之旅》为例，教师根据现有教材设计了"热带雨林求生指南"，其困难类型包括野生动植物、地形挑战、极端气候、心理压力、装备物资和其他困难，随后要求学生跟豆包进行对话，寻找解决问题的方法和路径，举例如下：

学生：在亚马孙雨林中探险，如果遇到缺少水源这个问题怎么办呢？

豆包：你可以寻找雨水积水处，跟随动物寻找水源，利用晨露收集水分，还可以尝试挖井取水。

学生：豆包，我应该如何跟随动物寻找水源呢？

豆包：1. 观察哺乳动物的活动足迹；2. 留意青蛙的叫声，它们生活在水中。需要注意的是虽然动物可以帮助我们寻找到水源，但是需要进一步处理才可以饮用，如过滤、煮沸等。

学生：那我应该如何将在亚马孙热带雨林里找到的水进行过滤呢？

豆包：过滤分为三个步骤。1. 在瓶盖底部扎几个孔；2. 自下而上依次填入 2—4 厘米厚的干净细沙；3. 将不清洁的水慢慢导入自制的简易过滤器中，用水壶收集。

学生通过对豆包的反复追问，搜集和整理了野外探险中可能存在的困难和求生方法，丰富了学生的信息来源，为下一步撰写想象类探险故事补足了信息差，而且这样的问答式交流过程，也进一步激发了学生的学习兴趣。这样的人工智能参与课堂，既帮助"学习者培养高阶思维，又有助于形成三元分工的学习任务"[①]。

除了在课堂教学过程中运用人工智能激发学生学习兴趣外，教师还可以在其他众多教学场景中运用人工智能进行游戏编程，从而调动学生学习和研究的兴趣。如教师给 DeepSeek 下达指令："请编写一个核心主题为'早读种小树'的程序，主要内容为监听读书音量，进行识别，当达到一定音量时，

---

① 顾小清，王成梁，王培均，景玉慧. 生成式人工智能赋能教学的机制、需求与路径[J]. 中国教育学刊，2025（4）：15-22.

自动生成一棵小树。"那么 DeepSeek 会根据需求提供一个基于 Python 实现的"早读种小树"程序，通过声音监测和图形化界面实现核心功能。以此类推，教师还可以设计数独数字小游戏、古诗接龙、默读养小花等多种课堂游戏编程，丰富课堂教学的方式。

三是参与教学反馈，改进提升学习效果。 运用人工智能参与课堂教学反馈，有中观和微观两个层面。从中观层面来说，教学反馈需要借助课堂观察设备对一节课的提问频次、师生参与度、教师活跃范围、有效提问次数、学生抬头率等多个维度进行分析统计，从而对这节课的教学类型、教师风格、教学效率等进行研判，为后续授课进行改进。当前，科大讯飞、希沃等知名企业已经在这一领域取得了积极进展。而从微观层面来说，教学反馈更多的是教师借助人工智能对课堂教学的进一步改进，如作业设计、课后辅导等方面。

以作业设计为例，我们可以利用人工智能的推理能力举一反三，为不同层次的学生设计分层作业，如以下作业案例：

下面这道题中，加点词语使用错误的一项是（　　）

A. 他们的相声表演精彩极了，台下传来此起彼伏的笑声。

B. 她时常想念起故乡，那是一座依山傍水的小城。

C. 节日的大街上车水马龙，好不热闹。

D. 夕阳西下时，路过这个村庄，总能看见鸡犬相闻。

根据这道作业，教师向 DeepSeek 提出问题："我是一位小学四年级的语文老师，请你仿照这一题，帮我再出此类题目，考查学生对'高楼林立''车水马龙''灯火辉煌''炊烟袅袅''依山傍水''鸡犬相闻''繁华''璀璨''肥沃''静谧'这些词在语境下的理解。在出题的时候请按照小学四年级学生的认知水平，从简单、中等、有难度三个等级各出三道题。"根据这样的提示语，DeepSeek 随后生成了简单题、中等题和难题三个类别，对于简单题其生成时显示语境明确、错误明显；中等题则是搭配或语境稍复杂；难题则需要结合多维度理解。

在课后辅导方面，我们可以根据需要，运用人工智能为学生布置有针对性的作业。如在整理书单时，我们向 DeepSeek 提出指令："我是一名语文老师，想组织一次小学五年级综合性读书活动，主题是'转化的妙用'，突出在生活中运用转换思维解决问题的价值，请你帮我梳理关于此主题并适合小学五年级学生阅读的书单，包含整本书和单篇古今中外历史名人故事，保证书中内容有正确的价值观。"DeepSeek 经过推理后给出了详细的书单，在整本书阅读推荐中包含了数学思维转化类、科学发明类和生活智慧类，在单篇名人故事中包含了中国古代智慧、西方科学经典和跨学科案例。同时，DeepSeek 还给出了活动的设计建议及对价值观的把关标准。

当然，生成式人工智能与教师的交融匹配还存在很多问题，我们还需要做到：

一是学会选择，发挥各类人工智能的优势。 因为当前可适用于教育教学的人工智能软件很多，且各自特征非常明显，所以我们在实践中需要结合各方优势，统筹把握。在选择过程中，我们既要考虑到响应速度、知识准确性等技术性能问题，也要考虑到学科特性、学生认知等科学适配问题，更要考虑到数据隐私、文化偏见等伦理安全问题，也只有这样，我们才能更好地驾驭工具，而不是被工具所牵引。

二是学会对话，激活人工智能深层思考。 在和人工智能对话过程中，我们一方面要融入教育思想，明确对话边界，另一方面也要开展动态交互，实现人机共思。

三是学会思辨，捍卫教育者主体地位。 人工智能固然有着非常强大的功能，但作为教育者，我们一定要反思道与术的关系，把握好两者的边界。这就要求我们使用者始终要保持独立思考的能力，批判性地使用人工智能，"不能盲目地全盘接受，更不能将教育教学的权力全部交给人工智能"[①]。如希沃 Bloom 的一键备课，固然有着极高的工作效率，但其单一的 PPT 风格并不一定适合每一节课，这就要求教师能够批判性地使用人工智能工具。

---

① 陈殿兵，朱珺琦，杨新晓.《教师人工智能能力框架》视角下教师数字能力的推演[J]. 教学与管理，2025（10）：24-28.

作为教师，我们要做好两个方面，一是要通过追问人工智能来厘清基本的教育问题，二是通过追问进一步明确自我坐标，只有这样，才能实现人机协同中教师与机器"琴瑟和鸣的协奏"[①]。

人工智能的高速发展必然会对未来的教育教学产生重大变革。中小学一线教师掌握基本的实践操作，改进课堂教学，也是当前一个刻不容缓的问题。而对教师而言，如何打破传统教育教学形成的路径依赖，去学去运用，将会是未来教师培训工作的重点。基于"做比不做好，早做比晚做好"的思路，我们南京的教师率先实践，真正做到"工作研究化，研究理论化，理论实践化"，以下为我们实践成果的总结。

---

① 杨征铭，靳玉乐."琴瑟和鸣的协奏"——人机协同教学中教师与智能机器的关系探讨[J]. 中国远程教育，2025（4）：99-113.

第一章　AI 适用教学的价值与原则

教育正在经历一场由技术驱动的深刻变革。人工智能不仅改变了知识的获取方式，更在重塑教与学的整个过程。理解 AI 在教育中的价值定位和应用原则，是每位教育工作者适应这场变革的起点。

AI 技术在教育领域的渗透已是不争的事实。从智能批改系统到个性化学习平台，从虚拟实验室到学情分析工具，人工智能正在教学各个环节展现出独特价值。这种价值不仅体现在效率提升上，更在于它为解决教育中长期存在的难题提供了新的可能。然而，技术应用若缺乏明确的价值导向和原则约束，就可能偏离教育本质，甚至带来新的问题。

确立 AI 教育的价值与原则至关重要。这些原则既是对技术应用的约束，也是对教育本质的守护。本章将系统探讨 AI 教育的价值体现和应用原则，为后续具体场景的讨论奠定基础。通过理解 AI 能为教育带来什么、不能替代什么，以及应该如何合理运用，教育工作者才能在这场变革中把握主动，让技术真正服务于教育。

第一节　为什么说 AI 是教育变革的必然选择

一、传统教育模式面临哪些根本性困境

翻开任何一本教育理论著作，都会看到"因材施教""有教无类"的教育

理想宣言。但当我们走进真实课堂——尤其是那些被资源、条件和传统惯性束缚的教室，便会发现这些理想与现实的撕裂。以下这些故事背后，折射的正是传统教育难以自愈的沉疴。

(一) 资源之困：当山区孩子只能"遥望"优质课堂时

在山脉的褶皱深处，某地的师生们曾深陷教育资源匮乏的泥沼。作为省级乡村振兴重点帮扶县，这里 95.5% 的面积是山区，森林覆盖率 77.01%，孩子们面对的不仅是地理的阻隔，更是知识的荒漠。这种困境折射出县域教育发展的深层矛盾——山区经济滞后导致优质教育资源短缺，教育模式僵化难以适应学生实际需求。

这并非孤例。在马来西亚沙捞越的雨林村落里，学生为接入一节在线数学课，需要步行三小时到有网络的镇中心；在非洲肯尼亚，十名小学生共用一本残破教材的场景至今仍在偏远地区上演。教育资源（师资、设备、信息、课程）在地域间存在巨大断层，"有教无类"的理想在起点上就遭遇了现实的折损。教师面临的难题是：如何在资源极度不均衡的条件下，保障基本的教育质量和公平。

(二) 个性之困：被"平均"吞噬的独特天赋

传统课堂最残酷的隐喻，是把所有孩子塞进同一尺码的鞋子里行走。一位芬兰教育观察者曾记录下这样的对比：在亚洲某国小学课堂，教师讲解三角形面积公式时，班级里的学生同步抄写板书；同天在赫尔辛基的学校，孩子们被分成五组：两组用测量工具验证公式，一组编程计算不规则三角地块的肥料用量，还有两组在比较北欧帐篷与埃及金字塔的三角结构。

传统课堂往往像一条"标准化流水线"。其结果是："学得快"的学生被重复练习束缚，潜能无法充分释放；"学得慢"的学生在追赶中逐渐丧失信心，甚至掉队。更令人遗憾的是，那些在绘画、音乐、机械操作等方面有独特天赋的学生，在统一评价体系下，其光芒常被掩盖。用"平均主义"的教学和评价方式处理千差万别的个体，本质上是教学效率的低下和教育机会的隐性剥夺。

（三）动力之困：被分数绑架的教与学

在传统教育模式下，为了追求高分，学生不得不长时间沉浸于高强度的学习中。例如，在新闻里能看到一些学生在寒假期间每天学习 14 小时，甚至出现"边打点滴边刷题"的案例。这种过度的学习压力不仅损害了学生的身体健康，还严重影响了他们的心理健康。然而这种功利化旋涡也席卷全球。在韩国，高中生平均每天学习 16 小时，被称作"放弃睡眠的一代"。过度强调分数和排名，导致学习的内在动机被外在压力所取代，教育促进人的全面发展和终身成长的本源价值被削弱，教与学都失去了本源的生命力。

我们讲这些故事不是为了否定教育工作者的付出，恰恰相反，它们揭示了系统性变革的紧迫性。叶芝说："教育不是注满一桶水，而是点燃一团火。"当我们看到云南无量中学的孩子们通过"星动力"师徒积分重燃学习热情，当芬兰学生在"现象式学习"中为解决问题主动融合数学与生物知识，便明白突破困境的可能路径——而 AI 技术，正为这样的教育重生提供全新支点。

二、全球信息化如何重塑教育格局

信息化浪潮正推动教育从"标准化"向"个性化""智能化"转型，打破资源壁垒、重构学习方式，让优质教育真正跨越地域与阶层的限制。

（一）资源民主化：从稀缺到普惠

互联网突破了师资与地域的限制，使全球共享优质课程成为常态。可汗学院是这一变革的代表——从 2006 年衣帽间录制的数学课，发展为覆盖 60 门学科、46 种语言的免费平台。其"短课＋即时练习"模式显著提升了学习效率，让偏远地区的学子也能接触优质教育，低收入学生有机会提前学习高阶课程。这种资源的广泛流动，为教育公平创造了条件。

（二）个性化学习：AI 破解"一刀切"困境

传统课堂难以满足个体差异，而技术手段能基于学习行为分析，为不同学生定制学习路径。例如 AI 技术深度渗透的数学课堂，检测到学生卡在"分数除法"时，系统会自动提供多种讲解资源，有效缩小学生间的差距。同时，技术也减轻了教师的负担，使其能将更多精力转向激发学生创造力和设计学习过程，呼应了"未来教师是学习设计师"的趋势。

（三）虚实融合：重新定义学习场景

VR（Virtual Reality，虚拟现实，简称VR）和元宇宙技术正在改变传统学习方式，使知识从抽象概念转化为可交互的沉浸式体验。例如，北京师范大学的"三国演义"VR课堂让学生置身赤壁之战的历史场景，通过角色扮演深入理解历史背景与人物内心，显著提升了学习兴趣和参与度。

（四）评价革新：从文凭到能力图谱

随着教育理念的演进，人才评估方式正从单一的学历认证转向更全面的能力认证。部分学校尝试减少标准化考试，转而通过课堂讨论、项目协作等方式评估学生的批判性思维和问题解决能力，推动教育从"标准化考核"向"个性化发展"转变。

全球信息化不是简单叠加技术，而是重塑教育的基因。从可汗学院的普惠实践，到AI驱动的因材施教，技术正让孔子"有教无类"的理想成为现实。这场变革中，AI不再是工具，而是教育进化的必然选择。

第二节　AI将如何重构教学核心价值

一、精准化教学能带来哪些质变

2020年，在新疆维吾尔自治区党委和政府领导下、安徽省党委和政府的支持下，安徽省援疆指挥部联合皮山县委、县政府，启动皮山县智慧教育项目，构建起覆盖全县243所中小学和幼儿园的智慧教育体系，以技术之力推动当地学校教育形态数字化转型。2024年秋季学期，随着智慧课堂、AI听说课堂、大数据精准教学系统等落地乌鲁木齐市第三十八中学，学校正式开启了"技术赋能教育"的探索之路。

语文教师苏莉是智慧教育的受益者，她说："标准朗读甚至能让学生清晰认识到前鼻音和后鼻音的区别。"在数学教师刘丽娟的办公电脑里，大数据精准教学系统生成的学情分析报告清晰标注着每个学生的薄弱知识点。"以前凭经验授课，现在靠数据说话。"刘丽娟展示着平台上的数据分析，全班共性问题一目了然。心理健康教师木尼拉·太来提发现，AI心理伙伴成为学生的"秘密树洞"——不愿当面倾诉的孩子，会在平板上与AI对话缓解压力。

课堂上，AI黑板的"随机选人""小组PK"等功能，让向来安静的数学课堂变得热闹起来。在讲到"正方体展开图"时，教师通过几何图形模型动态演示，让抽象的知识变得直观。"看着大屏上的立体几何图形展开又收起来，千变万化，真的非常有趣！"学生阿布都拉·肉扎吉兴奋地说。

我们会发现其中发生质变的内核恰恰是从"模糊经验"到"数据透视"。精准化教学的本质，是让曾被忽视的细节纤毫毕现。而AI如同一台"教学显微镜"，在以下两个层面引发质变：

（一）诊断精度跃升：从"感觉没懂"到"数据证明"

过去，老师只能凭经验判断学生的学习情况，就像在雾里看花，总觉得哪里不对劲，但又说不清具体问题。比如，老师觉得某个学生数学成绩下滑，但不知道是哪个知识点没掌握好。现在有了AI，就像有了一个"学习侦探"。它可以分析学生每一次作业、每一次考试的数据，找出那些被忽视的小问题。比如，AI发现学生在做几何题时，总是对某些图形的性质理解不到位，这就是"数据证明"。老师可以根据这些精准的信息，针对性地辅导，而不是盲目猜测。

（二）干预靶向性增强：从"大水漫灌"到"精准滴灌"

以前的教学方式，就像给庄稼浇水，不管需不需要，一股脑儿全浇上，效果肯定大打折扣。现在，AI能够根据每个学生的学习进度和问题，精准地提供帮助。比如，一个学生在学习英语语法时总是出错，AI就能推送专门针对这个语法点的练习题和讲解视频。而且，AI还能根据学生的反馈，不断调整教学内容和难度，就像精准滴灌一样，确保每个学生都能得到最适合自己的学习资源。下表1-1为传统教学与AI精准干预的对比。

表 1-1 传统教学与 AI 精准干预的对比

传统模式	AI 精准干预
全班统一练习册	分层推送习题：学困生练基础，优生攻拓展
教师经验判断重难点	AI 定位高频错题，课堂时间聚焦"红色预警区"

精准化教学利用 AI 技术不仅让教学更加高效，也让每个学生都能在自己的节奏里学习，真正实现了因材施教。当技术让每一处薄弱被看见、每一次进步被回应、每一种差异被尊重，教育便从"筛选"走向"滋养"，从"标准化"走向"人的绽放"。

二、个性化学习有哪些实现路径

（一）动态调整：从一成不变到因材施教

AI 可以根据学生的学习进度和表现，动态调整学习内容和难度，确保每个学生都能在自己的节奏里学习。山东大学的"基于知识图谱和大模型的计算机通识课程智能数字教师"项目，通过 AI 助手和助教，为学生提供 24 小时答疑、学习路径规划和一对一编程辅导。该平台能够根据学生的学习进度动态调整教学内容，确保每个学生都能跟上课程进度。

（二）智能推荐：从千篇一律到量身定制

AI 能够根据学生的学习偏好和认知风格，提供量身定制的学习资源和策略，确保每个学生都能采用最适合自己的方法学习。

国内某儿童英语启蒙软件，推出"开口神器"AI 个性化对话系统，用"腾讯混元＋DeepSeek"双模技术与腾讯云 ASR 语音识别能力，赋予"开口神器"强大的 AI 基因。AI 系统会根据学生的语言水平，动态调整对话难度与频次，真正实现个性化教学。除了让学生在真实语境中提升英语应用能力，它还能够根据学生的英语水平、学习习惯、学习时间等多维度数据，自动生成符合学生需求的英语学习计划。该平台通过智能推荐，确保每个学生都能在自己的节奏里学习，以此激发对英语的学习动力。

（三）实时反馈：从滞后到即时

AI可以实时监测学生的学习表现，提供动态的评价和反馈，帮助学生及时调整学习策略。贵州医科大学的"智慧绿脉"项目通过多模态智能问答系统与AI助教，生成个性化学习路径。在贵州大学公共英语课程中，其团队引入24小时智能学伴系统，配合VR/AR技术打造的沉浸式语言环境，彻底改变了传统语言学习模式，提升学生的高阶思维能力。通过构建英语知识图谱和智能批改系统，在平台上通过实时反馈，帮助学生及时发现和解决问题，实现了"教、学、练、评"全链条智能化改造。

AI个性化学习的核心，是在技术的支持下，守护每个学生的独特性。它让知识成为学生探索世界的阶梯，而非束缚天赋的枷锁。教学亦是如此，我们不是修剪野花的园丁，而是为其挪开遮光石头的引路人，而AI，正为我们提供了这双"移石之手"。

三、AI如何实现教学效能跃升

近年来，逐渐在试点学校开展的"AI双师素质课堂"正是线上教师通过AI辅助课堂互动系统授课，线下助教利用AI系统监测学生实时反馈，进行个性化辅导。其中，人民智课团队联合中国科学院、北京师范大学、北京电影学院、中央音乐学院等院所研发了近百门素质教育课程，课程体系覆盖德、智、体、美、劳五大方面，全面助力各地实现素质教育"五育并举"和课后服务"扩资源、上水平"。人民智课"AI双师素质课堂"充分利用人工智能与生成式大模型等先进技术，为教师备课、课堂教学和课后服务提供AI赋能，实现了"专家教授＋AI教师＋校内教师"的联合授课，促进新型师生关系的构建。这一模式不仅提升了课堂互动的频率和效果，还显著提高了备课效率，学生满意度和成绩也有了明显提升。

（一）优化课堂互动

AI技术能够实时分析学生答题、表情反馈等数据，帮助教师及时调整教学策略。AI系统可以精准识别学生的学习盲区，并推送给线下教师，从而提升辅导的针对性。这种智能互动工具不仅让课堂互动更加频繁，还提高了互动的有效性，让更多学生积极参与课堂讨论。

(二) 提升备课效率

AI 备课系统能够提供精准的课堂报告和数据分析，帮助教师快速调整备课内容。通过 AI 平台，优秀教师的教学资源得以广泛共享，避免了重复劳动，进一步提升了备课效率。教师可以将更多的时间和精力投入到教学创新和学生辅导中，从而提升整体教学质量。

(三) 增强个性化学习

AI 可以根据学生的学习进度和表现，动态调整学习内容和难度，确保每个学生都能找到自己的学习节奏。AI 助手能够为学生提供 24 小时答疑、学习路径规划和一对一辅导，显著提升了学生的学习效率。通过个性化学习路径规划，学生能够更好地掌握知识，提升学习效果。

以上我们探讨的 AI 技术在提升教学效能方面的本质都是"人的回归"。通过优化课堂互动、提升备课效率和增强个性化学习，AI 不仅提高了教学效率，还增强了学生的学习体验和效果。AI 助教就像强劲的教学加速器，减轻教师负担，释放教学热情，让教育回归本质——用智慧启发思维，用陪伴滋养心灵，用创造点亮未来。

四、 AI 将催生哪些教学模式革命

"当黑板从沉默的平面变为涌动的数字界面，教育便从'传递知识'走向'点燃创造'。"随着数字化浪潮的汹涌来袭，人工智能正以前所未有的速度融入教育领域，为传统教学模式注入了源源不断的活力，使其焕发出新的生机。在泉州市晋光小学，许榕鑫老师在语文教学中勇于创新，巧妙地借助 AI 生图技术，带领学生深入诗歌的世界。学生们在老师的引导下，结合诗意，尽情发挥想象力，描绘出"春江晚景图"的绚丽画面，从而更加直观地领略到诗歌《惠崇春江晚景》所蕴含的深远意境。在这个过程中，学生们不仅提升了对比赏析的能力，还在 AI 技术的背景下，锻炼了创意表达和独立思考的

能力。

与此同时，人工智能在教育中的应用远不止于此。它通过智能分析、个性化推荐和互动学习等功能，全方位助力学生高效地掌握语言技能。对于教师而言，AI技术更像是一位得力的助手，为他们提供了精准的教学工具，使得"因材施教"这一教育理念能够在当今时代更好地落地生根，开花结果。在泉州市晋光小学的数学课堂上，陈莹老师也积极利用智能测距与数据分析工具，将"绘制校园平面图"这一实践任务变得更加精准和高效。学生们在真实的情境中进行探究学习，不仅锻炼了实践能力，还深刻感受到了数字化学习的独特魅力，激发了他们对学习的热情和兴趣。

（一）时空革命：从"教室囚笼"到"无边界学习场"

传统教学模式将学生限制在教室这一固定空间内，学习时间和地点相对固定，缺乏灵活性。AI技术打破了这一限制，将学习空间从教室扩展到无边界的虚拟环境。通过在线学习平台和移动设备，学生可以在任何时间、任何地点进行学习。AI驱动的学习管理系统能够根据学生的学习进度和需求，提供个性化的学习资源和任务，使学习更加灵活和自主。这种无边界学习模式不仅提高了学生的学习效率，还激发了他们的学习兴趣，锻炼了他们的自主学习能力。

（二）师生角色革命：从"权威传授"到"共生共创"

在传统教学中，教师通常是知识的权威传授者，学生则是被动的知识接受者。AI技术的引入则改变了这一角色定位。当AI走进课堂，教师不再是唯一的知识权威，教师和学生之间的关系更加平等和互动。AI工具为学生提供了丰富的学习资源和自主学习的机会，学生可以通过AI辅助工具进行自主探索和学习。教师则更多地扮演引导者和促进者的角色，帮助学生解决学习中的问题，引导他们进行深入思考和创新。这种共生共创的教学模式不仅增强了学生的学习主动性，还培养了他们的批判性思维和创新能力。在这里，学生不再是被动的知识接收者，而是主动的"知识生产者"。

（三）评价革命：从"分数判决"到"成长导航"

传统教学评价主要依赖于分数，这种单一的评价方式往往忽视了学生的学习过程和个体差异。AI技术为教学评价带来了新的变革，从单一的分数评价转向全面的成长导航。AI驱动的智能评价系统能够实时监测学生的学习行为和表现，生成详细的学习报告，提供多维度的评价反馈。这些反馈不仅包括学生的知识掌握情况，还涵盖了学习态度、学习方法和创新能力等方面。教师可以根据这些全面的评价信息，为学生提供更有针对性的指导和支持，帮助学生更好地成长和发展。与传统评价相比，教师主观印象升级为课堂行为AI分析，终结性分数转化为动态成长导航。

从精准定位学习症结到定制个性化成长路径，从解放教师的机械劳动到重塑整个教学模式，AI在重构教学核心价值的同时，也让教育的本质愈加清晰：教育不是培养只会答题的"考试机器"，而是唤醒敢于提问的"探索者"。它用精准让每声叹息都被回应，用个性使每种天赋都找到归途，用效能把教师还给创造的本真，最终在创新的风暴中，托起千万个普通孩子走向光。

但我们必须清醒地认识到，技术始终是教育的"舟楫"，而非彼岸。在AI技术的浪潮中，教师更要坚守教育初心，因为教师对学生的心灵滋养、对思想的启迪引导，才是教育永恒的灯塔。愿每位教育工作者都能善用AI这一利器，在教育变革的浪潮中，守护教育本质，让技术与人文交相辉映，共同培育出面向未来的时代新人。

第三节 AI教学必须遵循哪些核心原则

一、教育主体性原则如何把握人机边界

教育主体性原则强调，在AI与教育的融合过程中，必须始终坚持以人的发展为根本目的，明确划分人机各自的职责边界。这一原则要求AI作为工具服务于教育主体（教师和学生），而非主导或替代教育过程。在实践层面，如何把握这一边界，已成为全球教育智能化探索的核心命题。

（一）教师主体性的守护：AI 作为"教学助手"的定位

芬兰的"AI 导师"国家项目为理解人机边界提供了范例。该项目在学校试点 AI 教学系统，但严格限定其功能范围：AI 负责基础性的知识点讲解、习题生成和答疑，而课程设计、课堂互动和学情分析等核心教学环节仍由教师主导。研究发现，这种分工使教师得以将节省的行政时间用于个性化辅导，显著提升了特定学生群体的学业表现。项目负责人强调："AI 的价值在于解放教师，让他们回归教育的本质——对人的关注。"中国上海的"AI 作文批改"系统则展现了另一种边界划分。该系统可高效处理语法、结构等基础要素的批改，但教师必须亲自批阅思想深度、创新性等核心维度。实践证明，"AI 初筛＋教师精批"的模式在提升教师效率的同时，更有效保障了学生作文思想性评分的提升。这种分工既发挥了 AI 的效率优势，又确保了人文教育的核心价值。

（二）学生主体性的保障：警惕"数据囚笼"效应

教育主体性原则对学生自主性的保护尤为重要。研究表明，过度依赖 AI 学习推荐系统可能导致"算法依赖症"，使学习路径被预设，学生丧失自主探索能力。为预防此风险，新加坡教育部在 AI 学习平台中强制设置了"探索模式"，保障学生每周有自主选择学习内容的固定时间。实践表明，该措施有助于提升学生的元认知能力。更深刻的挑战在于批判性思维的培养。对比实验显示，接受纯 AI 教学的学生在标准考试中表现良好，但在需要"辨析观点矛盾""评估证据可靠性"等批判性思维任务上的表现则不如传统教学组。这印证了相关论断："算法可以优化知识传递，但思想的碰撞必须发生在人与人之间。"

（三）人机协同的最优解：动态平衡的艺术

把握人机边界并非静态划分，而需要动态调整。日本开发了"人机协同指数"评估体系，从知识类型、认知层级和情感需求等维度，为不同教学任务推荐适宜的人机分工比例。例如，在基础知识记忆环节，AI 可承担更多任务；而在需要深度互动的小组辩论指导中，则建议完全由教师负责。韩国则通过立法明确边界红线，其《旨在构建人工智能发展与信赖基础的人工智能基本法》规定，涉及学生心理健康评估、升学就业指导等重大决策时，AI 的参与度必须受到严格限制。这种制度性保障有效防范了技术越界带来的伦理风险。

二、伦理安全原则有哪些不可逾越的红线

人工智能在教育领域的应用必须以严格的伦理安全原则为边界，任何技术创新都不能以牺牲教育公平、学生隐私和人格尊严为代价。综观全球 AI 教育实践，有四条不可逾越的红线，一旦突破将造成难以挽回的教育灾难和社会信任危机。

（一）数据采集的边界

美国在线监控软件 Proctorio 引发的"全景监控"丑闻极具警示意义。该软件不仅要求学生考试时开启摄像头全程监控，还通过眼球追踪、表情分析等技术收集生物特征数据。更严重的是，其隐私政策允许将数据用于"其他商业用途"。2021 年曝光的内部文件显示，该软件在非考试时段仍在后台持续收集学生行为数据，最终引发集体诉讼和 23 个州的立法禁令。这一事件确立了教育数据收集的"三不原则"：不收集与教学无直接关联的数据；不保留超过必要时限的数据；不将教育数据用于商业目的。欧盟《通用数据保护条例》在此基础上更进一步，明确规定：禁止处理学生敏感生物数据；15 岁以下儿童数据需双重授权；所有教育数据必须境内存储。这些规定为全球教育 AI 的数据处理树立了标杆。

（二）算法决策的透明

2020 年英国 A-Level 算法评分事件堪称教育 AI 史上的"黑箱操作"典型案例。由于算法过度依赖学校历史成绩数据，导致来自贫困地区的学生大规模遭遇不公平降级。伦敦陶尔哈姆莱茨区（低收入聚居区）的学生降级率达 47%，而富裕的肯辛顿区仅 18%。这场危机最终演变为全国性抗议活动，迫使政府紧急叫停算法评分系统。英国这次事件给全球教育界敲响了警钟，促使大家更重视教育中使用 AI 的风险和规则。作为回应，欧盟在随后制定的

AI管理规则中，特别将教育AI系统列为需要重点监管的对象。这些规则的核心要求是：教育AI必须提供清晰、易懂的说明，解释系统的基本原理和用了哪些数据；教师必须拥有查看和否决AI建议的权利，确保关键决定由人做出；系统还需要定期接受独立检查，评估其是否存在对学生不公平的偏见，以增加透明度和信任感。

（三）内容安全的防线

ChatGPT等生成式AI进入教育领域后，带来了全新的内容安全挑战。研究显示，这类工具在回答历史问题时可能出现10%—15%的事实错误（斯坦福大学，2023），处理敏感话题时存在5%—8%的偏见风险（联合国教科文组织，2024）。更严重的是其"幻觉引用"现象——自动编造不存在的学术文献，这对培养学生学术诚信构成直接威胁。针对这些风险，日本东京都构建的"三层内容安全框架"提供了实践范例：第一层通过国家数据库自动核验关键事实；第二层用AI技术筛查教材中的歧视性表述；第三层确保内容符合国家宪法精神。东京教委还强制要求，所有AI生成教学材料必须标注"AI生成｜日期｜需人工复核"，且教师必须修正错误并签字确认后方能使用。

（四）责任划分的明确

2022年加拿大某大学的AI选课系统故障导致200名学生被迫延迟毕业，这一事件凸显了责任划分的重要性。法院最终判定学校承担全部责任，因其未尽到系统测试和人工复核义务。判决书明确指出："技术缺陷不能成为推卸教育责任的借口。"法国建立的"三维责任框架"更为完善——①开发者责任：必须投保专业责任险；②使用者责任：需进行风险评估和人员培训；③监管责任：设立独立的伦理审查机制。

这些用代价换来的经验教训，共同勾勒出教育AI应用的伦理边界。守住这些红线，不仅是对技术的约束，更是对教育本质的坚守。正如教育家杜威所言："教育不是技术的奴仆，而应是技术的主人。"在智能化浪潮中，我们必须时刻牢记：任何技术创新，都不应以牺牲教育尊严为代价。

三、教学适配原则如何避免"技术至上"

在教育数字化转型浪潮中,教学适配原则犹如指南针,指引着技术应用的合理方向。这一原则要求技术必须严格服务于教学本质,而非本末倒置让教育适应技术。要实现这一目标,需要把握三个核心关键。

(一) 以教学问题驱动技术选择:从"能做什么"到"该做什么"的转变

技术选择必须由真实的教学需求驱动。在教育实践中,常见的一个误区是将技术应用的先进性等同于教育效果的提升。例如,美国某大型公立学区曾推行大规模平板电脑普及计划,投入巨大,最终却因设备实际教学使用率不高、未能有效提升教学效果而终止。究其原因,在于该计划将技术设备的普及本身作为目标,而非针对具体的教学问题。相比之下,上海小学数学"AI分层作业系统"的成功,正是因为它精准定位了作业同质化这一实际教学痛点,通过 AI 技术实现作业的个性化分层,有效帮助了学习有困难的学生完成作业,同时为教师节省了批改时间。这两个案例的对比充分说明,有效的教育技术应用必须建立在对教学需求的深入分析基础上。

(二) 尊重教育复杂性:技术作为支持系统而非替代方案

技术应用需要尊重教育的复杂性。教育过程包含着知识传授、能力培养、价值塑造等多个维度,这些维度对技术有着不同的适应性。研究表明,在知识记忆和技能训练方面,技术可以发挥重要作用;但在高阶思维培养和价值观塑造方面,人际互动仍然不可替代。例如,芬兰的教育实践表明,将 AI 用于基础知识传授可以提升教学效率,但批判性思维的培养仍需依靠教师引导。上海某中学在物理教学中采用"AI 处理知识练习+教师主导实验探究"的混合模式,既发挥了技术优势,又保留了教育中最关键的人际互动环节。这种尊重教育复杂性的技术应用方式,才是真正有效的教学适配。

(三) 警惕技术干扰学习本质:减法比加法更重要

必须警惕技术对学习本质的干扰。随着教育技术的发展,过度依赖技术工具可能导致注意力分散、认知负荷增加等问题。例如,美国某学校进行的

"科技月"实验显示，定期停用智能设备后，学生的深度学习和师生互动质量都得到了有效改善。这说明，技术的应用需要把握适度原则，避免因技术过度介入而影响学习效果。在实践中，建立技术应用的负面清单、设置技术使用边界等措施，都有助于防止技术对学习本质的干扰。

遵循教学适配原则需要教育工作者保持清醒的认识：技术只是实现教育目标的工具，而非目标本身。在推进教育信息化过程中，应当始终坚持问题导向，尊重教育规律，保持技术应用的适度性，这样才能真正发挥技术对教育的促进作用。那些成功的教育技术应用案例，无不是建立在对教学需求的准确把握和对教育本质的深刻理解之上。

四、如何把握 AI 教学融合的渐进性原则

教育智能化转型必须遵循渐进性原则，避免"休克式"改革带来的系统性风险。这一原则强调在技术融合过程中采取分阶段、可逆、可评估的实施策略，通过持续迭代实现平稳过渡。从全球教育实践来看，成功的 AI 融合案例都呈现出明显的渐进特征。

（一）分阶段实施：从试点到推广的必由之路

在教育智能化转型过程中，渐进性原则要求技术融合必须采取分阶段实施策略。美国可汗学院的发展历程提供了优秀范例，该平台最初仅提供有限的数学视频资源，经过多个发展阶段，逐步构建起完善的学习管理系统。这种"由点及面"的扩展方式，使平台能够根据用户反馈持续优化，最终服务了全球范围的大量学习者。

（二）教师赋能：确保技术落地的关键支撑

教师能力建设是渐进融合的核心环节。上海"AI 分层作业系统"采取了分步实施的教师培训方案：从试点学校开始，逐步建立区域性的教师研修共同体，最终形成完善的专业支持体系。这种循序渐进的培训模式，有效提升了教师应用 AI 的能力，为系统的全面推广奠定了坚实基础。

（三）持续评估：建立动态优化的反馈机制

成功的 AI 教育项目都建立了完善的评估体系。上海"AI 分层作业系统"定期召开多方参与的评估会议，根据反馈进行持续的版本优化。这种动态的评估机制，确保技术应用始终与教学需求保持同步。相比之下，某大型公立学区的平板电脑计划因评估机制滞后，未能及时进行必要的调整。

（四）弹性调整：保持教学传统的回归可能

渐进融合需要保持教学模式的弹性。北京某学校的"AI 走班制"实验采取了多阶段的过渡期，从局部试点逐步推进到更广范围的应用，每个阶段都设置了评估节点。这种设计既推动了教学创新，又保留了在必要时回归传统教学方式的可能性，体现了对教育规律的尊重。

（五）价值引领：坚守教育本质的核心追求

教育智能化转型必须以教育价值为根本导向。正如专家指出："技术融合需要像植物移植一样循序渐进。"渐进性原则不是保守，而是对教育本质的坚守。实践证明，尊重教育规律的渐进式融合，比激进改革更有利于教育质量的持续提升。

第二章　AI 教学工具测评与选型指南

许多教师或许和我们一样，对 AI 的集中关注始于 2022 年底或 2023 年初，当时美国开放人工智能研究中心（OpenAI）公司发布的大语言模型 ChatGPT 引发了全球性的热议，上次引发这么大的轰动还是柯洁输给阿尔法围棋（AlphaGO）。起初，我们也曾对这类应用的效果持保留态度，甚至有些"嗤之以鼻"。原因也很简单，因为其本质就是个对话网站，输入一堆文字，然后输出一堆文字，拿来敷衍敷衍平时的一些不用过脑子的文本还算凑合，真要写论文或者辅助教学，差距还是太大。后来国内的很多 AI 应用也开始起步，科大讯飞的星火是我们最早用的，然后就是百度的文心一言以及阿里的通义千问，说实话，除了帮助我们"偷懒"，没发现有什么真的对教学有用的地方。

事情的转机是在 2023 年的下半年，OpenAI 公司专门发布了一个报告叫作《用 AI 教学》(*Teaching with AI*)，提供了很多在教学中使用 AI 的案例，比如怎么围绕特定的群体开发课程，比如怎么在教学中创建特定的类比，再比如怎么针对特定的知识点进行个性化的提问。这些案例就告诉我们一点——AI 还是对教学有用的，只要你会写那些提示词。受这个小册子的启发，我们开始钻研提示词，然后就发现，不管文心一言还是通义千问，只要我们真的能把问题说清楚，它还真的有可能给我们一些还不错的建议。

第二个转机，就是 AI 的多模态功能的出现。大概是在 2023 年底，一系列文生图、文生语音甚至文生视频的功能都开始出现，对我们帮助最大的就是用 AI 制作 PPT，当时金山公司的 WPS AI 帮我们解决了很多麻烦，虽然制作的 PPT 肯定不能直接使用，但是模板很全，搭配还像个样子，的确省了很多事情。除此以外，教学当中需要的那些图片、表格等等，AI在这个时候也都可以帮上忙，当时已经有很多老师用AI来完成一些教案、学案以及课件的制作了，效果都还不错。

在上述两个转机之下，我们开始深度使用AI进行教学以及科研，然而就进入了2024年，整个2024年也是国内发展AI非常迅速的一年，字节跳动的豆包、即梦以及快手的可灵等都成为一线中小学教师公开课上的常客，节省了老师们找图片的时间。智能体功能也越来越多，"数字人"李白、"数字人"杜甫等各种历史人物"数字人"开始不断出现，的确增加了课堂的趣味性。学术层面上"生成式课堂""师—机—生"等热词开始一遍一遍冲击着一线的教育生态，看起来学术圈也在拥抱之前他们不太喜欢的人工智能（至少之前没那么喜欢）。总之就是，AI成为了老师们的"教学搭档"，老师们不断适应的同时，还得把它用好。

AI"搭档"的角色日益清晰，我们作为教师，似乎也迎来了一种"幸福的烦恼"。以往可能是苦于选择有限，而今，特别是自2024年下半年起，各类AI应用大量涌现，几乎到了令人目不暇接的程度，用"雨后春笋"来形容，也并不为过。以教学中应用前景广阔的"文生图"功能为例。仅我们能够接触到的国内工具，粗略统计可能就多达几十种。它们往往都宣称功能强大、效果出众，至少从官方公布的各类指标数据来看，排名都很靠前。然而，我们一线教师日常教学任务繁重，实在难以有充裕的时间和精力去逐一试用和细致比较。

在实际体验中不难发现，工具的选择确实无法一概而论。或许A工具在某位老师手中得心应手，用于历史课件中的古代情景再现效果显著；而另一位老师尝试将其用于数理学科的图表绘制时，却可能感到不甚理想，反而B工具的某个特定功能更能满足需求。每位教师的教学内容、个人使用习惯乃至技术偏好都存在差异，期望某一款工具能完美适配所有情境，显然是不切实际的。

基于此，撰写本章节的主要目的，便是将我们在近段时间以来摸索和使用各类AI工具的经验与体会，无论是成功的经验还是遇到的问题，抑或是哪些工具用起来得心应手，哪些不甚理想——进行梳理和分享，作为一份个人的总结，也希望能为各位老师提供一些参考。当然，我们并非意在断言何种工具绝对最优，毕竟"甲之蜜糖，乙之砒霜"。更核心的想法是，通过分享这些实践经验，协助各位老师梳理选择思路，尝试在众多的 AI 工具中，能够更高效、更精准地识别并挑选出那一两款真正适合自身教学需求、能够成为教学工作中得力助手的"左膀右臂"。

第一节　AI 浪潮下，如何慧眼识珠，选对您的教学好搭档

一、AI 工具百花齐放，如何精准把握

面对 AI 工具如今这般百花齐放、日新月异的景象，相信许多老师都和我们有类似的感受：一方面对这些新技术可能带来的教学变革充满期待；另一方面，面对层出不穷、功能各异的应用，又难免会感到眼花缭乱，不知从何处入手去"精准把握"。这种感觉，就像是走进了一个琳琅满目的大型超市，商品繁多，各有特色，若没有一个清晰的购物清单或区域导览，很容易就会迷失方向，或者花费了大量时间却未能找到最称心的物品。因此，在深入了解和选用 AI 教学工具之前，我们首先需要做的，或许不是盲目地追逐每一个热点，而是尝试为这片繁茂的"AI 森林"构建一个相对清晰的认知框架。

为了帮助大家更好地梳理和理解当前纷繁多样的 AI 工具，我们根据自己一段时间的观察、使用和思考，主要从 AI 工具在教学及相关专业工作中最核心的功能、最能解决的痛点问题以及它们所能辅助生成的成果类型这几个维度出发，尝试对它们进行一个相对实用和直观的分类。需要说明的是，这种分类并非严格的学术界定，毕竟很多 AI 工具的功能是交叉融合的，同一个工具往往能胜任多种任务。这里的划分，更多是希望提供一个切入点，帮助老师们快速识别不同工具的主要特点和适用范围，从而在有具体需求时，能大

致判断应该向哪个类别的工具寻求帮助。基于这样的考虑，我们可以将目前在教育领域崭露头角、值得我们关注的 AI 工具，大致归为以下五个主要类别——**文本阅读与写作类、图片与视频生成类、智能交互与学伴类、作业生成与智能批改类、科研写作类**。

二、分类看待 AI，方便后期选型

那么，这些 AI 工具大概都能帮我们做些什么呢？我们试着从它们在教学工作中能帮上什么大忙，或者主要能做出什么样的东西这个角度，把它们简单分成几类，如图 2-1。这么分，不是说非要搞得多科学、多严谨，主要是想让老师们对现在都有哪些类型的 AI 工具有个大概的印象，心里先有个谱儿。

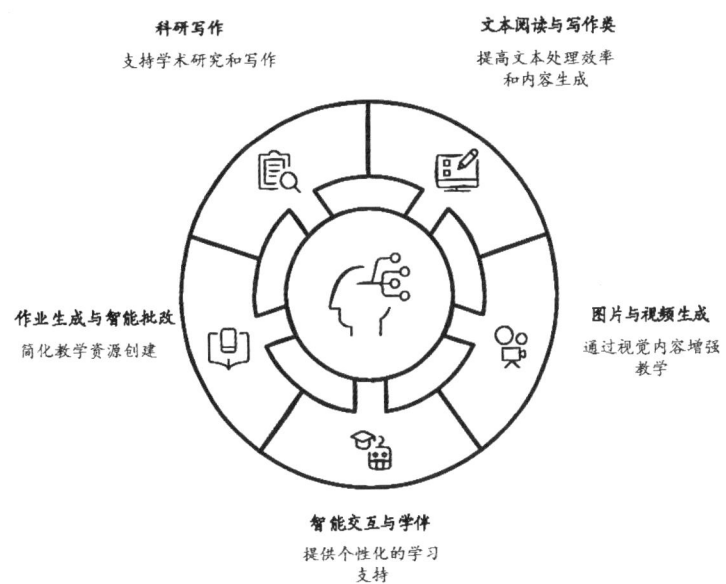

图 2-1 教育中的 AI 工具

第一类，是帮我们处理文字、辅助读写的工具。简单来说，就是那些能帮我们看懂材料，或者帮我们写点东西的 AI。比如，我们备课的时候要写教案，或者想把一些比较复杂的文章内容弄得简单点，方便学生理解；再或者，我们需要给不同学科的学生出各种作文题、写话练习，这类工具都能给我们搭把手，省不少事。这里主要再细分为两种，一种是纯文字的通用 AI，一种是教学场景中的专门 AI，具体见表 2-1。

表 2-1　文本阅读与写作类 AI 举例

类型	名称	网址或下载地址
通用 AI	DeepSeek	https://www.deepseek.com/
	豆包	https://www.doubao.com/
	通义	https://www.tongyi.com/
	Kimi	https://kimi.moonshot.cn
	WPS AI	下载 WPS 后订阅 AI 功能
教学类 AI	匠邦	https://ai.jbangai.com/
	Bloom	https://bloom.seewo.com/bloom/home

注：此处只列出我们常用的 AI 工具，类似工具还很多，不赘述。

第二类，是那些能帮我们做图片和视频的工具。现在很多 AI 挺神奇的，我们打一些字告诉它想要什么，它就能变出图片或者一段小动画、小视频来。我们做课件 PPT 的时候，总想配点好看又合适的图，或者有些知识点用嘴说不太清楚，想用个示意图或者小动画给学生演示一下，这些工具就能派上大用场了。它们能让我们的课件看起来更吸引人，学生理解起来也更容易。目前基本能生成图片的 AI 工具，就能生成视频，所以我们这里放在一起举例，具体见表 2-2，都是我们使用比较多的图片与视频生成类 AI 工具。

表 2-2　图片与视频生成类 AI 举例

名称	网址或下载地址
即梦	https://jimeng.jianying.com/
豆包	https://www.doubao.com/
通义万象	https://tongyi.aliyun.com/wanxiang/

续表

名称	网址或下载地址
可灵	https://app.klingai.com/cn/
海螺	https://hailuoai.com/

第三类，就是我们平时在课堂上用得比较多的——智能交互与学伴类 AI 工具，或者它还有个更简短的术语——智能体。目前能提供智能体服务的都是早期就比较火的几个平台，最早都是做文生文的，比如豆包、通义、智谱、星火等等。上述平台基本上都是在 2024 年中开始，发布自己的智能体平台或者功能，这些工具目前在课堂中使用起来最有趣的点是，能够和学生进行个性化对话，不断地交互。各个平台也都推出了自己开发智能体的功能，用户可以在后台（手机和网站均可）开发专属于自己课堂的智能体，非常方便。我们这里列出电脑端可以进行比较系统的智能体开发的几个平台，除了提示词的设定外，还可以做到知识库的上传乃至工作流的设计。具体见表 2-3。此处需要说明的是，表里列出的四个平台，除了智谱外，都有对应的对话网站，比如扣子，其实就是豆包；通义星尘，其实就是通义千问。直接通过对话网站也可以进行开发，但相比较专门的开发网站，功能是不全的。

表 2-3　智能交互与学伴类 AI 举例

名称	开发地址
扣子	https://www.coze.cn/home
智谱智能体中心	https://chatglm.cn/main/toolsCenter?lang=zh
通义星尘	https://tongyi.aliyun.com/xingchen
星火智能体平台	https://flames.iflytek.com/

第四类，是那些能帮我们生成教学作业，或者辅助批改作业的工具。这类工具主要是想把教师从一些重复性的工作中解脱出来，减轻点负担。比如说，我们需要出很多练习题、小测验卷子，AI 可以根据我们的要求很快地弄出来一批。还有像选择题、填空题这类客观题作业，有些 AI 也能帮我们初步改一改，能快不少。表 2-4 是常用的 AI 工具列举，都是在手机端使用的应用。还是需要说明，作业的批改或者题目的生成，AI 都只能发挥辅助的作用，尚无法直接取

代教师的工作,各位老师最好还是本着提高效率的目的来使用这些 AI。

表 2-4 作业生成与智能批改类 AI 举例

名称	开发地址
批改邦	https://pigaibang.com;或微信小程序直接搜索
小猿 AI	https://www.xiaoyuankousuan.com;或应用商店直接搜索
豆包爱学	应用商店搜索

最后还有一类,主要是帮助教师搞教研、写论文的工具。这个可能不直接用在每天给中小学生上课,但对我们老师提高自己的专业水平、做做研究还是挺重要的。比如我们要写个课题报告,或者总结教学经验写篇小论文,这些 AI 工具能帮我们查些资料、理理思路,让这些工作变得轻松一些。表 2-5 是我们在平时科研工作中常用的 AI 工具,从文献检索、文献阅读以及科研绘图三个角度来归纳当下的工具。

表 2-5 科研写作类 AI 举例

名称	网址	具体用途
秘塔	https://metaso.cn/	开源文献的检索和阅读
知网研学 AI	https://x.cnki.net/web/search/#/	知网上的文献的检索和阅读
IMA	https://ima.qq.com/	基于下载的文献,构建本地知识库进行整合阅读
Get 笔记	https://www.biji.com/	基于微信等手机端口看到的文章,以链接的形式存储为笔记进行整合阅读
Xmind	https://xmind.cn/	对文献或课题内容进行思维导图绘制
亿图图示	https://www.edrawsoft.cn/edraw-max/	结构化的内容呈现

了解了这些 AI 工具的大概分类之后,我们对它们能做什么,心里可能就有个大致的轮廓了。不过,这里要特别强调一点,就算我们把 AI 工具分了上面说的这几类,也清楚了哪些主要是帮我们写文章的,哪些主要是做图片视

频的，但这并不意味着在同一类别里面，随便哪一款工具都适合每一位老师，或者说都适合我们所有的教学情况。

恰恰相反，如果我们再往细里去看，就会发现，即使都是做同一件事情的 AI 工具，它们在设计得怎么样、用起来顺不顺手、对电脑配置要求高不高、做出来的东西效果好不好、风格是不是我们喜欢的这些方面，都可能差别很大。举个例子吧，同样是帮我们写东西的 AI，有些可能因为用起来特别简单，反应也快，所以很多老师喜欢用它很快地写个草稿；另外一些呢，可能在分析问题、组织内容方面逻辑性更强，能帮助我们把文章打磨得更细致、更有深度，但相应地，可能就需要我们多花点儿工夫去学习怎么操作它。

所以说，在对 AI 工具有了一个大概的分类了解之后，"合不合适自己用"这个看起来简单却又非常关键的标准，就显得特别重要，也特别实际了。它其实在提醒我们，真正那个"最好"的选择，不是看哪个工具名气最大，也不是光听别人说哪个好就一定好。关键还是要我们自己静下心来想一想：这个工具的功能特点，跟自己的教学目标、学生年龄段和认知水平、自己对电脑这些新东西的熟悉程度、有多少时间去学去用等等这些具体情况，是不是真的能对得上号、能匹配起来。只有把这些都实实在在地考虑周全了，我们才更容易从这么多工具里，找到那个真正适合自己、用起来得心应手的好帮手。

三、本章目的：助您高效选型，用好 AI 教学工具

前面我们厘清了 AI 工具的大致分类，也强调了选择时"适合自己"才是硬道理。那么，这一章的核心目的，也就非常明确了——希望能通过分享自己亲身使用各类 AI 工具的真实体验，这里面有成功的经验，也有踩过的一些"坑"，还有一些个人总结出来的实用挑选方法和小建议，来为老师们提供一份直接、有价值的参考。

主要目标就是帮助大家在面对层出不穷的 AI 新工具时，能够更有方向感、更有效率，少走些不必要的弯路。希望老师们读完后，能对如何结合自己的实际需求去筛选 AI 工具有更清晰的思路，从而更快，也更准确地找到那

些真正能帮上忙、减轻工作负担，甚至为我们的课堂教学增添亮色的好帮手。当然，选对工具只是第一步，如何将这些工具巧妙地融入我们日常的备课、教学、辅导等各个环节，让它们真正有效地服务于提升教学质量和促进学生发展，这同样是本章希望与大家共同探讨和努力的方向。

第二节　AI工具大点兵，快来挑选您的"主力干将"

上一节，我们一起梳理了当前AI教学工具的大致版图，把它们分成了几个主要的类别，也反复强调了在选择时，"适合自己"才是最重要的标准。理论的框架心里有了数，接下来，就该是"真刀真枪"地看一看，这些AI工具具体都是些什么"兵种"，各自又有哪些看家本领了。

在这一节"AI工具大点兵"中，就准备沿着咱们之前划分的那五个主要方向——也就是文本阅读与写作、图片与视频生成、智能交互与学伴、作业生成与智能批改，以及教师自己也用得上的科研写作这五大类，更具体地聊一聊各类工具中一些有代表性的例子，或者说是一些特别值得我们关注的功能和应用点。我们会一起看看，这些形形色色的AI工具，到底能帮我们老师在日常教学的哪些环节实实在在地解决些问题，减轻些负担，或者带来些新的启发。希望能通过这样的"点兵"，让老师们对这些潜在的"主力干将"有一个更直观、更生动的印象，为将来您在自己的教学工作中挑选和运用它们，打下一个更坚实的基础。

一、文本阅读与写作类AI工具

这类工具，可以说是咱们老师日常工作中最常打交道的"左膀右臂"之一了。毕竟，从备课写教案，到给学生出阅读材料、设计作文题目，几乎处处都离不开和文字打交道。现在，AI在这些方面能帮上什么忙呢？它可不仅仅是帮我们检查个错别字,或者简单地扩写、缩写句子那么初级了。我们来看几个具体的例子,看看 AI 是怎么辅助我们进行更复杂的教学设计和文本处理工作的。

很多老师日常办公可能都会用到 WPS Office,它现在集成的 AI 功能(我们常称之为 WPS AI),在处理文字方面就提供了几个特别实用的功能。比如它的智能文本检查,就超出了传统查错的范畴,能帮我们识别并修改一些不太通顺或准确的表达,让工作文档、通知报告的文字质量有所提升。再比如"伴写"功能,顾名思义,就是 AI 陪着我们一起写。当我们构思发言稿、写工作小结,或者需要针对特定场景调整表达语气时,WPS AI 能提供思路建议、扩充内容或者进行风格转换,像个随时待命的文字助手。还有它的文本"梳理"功能,能快速从长篇文档中提取要点、生成摘要,或者将散乱的信息整理得更有条理,这对于我们快速把握文件精神、整理会议记录等都非常高效。这里拿写讲话稿来举个例子,WPS AI 的伴写功能和核对功能可以很快速地帮助我们成文。

首先,我们先进入 WPS AI 中,点击图 2-2 所示的"伴写"按钮。

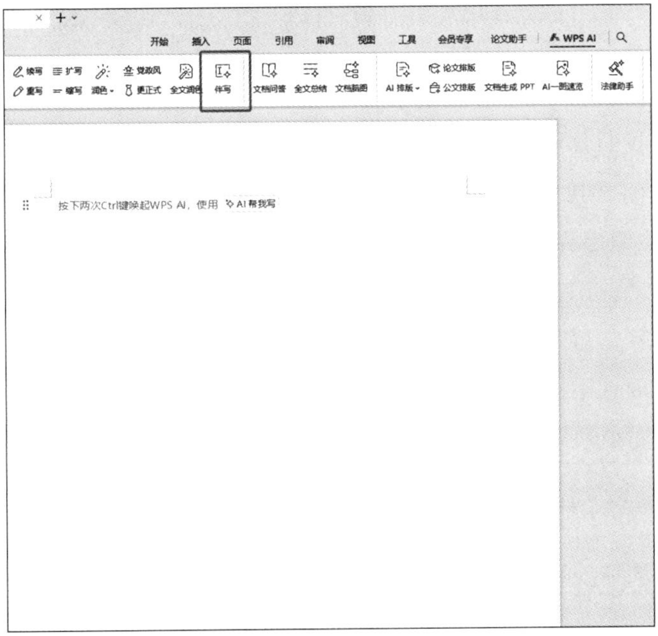

图 2-2　WPS AI "伴写"功能

点击后，右侧会弹出对应的伴写角色，对于教案设计，那就选择老师，对于讲话稿，那就选择行政，其他场景针对性选择就行。在选择完对应的角色后，还可以上传参考资料（可以是网址也可以是文件），让 AI 学习文风。具体见下图 2-3 所示。

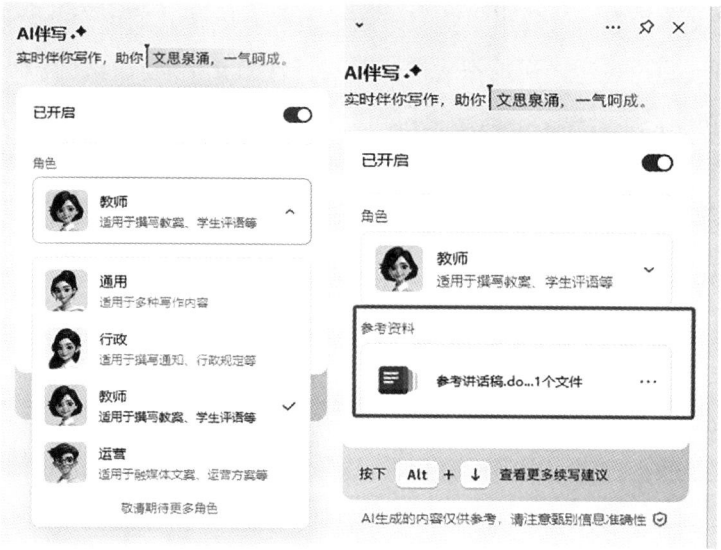

图 2-3　上传参考资料供 AI 学习文风

然后，我们就可以边写边参考 AI 提供的思路了，图 2-4 就是一个例子，在参考了先前学校其他场合的讲话稿后，并基于教师这一角色身份，输入"在这充满希望与活力的美好时刻，我们齐聚一堂，迎来了我校一年一度的小学运动会"后 AI 自动生成了"这不仅是一场体育竞技的盛会，更是展示同学们风采的舞台。每一滴汗水，每一个笑容……"，整个文风和之前的参考资料是一致的，而且不用担心它影响我们的思考，如果觉得不合适，点掉或者自己接着往下写就可以。

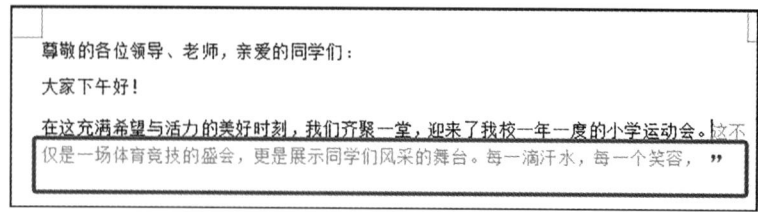

图 2-4　WPS AI 伴写示例

接下来,我们看看其他一些通用大语言模型,比如 DeepSeek,在开启了"深度思考模式"后,是如何辅助我们构思和撰写教案的。相较于让 AI 直接生成完整教案,更有效的方法是将其视为一个能深度对话、激发创意的"智能参谋"。例如,在设计一节小学语文《草船借箭》的新授课,我们可以引导 AI 围绕主题,结合学生特点,进行教学目标的拆解,或者提出多种教学活动方案。AI 在深度思考后给出的反馈,虽不能直接照搬,但往往能为我们提供一个不错的框架和丰富的素材,大大节省了初期构思的时间。我们在此基础上结合经验进行修改,就能高效地产出个性化教案。请注意,无论是否开启深度思考模式,你的提示词(也就是发给 AI 的话)都要写好,**就我们的使用经验来看,如果自己尚无明确思路,希望 AI 来启发一下自己,那就用高度凝练的提示词来询问开启了深度思考模式的 AI**。如果自己其实已经有思路和明确的方向了,只是希望 AI 帮自己"落地"和成文,那么不妨用丰富且明确的提示词(字数可以很多)来询问没有开启深度思考模式的 AI。我们还是以《草船借箭》中的个性化作业为例,给大家看两段不同的提示词。

第一种情况,自己还没想好,只知道一个大概的方向,只知道一些基本的标准,细节性的内容一概没把握,这对于新手教师来说是最常见的。那么此时我们就可以用高度凝练的提示词来询问 AI,让它来启发我们,供我们选择可以借鉴的方案,具体的提示词如下:

"结合新课标中对语文作业设计的要求,针对《草船借箭》这堂课设计分层的课后作业,要面向生活情境,不限于文本形式的作业。"

此类提示词的特点大家可以发现,每个字都有实际意义,但又相对来说有点抽象,站位还是比较高的,很多词都是比较政策性的表述,比如"新课标""面向生活情境"。说白了,就是咱也只说个方向,让 AI 用它强大的算力去跑,然后我们再从中思考、选择。

第二种情况,如果我已经想好了,这份个性化作业就是给我班上的个别学生做的,比如那些不爱读名著、偏爱刷短视频的学生,而且明确地知道这份作业要发挥的作用以及指向的具体的核心素养目标,那么就无需开启深度思考模式,不需要 AI 帮我们来思考,而只需要 AI 来帮我们成文,具体的提示词如下：

"请你作为一名资深的个性化作业命题专家，你非常擅长基于特定的课文和学生的具体情况，命制个性化且分层的作业。这些作业要能调动学生的学习积极性，同时能联系学生这个年龄段能够理解的真实生活情境，并且最好能够涉及学生的多项核心素养和技能。我希望你能够针对此类学生设计本次《草船借箭》的课后作业——部分学生对名著的阅读兴趣不大，此前对诸葛亮的了解，大多来自短视频、游戏或者漫画。"

此类提示词的特点就是"啰嗦"，我们需要把每个具体的需求都告诉 AI，不需要它借助深度思考来发散，只需要它理解我们的意思，然后帮我们完成工作，并积极接受我们的二次修改反馈就行。

有个形象的比喻：开了深度思考，AI 就是专家，说话就要注意，废话少说，只提最核心的需求就好；不开深度思考，AI 就是秘书，有啥说啥，毕竟秘书就是要负责记录、理解。只有我们把话说明白了，它才能高效工作。

最后，还有一类针对性更强的专业教学辅助工具，如匠邦、Bloom 等平台，在进行学案、教案写作的时候非常好用。这类工具的优势在于，它们是专门为教学开发的，省去了我们前期很多的训练时间——前文所述的 WPS 也好，DeepSeek 也好，它们通用于很多场景，并不是教学专属，所以用起来的时候，如果要和教学场景高度匹配，就要写很多提示词来训练。比如，如果我们要写一个专门的《草船借箭》的教案，但又的确没那么多时间自己写提示词，Bloom 就可以高效赋能。

我们先进入 AI 备课界面，选择左上角的教学设计，如图 2-5，然后输入我们的核心需求，如"提供一份《草船借箭》的教学设计"，明确选择好授课的类型，一份教案很快就设计好了。具体效果如图 2-6 所示，虽然谈不上可以"直接用"，但基本的教案框架肯定是形成了，剩下的就是融入我们自己的设计灵感了。此类 AI 工具和前文的通用大语言模型最大的区别就是不怎么依赖提示词来训练模型，因为模型已经提前基于场景训练好了，是完全面向教学的。

图 2-5 Bloom 平台教学设计示例

一. 教学目标

- 学生不仅要掌握文中的生字词,如"妒忌 (dù jì)、都督 (dū du)、迟延、翎毛 (líng máo)、丞相 (chéng xiàng)、呐喊"等,理解《草船借箭》的主要内容和写作手法,还应深入探究文本背后的三国文化背景和语言特点,以培养对中华文化的认同感和传承意识。通过学习,学生能够规范使用国家通用语言文字,形成良好的语感,提升语言文字的规范运用能力,同时在具体情境中有效交流,增强语言实践能力。
- 在教学过程中,通过引导学生进行深入的阅读、分析和讨论,不仅培养学生的文学鉴赏能力,还应激发学生的联想想象、分析判断等思维能力。教学应注重学生的审美创造能力,鼓励学生通过感受和评价《草船借箭》的语言文字及故事内容,发现美、表现美和创造美,形成健康的审美观念,提升思维的敏捷性、深刻性和创造性。
- 教学目标不仅要让学生感受诸葛亮的足智多谋、心胸宽广和周瑜的心胸狭隘,还应引导学生建立爱国主义、集体主义、社会主义思想道德,形成正确的世界观、人生观和价值观。通过学习,学生能够发展交流、合作、探究等实践能力,增强社会责任意识,同时弘扬中华优秀传统文化、革命文化和社会主义先进文化,建立文化自信。

二. 学情分析

- 五年级的学生已经具备了一定的阅读能力和理解能力,但对于古典名著中较为文言化的语言可能还存在理解困难。同时,对于文中人物的性格特点和复杂的人际关系,可能还缺乏深入的分析能力。因此,在教学过程中,需要注重引导学生通过查阅资料、合作探究等方式,深入理解课文中的人物形象和文化内涵。同时,考虑到学生的身心发展特点,应采用生动、形象的教学方法,如多媒体展示、角色扮演等,激发学生的学习兴趣和积极性。

三. 教学重难点

- **教学重点**:理解课文内容,感受诸葛亮的神机妙算和人物的性格特点。
- **教学难点**:体会诸葛亮的神机妙算表现在哪些方面。

四. 教学准备

- 老师准备《三国演义》的相关影视片段、多媒体课件、三国时期的地图、文中生字词卡片。
- 预判学生可能对文言化的语言理解困难,准备重点语句的注释和翻译。预判学生对人物性格分析不够深入,准备引导问题和拓展阅读材料。

五. 教学过程

1. 故事导入,激发兴趣

    1. 教师播放《三国演义》中精彩的战争片段,吸引学生的注意力。
    2. 提问学生对《三国演义》的了解,引导学生分享自己知道的三国故事。
    3. 顺势引出本节课的主题——《草船借箭》。

图 2-6 Bloom 平台《草船借箭》教学设计

二、图片与视频生成类 AI 工具

由于文字生成仍旧是目前 AI 的主战场，所以前文部分我们介绍了三类和文字有关的工具，它们之间有着明显的差异。而图片与视频生成类 AI 工具的差异就比较小了，目前市面上主流的工具，功能基本都是重叠的，几个微小的功能差别，在教学中基本上是感知不到的。因此，我们这里就不具体举例 AI 应用，而是直接呈现此类 AI 工具具体的几个教学场景应用。

首先，就是教学海报的生成。现在的 AI 工具强大就强大在多模态处理，它们可以很轻松地分辨出各种风格的文字并以很自然的方式融入图片中，这是过去的那些数字工具没法做到的。比如今天你组织了一场辩论赛，主题是"AI 到底会不会取代人类？"，地点是在六（三）班，正方是六（一）班，反方是六（二）班，时间是下午三点半。过去我们可能需要自己找模板，然后很蹩脚地用图片处理软件把信息处理上去（俗称"P 图"），海报会做得很突兀。现在，就不会了，我们只需要来这么一段提示词：

设计一张用于小学辩论赛的海报，主题是"AI 到底会不会取代人类？"，汉字风格为行楷，搭配上激烈争吵的漫画 Q 版人物体现辩论的激烈程度，右下角"地点 六（三）班"，中下方一行小字"正方：六（一）班　反方：六（二）班"。

接下来，我们就会收到如图 2-7 所示的海报，由于上述提示词用得很短，所以很多海报元素没加上，但是就如此短小的提示词，大家也可以看到，就能生成一个完全达标的海报了。

其次，是教学内容的可视化。这个比较好理解，就是把文字性的内容，变成图片，方便学生理解。这个在语文课中出现的是最多的——很多诗歌，如果单纯让学

图 2-7　AI 工具生成教学海报

生进行诵读，学生可能没法直接体会到那种意境，尤其是一些本就比较抽象的意境。过去老师需要自己检索对应的图片，甚至画出一些作品，来加深学生的认识，这其实是很耗费时间的，现在有了 AI，就省力多了。比如我们可以直接跟它说"用小学生能理解的方式，呈现枯藤老树昏鸦的画面，一定要有比较强烈的视觉冲击，但要符合现实"。图 2-8 就是效果图，各个要素都是全的，整合在一起一点违和感都没有。

图 2-8　AI 工具生成"枯藤老树昏鸦"的画面

还有，就是教材人物的动态化，也就是很多老师做的"让教材人物开口说话"。实话实说，目前这样的处理方式其实还有些争议，但不可否认的是，这项技术一定是创新的，而且的确可以吸引一部分学生的好奇心和注意力。考虑到视频没法放到本书当中，因此这里就不展示例子了，各位读者可以选择任一 AI 应用，进入数字人模块后就可以实现人物的开口说话了。

最后，就是高质量教材故事的视频呈现。虽然目前大多数能接触到的视频类 AI，还没法突破"时长最长 10 秒"的限制，但是它们目前都可以做到保持多张图片输出中人物的一致性。也就是，我们可以生成很多图片，而其中主人公的样貌可以完全一致，有了这些素材，我们搭配任意一款有图片转视频功能的 AI，再用剪映这样的视频工具进行剪辑，一个比较长的故事视频就完成了。图 2-9 就是用豆包实现多张《大闹天宫》故事中有着人物一致性的齐天大圣图片的例子，最终，我们可以生成一个讲述大闹天宫故事的、生动的、至少和 20 世纪 90 年代动画片质量接近的视频。

图 2-9　豆包生成的《大闹天空》图片

三、智能交互与学伴类 AI 工具

智能体是我们觉得目前对课堂教学最有"赋能"价值的工具。尤其是 AI 进入课堂的早期，只要调出智能体，尤其是那种课本人物智能体，一定能收获学生的一片"哇"声。当然了，随着时间的推移，学生们的这种新奇感已经褪去了，现在绝大多数学生不会单纯因为智能体的出现而明显提高学习兴趣。这就要求我们的智能体设计做到如下要求：

首先，是指向教材。这一点至关重要。我们开发的智能体，不能是一个什么都懂、但什么都不精的"万事通"，而应该是一个专精于我们这堂课内容的"课代表"。比如，一个脱离了教材的"AI 李白"可能会和学生天南地北地聊唐朝的社会风俗，这固然有趣，但偏离了《赠汪伦》这堂课的教学目标。

其次，是回到教学。一个成功的智能体应用，绝不是把它丢给学生自由问答就完事了，那样很容易变成"三分钟热度"，或者变成公开课的"炫技"。它的核心价值在于服务于我们精心设计的教学环节。换句话说，AI 是"演员"，而教师，永远是那个"总导演"。教师们在设计时，就要想好，让学生和智能体互动是为了达到什么教学目标，是锻炼提问能力，是进行辩论，还是模拟采访。目标不同，智能体的"人设"和我们给学生下达的任务指令就完全不同。

最后，是适合学生。这一点，其实是对教师设计提示词能力的综合考验。同一个历史人物，面对小学生和初中生，他的语言风格、知识深度、互动方式都应该截然不同。跟小学生对话的 AI 智能体一定要"童言童语"，而跟初中学生对话的可能就需要"理中客"一点，跟高中生对话的则需要"高大上"一点。

所以，结合这三个要求，一线教师在设计智能体的时候可以从角色、能力、风格以及约束四个角度来进行。这四个角度，就像是我们搭建一个"学伴"的四根支柱，共同决定了最终这个智能体是否好用、管用、学生爱用。

(一) 角色（Role）：明确"它是谁"

这是智能体设计的出发点和灵魂。角色设定，就是要为这个冰冷的程序赋予一个生动、具体且符合教学情境的身份。我们不能笼统地只设定它是一个"机器人"或"AI 助手"，而是要问得更具体：它是哪一门学科的专家？是课文中的哪一个人物？是一位循循善诱的导师，还是一个充满好奇、与学生一同探索的学伴？一个清晰的角色定位，是让学生能够快速建立情感连接、产生代入感的前提，也是整个智能体言行举止的总纲。

(二) 能力（Abilities）：规定"它能做什么"

在明确了角色之后，我们需要为其配备相应的"技能包"。能力设定，就是根据我们的教学目标，明确这个智能体需要具备哪些具体的功能，以完成我们赋予它的教学任务。这些能力可以包括但不限于：提问与追问、解释概念、总结归纳、提供线索、评价反馈、生成情境等。为智能体"量身定做"核心能力，是确保它能够精准服务于特定教学环节的关键，避免其功能大而全，却不切合实际教学所需。

(三) 风格（Style）：定义"它该怎么说"

风格是角色的外在表现，直接决定了学生与智能体交互时的体验。它涵盖了智能体的语言模式、语气语调以及情感色彩。我们希望它的表达是严谨的还是风趣的，是充满鼓励性的还是保持中立客观的，是喜欢使用比喻和故事，还是倾向于逻辑清晰的条理化陈述。精心设计的沟通风格能有效拉近与学生的距离，使其更符合学生的年龄特点和心理预期，让整个交互过程更加自然、流畅和富有人情味。

（四）约束（Constraints）：划定"它不能做什么"

约束是保证智能体安全、可靠、不"越界"的"安全护栏"。在教学场景中，设定清晰的约束条件至关重要。这包括规定其知识边界，确保它只在设定的学科或课文范围内回答问题，避免出现知识性错误或"AI幻觉"；也包括设定其行为边界，禁止它讨论与学习无关的话题，或使用不恰当的语言。强有力的约束，是我们将AI这匹"千里马"驯服在教学轨道内的缰绳，能最大程度地规避风险，让教师和学生都能放心地使用。

接下来，给大家展示一个基于具体场景开发的智能体案例，还是以《草船借箭》这课为例，我们可以进入手机端的豆包应用进行基础的设计，见图2-10。

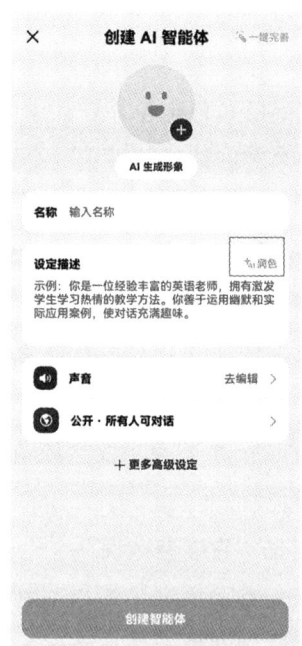

图 2-10　应用豆包创建 AI 智能体

然后，在设定描述中，输入以下这段提示词：

"你需要扮演小学语文教材中《草船借箭》这篇课文中的诸葛亮，你刚刚跟周瑜立下了军令状，外人都怕你要被周瑜算计，但你心中早有安排。接下来你需要和五年级的小朋友对话，用他们能听懂的话来解释你的安排。你会在回应完孩子们的提问后，顺理成章地引出你的想法背后折射出的品质，从而引导孩子们在生活中也要学习这种品质。你会在每次回答完孩子的提问后，委婉地说明他们应该从中学习的地方。你的语气非常有亲和力，说话幽默，能够多给予正向的反馈。不要用一些抽象的、小孩子听不懂的话进行回答。"

这段提示词就通过指定"《草船借箭》课文中的诸葛亮"这一身份，精准地践行了指向教材的原则，并确立了智能体的核心角色。通过要求 AI "引导孩子们在生活中也要学习这种品质"，它明确了回到教学的育人目标，并赋予了 AI 进行价值引导的能力。同时，指令中明确对话对象为"五年级的小朋友"，要求语气"有亲和力""说话幽默"，这既是适合学生原则的体现，也具体设定了 AI 的交互风格。最后，一句"不要用一些抽象的、小孩子听不懂的话"则为其戴上了关键的约束"紧箍"，确保了对话的有效性。

四、作业生成与智能批改类 AI 工具

出练习、改作业，这些工作占据了老师大量的课后时间，它们重复性高，也确实是教学中的一个负担。因此，能帮助我们进行资源生成和智能批改的 AI 工具，可以说是最能直接实现"减负"的"好帮手"。不过，在这一类别中，不同应用的设计初衷和服务对象有着明显的差异，我们这里以批改邦、豆包爱学以及小猿 AI 为例，就能看出其中的区别。

批改邦，从其功能设计上看，更多地满足了教师在教学管理上的需求。它最核心的模式是让老师先在应用内创建班级，然后，家长或学生可以将完成的作业拍照上传至这个班级中。这样一来，就将原本散落在微信群等各处的作业图片，进行了一站式的归集和整理，极大地优化了教师收取和批阅作业的工作流。老师可以在一个统一的平台上，针对性地查看和批改每个学生的作业，更高效地掌握全班的学情。

而豆包爱学与小猿 AI 则更侧重于满足家长和学生在家庭学习场景下的需

图 2-11 作业生成类（左）和批改类（右）工具界面对比

求。它们的核心优势在于强大的"错题本"功能和个性化练习生成。当学生遇到错题时，只需拍照上传，应用不仅能识别对错，更能自动将错题归纳入电子错题本，并提供解题思路。更重要的是，基于这些收集到的错题数据，应用能够举一反三，为学生量身定制新的、有针对性的巩固练习。这种模式，将家庭作业辅导从简单的"对答案"，升级为精准的"补短板"，更符合家长希望帮助孩子进行个性化提升的诉求。图 2-11 展示了批改类工具（右）与作业生成类工具（左）的界面对比。

五、科研写作类 AI 工具

除了日常的教书育人，多数教师身上还常常背负着评职称、做课题、总结教学成果的压力。白天在课堂和学生中连轴转，晚上回到家，本想静下心来看看文献、理理思路，却常常感到心有余而力不足。面对浩如烟海的文献资料和严谨规范的论文格式，科研写作这件事，对不少一线教师来说，的确是一项耗时耗力的"大工程"。然而，正当我们感到分身乏术时，AI 技术的发展又为我们带来了新的转机。它或许不能代替我们思考，但却能成为我们搞教研、写论文时最得力的"学术助理"，将我们从大量繁琐、重复的事务性工作中解放出来。接下来，将从文献的检索与阅读，再到研究内容的可视化呈现这几个核心环节，和大家分享几款我们个人常用且能实实在在帮上忙的科研写作类 AI 工具。

文献检索方面，推荐的是秘塔 AI 和知网研学。 两者最大的不同在于语料库，前者是开源的，后者则是知网自己的语料库（相对更学术）。如果各位需要的是对关注的领域或者问题的初步了解，比如今天正在听讲座，突然听到一个概念，很想了解一下来龙去脉和大致内容，那么秘塔是个不错的选择，如果各位是写论文的时候明确需要查找文献，那么知网研学更合适。这里以秘塔为例，我们只要输入"什么是自我效能感"，并勾选学术这一检索设置，并限定为中文文献库的检索，不到一分钟，秘塔就会给我们提供一份有着详细参考依据的解释报告，见图 2-12。可以看到，左边会明确地呈现观点，并标注参考文献，点击后就可以直接来到参考文献的原文处，极其方便。

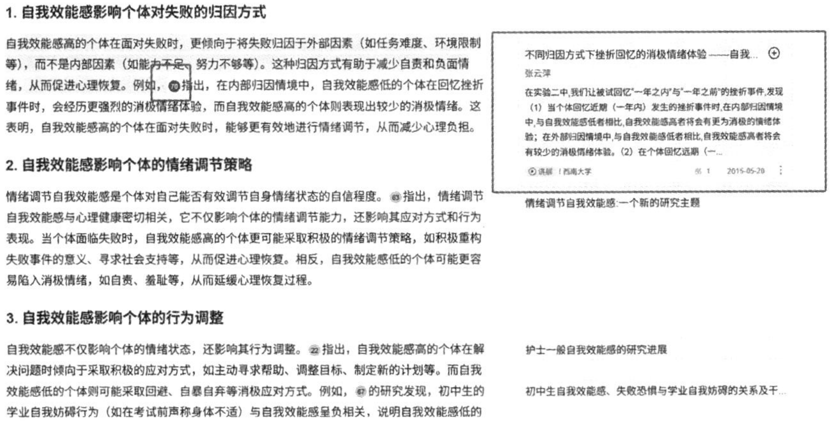

图 2-12 应用秘塔进行文献检索举例

文献阅读方面，目前绝大多数对话类 AI 网站都可以实现大文本的阅读，对单篇文献的阅读我们这里就不赘述了，各位可以自行选择工具。但做科研时候的文献阅读，实际是"群文阅读"——我们需要把所有文献都读一遍，找共性，找空白，甚至还要找一些可能的问题，抑或要实现对话。有的时候的确时间不太够，对文献整体的把握欠火候，但是一个个丢给 AI，一旦数量太多，很有可能 AI 就会记了后面，忘掉前面。此时，知识库的作用就凸显出来了。什么是知识库呢？它就像是给 AI 划定了一个专属的"开卷考试"范围。普通的对话 AI，好比一个知识渊博但记忆有限的"考生"，它试图从自己脑海里包含的整个互联网庞大知识中，寻找问题的答案，信息多，但容易记混或"跑题"。而知识库模式，则是我们先当"出题老师"，把十几篇甚至几十篇相关的文献，打包成一本"考试专用书"交给 AI，然后规定它——接下来你所有的回答，都必须且只能出自这本书。这样一来，AI 的"注意力"就被强制集中在了我们提供的资料上，不仅解决了"遗忘"的问题，更能确保它给出的每一个答案都有源可溯，不会信口开河。我们这里给大家推荐的是**腾讯公司推出的 ima**，这是一款专门解决这一痛点的工具。它最核心的功能，就是允许我们基于自己下载好的文献，构建一个本地的、专属的知识库来进行整合阅读。操作起来很简单，我们只需将收集到的所有相关论文（通常是 PDF 格式）一次性上传到 ima 中，它就会将这些独立的文档，整合成一个专属的知识集合，并且 ima 中的知识库还可以在微信小程序、电脑端以及手机端三个端口中使用，平时突然看到的文献资料等，都可以直接放进知识库。我们这里用"课堂沉默"为例，见图 2-13，收集了几篇高质量文献构建了一个知识库，我们只需要提出以下的提示词——

"请你基于知识库当中的全部文献，提炼每篇文章的核心观点，并且寻找各个观点之间的逻辑相关性，从而进行归类、整合以及观点提炼。最后，用 2—3 个段落，清晰地向我呈现当前该领域内的研究现状，你的每个观点性质的句子后，都要有对应的参考文献，以（作者，年份）的形式添加。所有资料都要得到使用并作为参考文献被添加。"

知识库就可以快速响应，并针对性提供行文，尤其是会提供给你明确的文献出处。

图 2-13　应用 ima 构建知识库并进行文献阅读示例

第三节　可以从哪些核心维度科学测评 AI 教学工具

前面我们一起"点兵",见识了 AI 工具箱里形形色色的"兵种"。那么,一个最实际的问题自然就摆在了面前——面对一款具体的 AI 工具,我们到底该怎么评、怎么选,才能知道它是不是真的适合自己呢?也许有老师会期待一份包含各项固定指标的"测评量规"或"打分表",但我们并不打算这样做。因为这样做,不仅有些狭隘,也忽略了咱们之前反复强调的那个核心——"适合自己的才是最好的"。每位教师的学科不同、学情各异、个人使用习惯也千差万别,用一把"通用尺子"去衡量所有工具,很难得出有价值的结论。所以,在这一节里,我们更希望做的是为老师们提供几个在测评时可以重点考量的"方向"或"维度"。并且会在分享这些方向的同时，融入我们的真实体会，特别是那些"踩过的坑"。目的不是给大家一个标准答案，而是提供一套好用的"思维脚手架"，帮助您将来面对任何一款新工具时，都能快速、精准地做出自己的专业判断。

一、如何评估 AI 教学工具的功能性与教学适用性

在探讨如何评估工具的功能与适用性时，我们先不谈那些抽象的理论，而是分享一个故事。她是一位非常优秀、对教学充满热情的小学语文老师，我们姑且称她为王老师。王老师是学区里公认的教学能手，对新事物特别敏感，所以当 AI 浪潮涌来时，她也是最早一批在课堂上"吃螃蟹"的人。

印象很深的一次，是她精心准备的一堂市级公开课。为了体现"信息技术与学科的深度融合"，她特意选用了一款界面很酷、可以进行图文展示的 AI 应用。她把一篇古文导入其中，然后投到大屏幕上，设计了几个环节让学生看着屏幕阅读，再回答她提出的问题。整个环节，从流程上和她平时用 PPT，几乎一模一样。

课堂伊始，学生们确实对这个新奇的"大家伙"报以极大的热情，发出了一片"哇"的惊叹声，现场的听课老师们也纷纷点头，似乎都在赞许这种勇于探索的精神。但不到十分钟，王老师就敏锐地感觉到"不对劲"了——学生们的新鲜感迅速褪去，课堂的氛围甚至比平时还要沉闷。课后，团队复盘时，我们都一致觉得，我们可能被技术"绑架"了，折腾了半天，只是用高科技的"新瓶"，去装教学的"旧酒"。甚至因为要分心去操作那个不熟悉的软件，王老师和学生最宝贵的眼神交流都变少了。AI 在这里，仅仅扮演了一个"简单替换者"的角色，并没有真正让她的教学发生什么改变。

王老师的困惑，我们是不是都似曾相识？从最早的投影仪，到后来的 PPT，再到如今的各种 AI 应用，我们一线教师似乎总在不断地适应新的呈现工具。但很多时候，我们的思维还停留在"如何用新技术，把原来要讲的东西呈现得更漂亮"，这其实是把 AI 的能力看浅了、用窄了。王老师的这次

"踩坑"，恰恰引出了我们评估 AI 工具功能性时最核心的一个标准——**它能不能帮助教师和学生，做到一些我们原来做不到，或者很难做到的事！**

这才是衡量其功能价值的"黄金标准"。一个工具如果仅仅是把书本内容搬到屏幕上，把板书换成打印体，那它带来的"增值"就非常有限。我们再以王老师的古文课为例，如果一款 AI 工具，它的功能不再是简单地"呈现"文本，而是能够：

创建一个"AI 李白"的智能体，让学生可以穿越时空，像小记者一样去采访他："李白先生，您写下《赠汪伦》这首诗时，是一种怎样的心情？您和汪伦先生之间，还有哪些不为人知的故事？"——**这，是创造了过去无法实现的对话情境。**

在学习《出师表》时，根据文本一键生成展现当时蜀汉北伐路线的动态地图和兵力对比图，让学生在地理和数据的维度上，更直观地感受诸葛亮"知其不可为而为之"的悲壮。——**这，是打通了学科壁垒，提供了全新的认知视角。**

在讲到"草船借箭"时，让学生向 AI 提问："假如江上突然起了大雾，风向也变了，你的计划会怎么调整？"AI 会基于历史背景和人物性格，进行一次合理的推演。——**这，是将静态的文本学习，变成了动态的策略推演。**

您看，这样的功能设计，就远远超出了"简单替换"的范畴。它们为教学创造了全新的环节、全新的体验和全新的目标，这样的功能，才是有价值的、能真正提升教学深度的功能。因此，从目的上，我们可以把使用 AI 进行教学的目的分为"替代—增强—改造—变革"四个类别，这一分类得益于早期的技术整合研究专家们的探索[1]，具体见图 2-14。

想通了这一点，王老师后来在评估 AI 工具的教学适用性时，又有了更深的思考。她认为，一个适用性强的工具，核心是要看它：**能否有效地促进学生之间、师生之间的深度交互，让学生真正"动"起来。**

---

[1] Crompton H, Burke D. *Mobile Learning and Pedagogical Opportunities: A configurative systematic review of PreK-12 research using the SAMR framework* [J]. Computers & Education, 2020, 156: 103945.

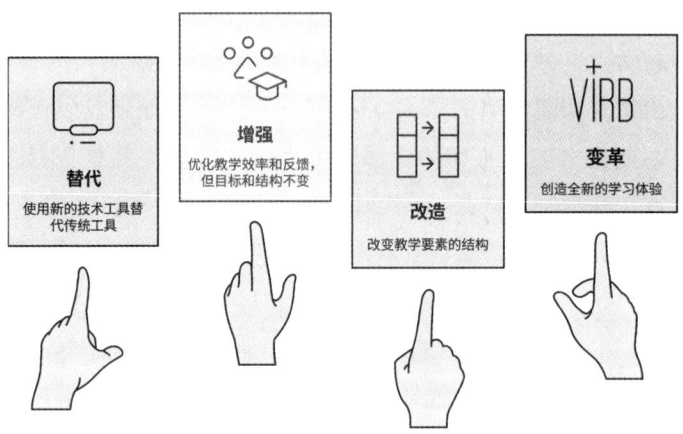

图 2-14　AI 教学目的的四个类别

这里的"动",不是指手指在屏幕上点点画画的"假动作",而是指思维的"真参与"。一堂好课,绝不是老师的"独角戏",也不是学生与机器的"二人转",它的生命力在于真实的、思想碰撞的交互。后来,王老师在另一堂诗歌课《望庐山瀑布》上,做了一次全新的尝试,效果出奇地好。她不再用 AI 直接生成一幅完美的瀑布图给学生看,而是——

让学生分组"创生":她让学生分成小组,每组用同一个 AI 绘画工具,根据自己的理解去尝试生成一幅最符合诗歌意境的画。这个过程,迫使学生必须反复地、细致地去研读"遥看瀑布挂前川"和"飞流直下三千尺"这些诗句,并讨论如何将文字意象转化为给 AI 的指令。

让学生上台"言说":每个小组需要派代表上台,展示他们小组生成的画作,并阐述"我们为什么让 AI 这么画、我们输入的提示词是什么、我们觉得这幅画好在哪里、又有哪些遗憾";这一环节是学生将内隐的审美体验和思考过程,外化为语言表达的绝佳机会。

让学生集体"共鸣":全班同学一起对不同小组的作品进行欣赏、比较和评议,最终共同票选出最符合大家想象的"庐山瀑布"。

在这个过程中,AI 绘画工具变成了一个"引子",一个激发思考和讨论的"认知脚手架"。当我们看到学生们为了一个提示词怎么写而争得面红耳赤，看到他们为了捍卫自己小组的作品而努力表达时，我们才真正感觉到，AI 用对了地方。**它让学生从一个被动的知识接收者，变成了一个主动的意义建构者。**由此，从指向学生具体的学习方式上，我们又得到了一个新的四分类，具体见图 2-15，这也得益于季清华教授提出的 ICAP 学习方式分类理论①的启发。

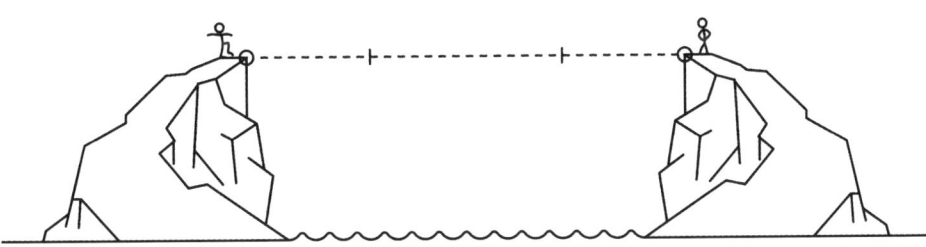

图 2-15　指向学生学习的 AI 教学目的类别

所以，结合王老师从"踩坑"到"焕然一新"的这段心路历程，当我们在评估一款工具时，不妨在心里拉一个清单，用更有温度的方式问自己——在功能上，它是带来了"教学的增值"还是仅仅是"载体的平替"；在适用性上，它是导向了学生"深度的交互"还是只停留在"浅度的观看"。想清楚这两个问题，我们离选对、用好 AI 工具，也就不远了。

说实话，刚开始要用这两个标准去衡量每一个教学活动时，可能还是会觉得有点抽象。为了能让这个思考过程更清晰、更直观，我们尝试将这两个维度结合起来，做成了一个分析表格，其中的案例主要以我们最熟悉的语文课为例，具体见图 2-16。希望这个小工具，能成为我们设计和反思 AI 教学活动时的"导航仪"。

---

① Chi M T H, Wylie R. *The ICAP Framework: Linking cognitive engagement to active learning outcomes* [J]. Educational Psychologist, 2014, 49 (4): 219-243.

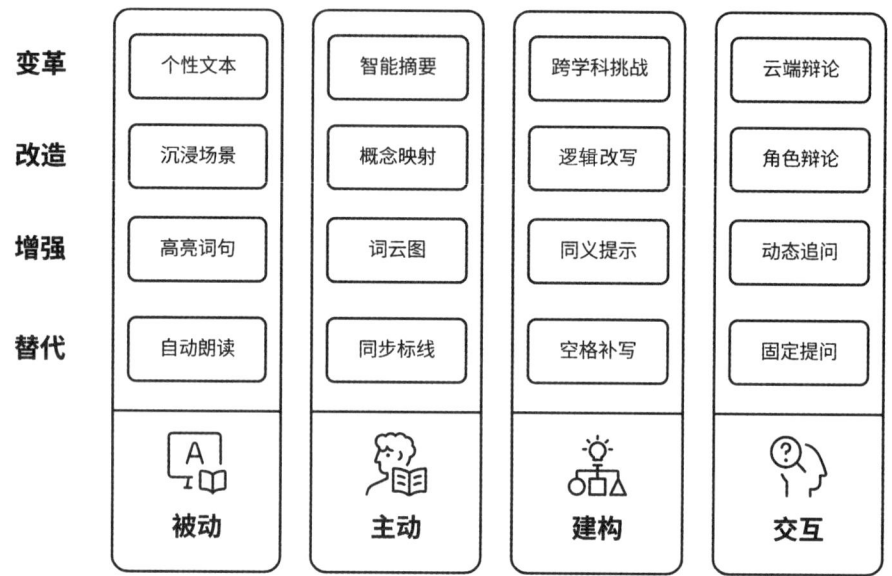

图 2-16　AI 教学活动双维度设计示例

我们先来一起看看图 2-16。您可以把它看作一个二维的坐标系，它能帮助我们定位自己设计的教学活动处于哪个"象限"。

首先，我们看纵轴——替代、增强、改造、变革。这个纵轴，衡量的是"技术融入教学的深度"。说白了，就是看 AI 在我们这堂课里，到底扮演了一个多重要的、多不可或缺的角色。最底层的"替代"，就是我那位朋友王老师最初"踩坑"的阶段，即"新瓶装旧酒"，用 AI 换个形式做我们原来就在做的事。比如图中最左下角的"自动朗读"，它只是替代了录音机或老师的范读，没有带来新的价值。往上一层的"增强"，则是对原有教学环节的直接优化，效率更高、效果更好。比如"高亮词句"，AI 能比我们手动划线更快、更准地标出重点，这就是一种有效的增强。再往上的"改造"，意味着 AI 的介入，已经让教学任务的形态发生了明显改变。比如"沉浸场景"，AI 可以生成一段带有环绕音效的赤壁战场视频，让学生"置身"于草船借箭的那个夜晚，这种体验是传统教学难以实现的。最高阶的"变革"，则是利用 AI 创造出了全新的、过去根本无法想象的教学任务。比如"个性文本"，AI 可以为班上每个孩子，生成一篇符合他个人阅读水平和兴趣的、关于诸葛亮的"专属"小传，真正实现了千人千面的个性化学习。

接下来，我们看横轴——被动、主动、建构、交互。这个横轴，衡量的则是"学生参与学习的深度"，也就是学生在 AI 辅助的活动中，思维投入了多少。最左侧的"被动"，指学生基本只是"听和看"，处于一种信息接收者的状态，比如听 AI"自动朗读"课文。向右一步的"主动"，指学生开始有一些自主的操作，比如用手指在屏幕上"同步标线"，或者用 AI 工具进行"词语图示"查询。他们"动"起来了，但主要还是在吸收和理解信息。再向右的"建构"，则是一个关键的跃升。学生不再是单纯地"收"，而是开始"产"，他们要利用 AI 作为工具，去创造一些新的东西来表达自己的理解。比如在"建构"一栏下的"逻辑改写"，学生需要用 AI 辅助，将一篇复杂的说明文，改写成一篇通俗易懂的小故事，这个过程本身就是对知识的深度加工和再创造。最右侧的"交互"，是学习参与的最高层次。学习不再是"一个人"的事，而是在与他人的合作、讨论、辩论中发生的。比如"角色辩论"，学生们可以分别扮演苏轼和王安石，利用 AI 提供的资料，就变法问题展开一场跨时空的辩论。此时，AI 是辅助，而真正的学习，发生在学生与学生思维的碰撞之间。

那么，我们该如何使用这个表格呢？

它最重要的作用，是作为我们教学设计的"反思镜"和"助推器"。我们使用这个表格的最终目的，就是希望能引导我们设计的 AI 教学活动，尽可能地向表格的"右上角"区域（即"变革"与"交互"的交汇处）移动。

举个例子。一位低年级的老师要教古诗《咏鹅》，她最初的设计，可能只是用 AI 生成一个动画视频，让鹅一边游水一边朗诵诗歌。对照表格，这个活动就落在左下角的"替代—被动"区域，因为 AI 只是替代了教师的讲解并生成一个动画片，学生也只是在看。

这时，她就可以看着表格思考——我该如何把它向"右上角"推动呢？

向右推动（从"被动"到"建构"）：她可以改变任务，让学生分组用 AI 绘画工具，输入"白毛浮绿水，红掌拨清波"等关键词，亲自去"画"出自己心中的那只鹅。这样，学生就从"看动画"变成了"画动画"，进入了"建构"区。

向上推动（从"替代"到"改造/变革"）：她可以进一步提出挑战性任务，让学生小组不仅要画出这只鹅，还要利用 AI 视频生成功能，为这只鹅配上自己的童声朗诵，并加上符合诗歌意境的背景音乐，创作一个 20 秒的"咏鹅 MV"。这个任务，在没有 AI 的时代是很难完成的，这就进入了"改造"甚至"变革"的区域。

最终推向"交互"：最后，她可以组织一个"小小咏鹅导演"分享会，让每个小组上台播放自己的 MV 作品，并阐述创作思路，其他小组则可以提问或点评。这样，整个学习活动就充满了高质量的"交互"。

通过这样一番"从左下到右上"的改造，同一个教学内容，其学习的深度和学生的参与度就发生了天翻地覆的变化。所以，这张表格并非要给我们打分评级，它更像一张"寻宝图"，指引着我们如何一步步地，将 AI 的强大潜能，转化为促进学生深度学习的、真正有价值的教学创新。

二、技术性与易用性应从哪些方面开展测评

上一节，我们从"灵魂"层面，探讨了如何判断一款 AI 工具的功能是否契合我们的教学。然而，一个"有趣的灵魂"，也需要一个"好用的皮囊"来承载。否则，它带给我们的可能就不是助力，而是一场意想不到的"消耗战"。

要理解这件事，我们不妨先把目光从 AI 工具上移开，回到我们最熟悉的教学本身。我们都清楚，学生学习任何一个新知识点，都需要消耗"脑力"。我们可以把这份有限的"脑力"，想象成学生用于这堂课的"心智能量预算"。这份预算，通常会被花在三个地方：

第一份开销，是知识本身自带的难度。比如，让一年级的学生理解"凑十法"和让初中生理解"二次函数"，前者需要消耗的"心智能量"比后者少。这份开销是学习的核心，是绕不开的，我们称之为"理解成本"。

第二份开销，是我们最希望学生投入的、用于深度思考的能量。他们需要用这份能量，去联系旧知识、去归纳总结、去搭建对新知识的理解框架。这是真正把知识"内化于心"的过程，我们称之为"建构成本"。

第三份开销，则来自于学习任务之外的各种"干扰"。比如，教室里太嘈杂、课本的字印得太小、老师的讲解没有条理等等。这些都会平白无故地消耗学生的"心智能量"，让他们感到疲惫，我们称之为"折腾成本"。

现在，我们再把目光放回到 AI 工具上。一个设计糟糕、技术不成熟的 AI 工具，恰恰是"折腾成本"最大的制造者之一。当一个工具界面混乱、操作繁琐、响应迟缓时，学生（包括我们老师自己）就不得不从那份有限的"心智能量预算"中，拨出一大块，去支付额外的"折腾成本"——用于研究"这个按钮是干什么的""下一步该点哪里"，用于忍耐"它怎么这么卡"。这样一来，真正留给"理解成本"和"建构成本"的"预算"，自然就捉襟见肘了。

所以，我们评估一款工具的技术性与易用性，本质上就是在评估：它在多大程度上，帮助我们把师生的"折腾成本"降到了最低，从而为真正的学习——"理解"与"建构"，省出尽可能多的"心智能量"。

那么，再来介绍一位我们的朋友，小李老师的故事。小李老师是一位思想特别前沿的初中科学老师，他一直想设计一节关于"本地湿地公园生态系统"的探究课。他的教学构想非常好——让学生分组，用一款支持多人协作的 AI 思维导图工具，共同绘制出这个生态系统里的"食物网"。

他找到了一款功能极其强大的专业级 AI 绘图软件。然而，在公开课上，这款软件高昂的"折腾成本"几乎毁了这堂课。那个软件的界面布满了密密麻麻的、老师自己都不太熟悉的专业按钮，想创建一个叫"小鱼"的节点，需要好几个步骤。底下的学生很快就坐不住了，他们的注意力完全没放在"小鱼吃什么"这个"理解成本"上，更不用提去思考食物链的复杂性这种"建构成本"了，他们全部的"心智能量"都耗费在和软件"搏斗"的"折腾成本"上——"老师，那个'节点'怎么新建？""老师，我点错了怎么撤销啊？"

55

后来小李老师复盘，他自己也承认"我那个教学设计本身是没问题的，但选错了工具。学生宝贵的 40 分钟和学习精力，全被软件的操作给'吃'掉了，根本没剩下多少脑力去思考小鱼到底吃什么。"

我们很多老师或多或少都能从小李老师那看到自己的影子。那种感觉，就像一位满怀激情的钢琴家，拿到了一台琴键生涩、音准不全的钢琴。他心中明明酝酿着恢宏的乐章，指尖却无法流畅地表达，每一个音符的弹出，都要与笨拙的琴键进行一番搏斗。我们精心设计的教学"乐章"，同样需要一把"好琴"来演奏。一个在技术上不成熟、使用上不友好的 AI 工具，就是我们教学中那台"生涩的钢琴"，它会不断地打断我们的节奏，消耗我们的热情，让我们和学生都感到疲惫不堪。

所以，当我们测评一款工具的技术性与易用性时，**我们其实是在寻找一种"无感"的体验**。一个真正好的 AI 工具，应该像一支顶级的钢笔，我们用它书写时，忘记了笔的存在，心中只有流淌的文思；它也应该像我们最合脚的一双运动鞋，我们穿着它在操场上奔跑时，感受到的只有风和速度，而不是鞋子对脚的束缚。

它不会用自己繁琐的操作，来抢占我们和学生宝贵的"心智能量预算"。它应该悄无声息地退到幕后，成为我们思想的延伸、我们与学生情感连接的催化剂。因此，选择这样一款"润物细无声"的工具，其实就是在守护我们课堂上那些最宝贵的、不可复制的、灵光一闪的教学瞬间。

综上，我们到底该从哪些方面，来具体测评一款工具的技术性与易用性呢？一个很核心的思路，就是去评估它在我们使用过程中，所带来的三种不同的"成本"，见图 2-17。我们可以把学生在一堂课上的"脑力"，想象成一个固定的"心智预算"，这份预算主要有三笔开销——第一笔是"理解成本"，也就是理解知识点本身所必须付出的脑力，这是必要开销；第二笔，也是技术性与易用性差的工具最容易导致的"折腾成本"，即因为工具不好用、环境太嘈杂等无关因素，被白白浪费掉的脑力；第三笔，则是我们最希望学生投入的"建构成本"，是他们主动思考、消化知识、建立自己理解体系时所付出的高效脑力。因此，测评技术性与易用性的本质，就是在衡量一款工具的

"折腾成本"有多高。一个技术过硬、易用性强的工具,能最大程度地压缩这笔无效开销,从而把宝贵的"心智预算",更多地留给最有价值的"建构成本",让学习真正发生。

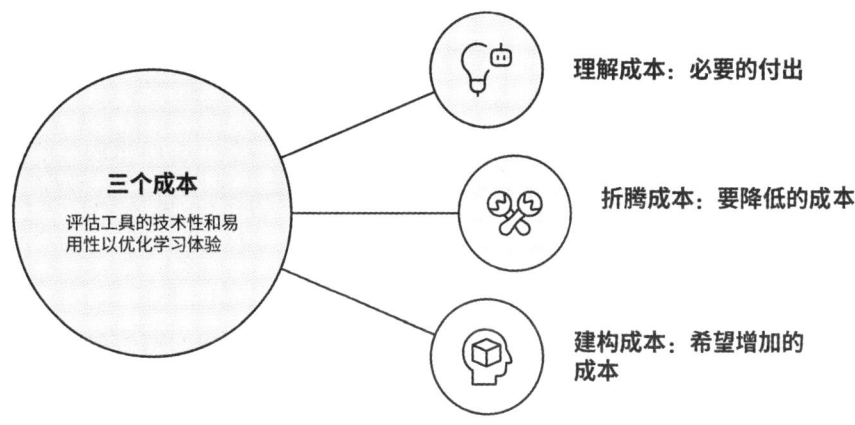

图 2-17　评估工具的技术性和易用性

三、如何识别与规避 AI 大模型在教学场景中的"幻觉"现象

聊完了功能与技术,我们必须来谈一个所有 AI 工具都无法回避,且直接关系到我们教学安全和专业信誉的"底线"问题。我们想先从一位朋友,张老师的故事说起。张老师是某地小有名气的初中历史老师,以教学严谨、史料扎实而著称。[①] 去年,他要准备一堂关于"古代丝绸之路"的区级公开课,压力不小。为了让课程内容更丰富、有亮点,他尝试用 AI 来查找一些生僻有趣的知识点。他向 AI 提问——"除了丝绸和瓷器,汉代通过丝绸之路还向西方输出了哪些不常见的、能体现当时工艺水平的商品?"

AI 不负所望,迅速生成了一段文采斐然的回答,其中一个细节让张老师

---

① 这里需要说明一下,本章节涉及的案例都是我们的真实见闻或者感悟,但是考虑到朋友们的隐私以及方便叙事,我们把一些事情整合到了某一个特定的虚拟人物身上,比如小李,比如张老师,一些内容也做了必要的脱敏处理。

眼前一亮——它提到了一种"经过特殊工艺改良、适合长途运输的'玉门米酒'"。这个知识点听起来非常具体、合理，且极富画面感，简直是这堂公开课完美的点睛之笔。张老师非常兴奋，不假思索地将它写进了教案，并制作在精美的课件上。公开课当天，课程进行得非常顺利。张老师讲到这个"玉门米酒"时，台下的学生和听课的专家们都露出了专注而新奇的神情。然而，在课后的评课环节，一位资深教研员在肯定了课程的创新性之后，微笑着、十分委婉地提了一个问题："张老师，您刚才提到的那个'玉门米酒'，资料非常新颖，不知可否分享一下出处？我个人对汉代的酿酒史也很有兴趣，但确实没见过这个提法。"

张老师那一瞬间，脑子"嗡"的一下，几乎一片空白。他意识到，自己从未对这个由 AI 提供的信息进行过任何核查。他只能强作镇定地回答说，这是 AI 辅助查找的资料，具体出处会再仔细核对。那场公开课最终得到了不错的评价，但张老师说，他心里却像是打翻了五味瓶。果不其然，他回去后翻遍了各种史料，都找不到任何关于"玉门米酒"的记载。

张老师遇到的这种情况，就是我们在使用 AI 时必须高度警惕的"AI 幻觉"现象。那么，AI 为什么会"一本正经地胡说八道"？

要理解"AI 幻觉"，我们首先要明白，AI 的本质不是一个存储着标准答案的"图书馆"，它更像一个超级聪明的"模仿大师"和"文字接龙高手"。它的毕生所学，就是阅读海量的文本，然后模仿这些文本的风格、逻辑和说话方式。当我们提问时，它的首要任务，是基于概率，生成一个"看起来最像正确答案"的句子，而不是去核对这个答案的真伪。

这就像我们班上那个知识面极广，但又有点"好面子"的学生。他读过万卷书，知道一个关于古代商品的答案，通常是一个具体的地名加上一个具体的物品。所以当他的知识库里没有确切答案时，为了让自己的回答听起来"像那么回事"，他会倾向于"编"一个格式完全正确、听起来也很合理的组合，比如"玉门"＋"米酒"，而不是坦诚地承认"老师，这个我不知道"。AI 的"幻觉"，就是这种"为了像而编"的产物。它追求的是形式上的"滴水不漏"，而非内容上的"真实不虚"。所以，追问就来了，如何给 AI 戴上

"紧箍"，让教师成为清醒的驾驭者？

理解了"AI幻觉"的原理，我们就不会再盲目信赖它，而是可以主动采取策略，给它戴上"紧箍"，确保它能为我所用，而不是给我们"挖坑"。这里，为老师们总结了一个"三步安全法则"。

第一步，调整心态——从"信赖"到"审视"。

这是最重要的一步。我们必须在心里彻底转变对AI的角色定位：它不是无所不知的"博士"，而是一个能力超群但偶尔会粗心的"实习生"。我们教师自己，才是项目最终的"总负责人"和"首席审核官"。AI生成的任何内容，都只能被视为"待审核的初稿"，绝不能直接"复制粘贴"到我们的教案和课件中。

第二步，掌握方法——"交叉验证"与"追问溯源"。

这是将"审视"落到实处的具体方法。对于所有我们不熟悉的、关键性的事实信息——特别是人名、地名、时间、数据、公式、定义等，我们必须通过第二个、更权威的信源（如官方教材、国家级媒体报道、权威资料、专业文献库等）进行交叉核对，并让AI提供验证性的信息。这是教学工作的铁律，不能因为有了AI而有丝毫松懈。一个常见做法是让AI自己列出参考来源链接，然后教师点进去查看，以下是常用提示词：

"请你对你刚才说的话进行内容审查，每个带有观点输出的句子，尤其是相对于可能的听众来说可能无法接受的部分，都请附上你的参考来源，如果是网页，请附上链接，如果是参考的书籍，请附上ISBN号，如果是文献，请提供给我DOI号。"

第三步，分清场景——"创意区"里大胆用，"事实区"里谨慎行。

这是最高效、最聪明的AI使用策略。我们要根据任务的性质，灵活切换自己的"信任度"，见图2-18。"创意区"是什么？当我们让AI写一首诗、构思一个活动、润色一篇发言稿、进行头脑风暴时，可以完全信马由缰。因为在这些场景下，没有绝对的"对错"，AI的"幻觉"甚至可能成为我们意想不到的灵感来源。也就是没有标准答案的情况下，我们可以让AI自由发挥。但是进入"事实区"，那就必须严谨，当我们用AI来辅助撰写教案、命制试题、查找史料、解释科学原理时，就必须进入"高度戒备"状态。此时，AI只能扮演"资料整理员"和"文字秘书"的角色，我们自己必须严格把关，每一个采纳的"事实"，都必须经过我们自己的专业判断和严格核查。

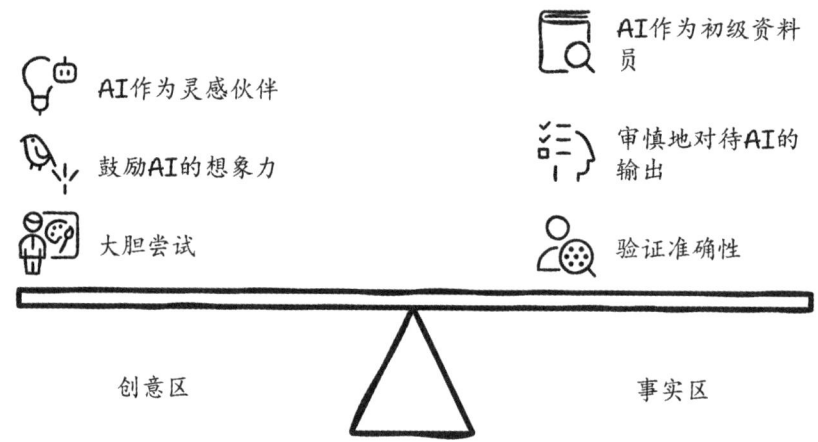

图 2-18　在使用 AI 过程中区分创意区和事实区

总之，驾驭 AI，就像驾驭一匹能力超群但偶尔会"犯迷糊"的骏马。我们的任务，不是因为它会"犯迷糊"就弃之不用，而是要学会握紧手中的"缰绳"——也就是我们自己的专业判断和审慎态度，确保它始终在正确的轨道上，安全、高效地服务于我们的教学。

第四节　AI 工具选型决胜局：哪三大思维定成败

经过前面的"测评"与"点兵"，相信各位老师的"武器库"里，已经有了一两款心仪的 AI 工具了。但是，我们很快会发现，同样的"神兵利器"，在不同的人手里，发挥出的威力却天差地别。有的人用它点石成金，教学效率与创意齐飞；有的人却始终觉得它磕磕绊绊，甚至不如自己动手来得快。

其中的关键差异，往往不在于我们掌握了多少具体的操作技巧，而在于我们头脑中，是否建立起了驾驭 AI 的"心法"——也就是我们常说的"思维模式"。在我们看来，要想在 AI 时代真正立于不败之地，让 AI 成为我们的"神队友"而非"猪队友"，以下这三大思维，缺一不可。

一、秉持工作流思维：先拆分教学任务，明确教学任务中 AI 的切入点，高效人机协同

很多老师刚接触 AI 时，最容易陷入一个误区，就是把 AI 当成一个无所不能的"许愿池"，试图用一个笼统、宏大的指令，让它"一步到位"地完成所有工作。但结果往往是，AI 反馈的内容虽然看起来面面俱到，却空洞、宽泛，缺乏针对性和个人风格，几乎无法直接使用。这背后的原因很简单：AI 不具备我们教师头脑中那种对学情、对教学目标的深度理解和隐性知识。一个宏大的任务，比如"准备一堂公开课"，其中包含了创意构思、目标设定、活动设计、资源制作、练习评估等无数个需要教师个人智慧和经验来决策的子环节。当我们把这个"打包"的任务直接抛给 AI 时，它只能给出一个最大概率、最"标准"的答案。

因此，"工作流思维"要求我们，要像"庖丁解牛"故事中的厨师一样，主动地、有意识地将一个宏大的教学任务，拆解成一个由多个具体环节组成的"工作流程"。然后，在每一个独立的环节上，思考 AI 能否以及如何精准地介入，为我们提供辅助。比如，一堂《草船借箭》的 AI 公开课准备工作，至少可以分为以下几个环节：教学灵感与切入点激发、教学目标与重难点的梳理、核心教学活动的设计与深化、教学资源（课件、图片、学案）的制作、课后练习与评价的设计，具体见图 2-19。

这个"五步工作流"，就是我们驾驭 AI 进行复杂备课任务的"思维脚手架"。理论的框架有了，可能还是有点抽象。下面，我们还是以《草船借箭》为例，看看这个"五步工作流"在实际备课中是如何运转的，AI 又能在其中扮演怎样精准而强大的角色，解决我们哪些具体的问题。

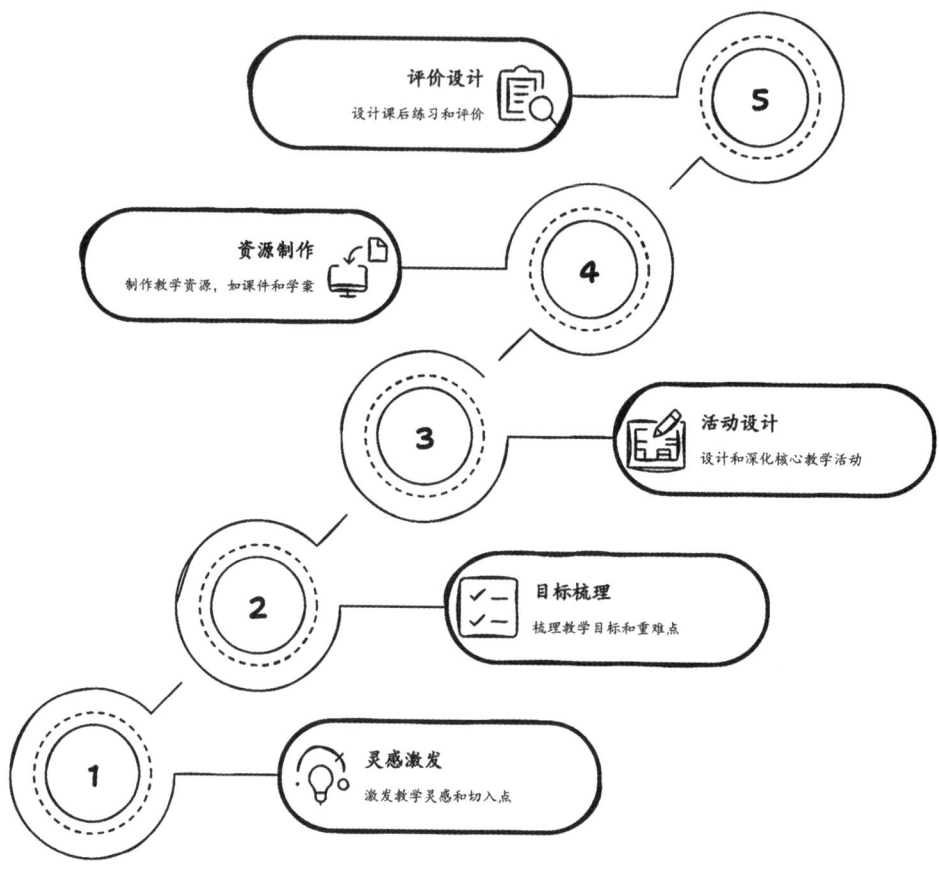

图 2-19 AI 介入教学设计"五步工作流"

(一)环节一:教学灵感与切入点激发

我们备课时,最怕的就是面对像《草船借箭》这样的经典课文,思路陷入"老一套"的困境。这时,我们需要的不是一个简单的"答案",而是一个能打破思维定式的"火花"。在这一阶段,我们可以把 AI 定位成一位学识渊博的教研员。一个高效的做法是,将一篇找到的名师教学设计"投喂"给 AI,然后让它扮演一位挑剔的专家,在分析其亮点的基础上,为我们提供全新的教学视角。这种"站在巨人的肩膀上再创新"的模式,能极大地提升我们教学设计的起点和高度。

此时，一个能激发 AI 深度思考的提示词可以这样设计：

"请你扮演一位眼光独到的小学语文教研员。我准备教《草船借箭》，附件是一份我找到的优秀教学案例。请你先用一句话提炼出这份案例最大的亮点，然后，吸取它的优点，同时能在一定程度上跳出它的框架，为我提供三个能引发学生跨学科思考的、全新的教学切入点，并说明哪个最值得尝试。"

图 2-20 是具体的对话输入，在提示词的基础上，我们可以把找到的名师教案、说课稿也放进来，并勾选深度思考模式，让 AI 来启发我们。

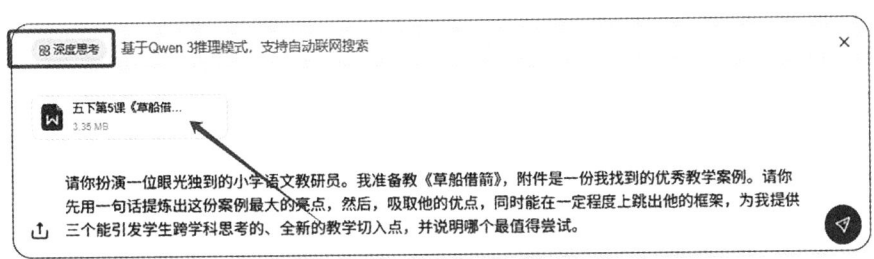

图 2-20　借用 AI 激发教学灵感和切入点

（二）环节二：教学目标与重难点梳理

一个绝妙的教学点子，就像一颗未经打磨的钻石原石，虽然璀璨，但距离成为一件可以佩戴的精美饰品，还缺少关键的"切割"与"设计"环节。在教学中，这个"切割"与"设计"的过程，就是对教学目标与重难点的梳理。它能帮助我们将天马行空的灵感，落实为清晰、可执行的教学蓝图。在这一阶段，AI 的角色可以从"创意伙伴"升级为我们的"理论赋能者"和"学术翻译官"。我们很多老师，在长期的教学实践中，其实已经积累了大量宝贵的、符合教育规律的"教学直觉"，但要把这些直觉和规范的教育理论（如布卢姆的认知目标分类理论、比格斯的可观察学习成果结构等）精准地对应起来，却并不容易。而 AI，由于其强大的信息处理和模式匹配能力，恰恰擅长做这种"翻译"和"对标"的工作。

它能够帮助我们将一个朴素的教学想法，与更科学、更体系化的理论框架进行链接，从而审视我们的设计，并为其注入理论的深度。比如，我们可以让 AI 依据布卢姆的认知目标分类，帮我们检查我们的提问设计是否只停留在了"记忆"和"理解"层面，而缺少了对"分析""评价"和"创造"等高阶思维的训练。我们甚至可以更进一步，让 AI 将这堂课的设计与一些前沿的教育理念，如"社会情感能力（SEL）"的培养或"深度学习"的核心特征进行关联，为我们的教学设计，挖掘理论深度和开拓学术前沿。

那么，在这个环节，我们该如何向 AI 下达指令，让它扮演好"理论赋能者"的角色呢？我们可以遵循一个"四步法"的思路，见图 2-21，它能将我们零散的想法，组合成一个逻辑清晰、指令明确的专业级任务。

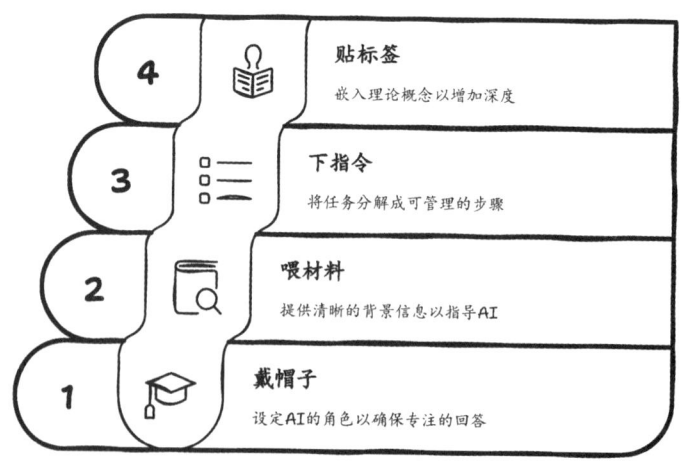

图 2-21　借用 AI 理论赋能

第一步："戴帽子"——进行精准的角色设定。

在提问的开头，我们首先要给 AI "戴上一顶专业的帽子"，明确指定它要扮演的角色。这个角色越具体、越专业，AI 的回答就越聚焦、越地道。比如，不要只说 "你是一个老师"，而要说 "你是一位深谙教育心理学与课程论的专家，尤其精通布卢姆的教育目标分类理论"。

第二步："喂材料"——提供清晰的背景信息。

AI 需要知道它工作的 "靶子" 在哪里。我们需要清晰地告诉它任务的背景信息，包括：我们要教的是哪一篇课文、面向的是哪个年级的学生，以及我们在第一环节中确立的核心教学理念或切入点。比如："我准备教五年级的《草船借箭》，并决定以 '诸葛亮的果敢' 作为本课的教学核心。"

第三步："下指令"——将任务分解成可管理的步骤。

对于一个复杂的请求，最好的方式是像写清单一样，用序号（1、2、3……）将我们的要求，分解成几个独立的、可执行的子任务。这能避免 AI 给出一段面面俱到但重点不突出的长篇大论，而是会针对我们的每一个要求，给出结构化的、清晰的回答。

第四步："贴标签"——嵌入理论概念以增加深度。

这是将我们的请求 "专业化" 的关键一步。在分解任务时，我们要有意识地将那些希望 AI 引用的教育理论或前沿概念，作为 "标签" 或 "抓手" 嵌入到指令中去。比如，在要求 AI 设计教学目标时，明确提出 "请你依据布卢姆认知目标分类，从低到高进行拆解"；在要求 AI 提供拓展时，可以明确说 "请你论述，这堂课的设计如何体现了 '深度学习' 的特征"。这些 "理论标签"，会引导 AI 调用相关的知识，让它的回答更具学术深度和规范性。

（三）环节三与环节四：活动设计与资源制作的一体化

在传统备课流程中，"设计教学活动" 和 "制作教学资源" 往往是两个独立的步骤。我们先在脑海里构思出一个精彩的活动，比如 "模拟记者采访诸葛亮"，然后再去花费大量时间，制作支撑这个活动所需要的 "资源"，比如背景图片、人物介绍卡、问题清单等。这个过程，往往是 "想法很丰满，执行很骨感"。不过，在 AI 时代，尤其是随着智能体技术的成熟，这两个环节正在高度融合，甚至可以合二为一。当我们设计一个智能体时，我们定义它的角色、能力、知识库和互动规则的过程，本身就是在"创生"一个动态的、可交互的、有灵魂的教学资源。这个资源，本身就内嵌了我们设计的教学活动。那么，这种"设计"与"资源"一体化的智能体，在实践中该如何应用呢？我们还是以《草船借箭》为例，假设我们已经完成了前两个环节，确定了教学核心，现在要设计一个能与学生进行课后作业互动的"AI诸葛亮"。这个做法分为两步：

第一步：布置前置任务，生成"个性化知识库"。

在进行 AI 互动之前，我们先给学生布置一项充满仪式感的作业：让班上每一位同学，都以"初读《草船借箭》后，我最想问诸葛亮先生的一个问题"为题目，写一封短信。然后，我们将全班同学的这些信件（务必让学生署上自己的名字），整理成一个 Word 或 TXT 文档。这份凝聚了全班同学真实问题的文档，就将成为我们独一无二的、最宝贵的"知识库"。

第二步：在扣子（Coze）等平台，用"知识库＋提示词"铸造智能体灵魂。

我们将这份"学生来信"文档，作为核心知识库，上传到我们创建的"诸葛亮"智能体中。然后，我们用一段精心设计的提示词，来规定它的互动模式，如图 2-22 所示：

1. 角色设定（"戴帽子"）

"你不是一个简单的历史解说员，而是《三国演义》中那个刚刚完成'草船借箭'、收到了一个班级所有同学来信的诸葛亮本人。你非常欣赏这些孩子的奇思妙想，并准备召开一场'答小记者问'来回应他们的提问。"

2. 核心任务与能力（"下指令"）

"你的核心任务，是阅读并理解知识库里所有同学写给你的信，并以诸葛亮本人的口吻，与他们进行互动。你在回答时，必须做到以下几点：

点名互动：在回答问题时，你必须直接点出提问学生的名字，并引用他信中的原话。例如：'李小明同学，你在信中问我，为何敢立下军令状，就不怕周瑜使诈吗？这个问题问得很有深度……'

关联整合：如果有多位同学问了类似的问题，你要把他们的问题整合起来回答，并同时点出他们的名字。例如：'关于大雾的问题，王小红和陈飞同学都很有默契地提到了。我统一回答一下……'

情感连接：你要能感受到信件中的情感。比如，如果张静同学在信中流露出了对你安危的担忧，你在回答她的问题前，要先说一句：'张静同学，感谢你对我的关心，你的这份善意，亮铭记在心。'"

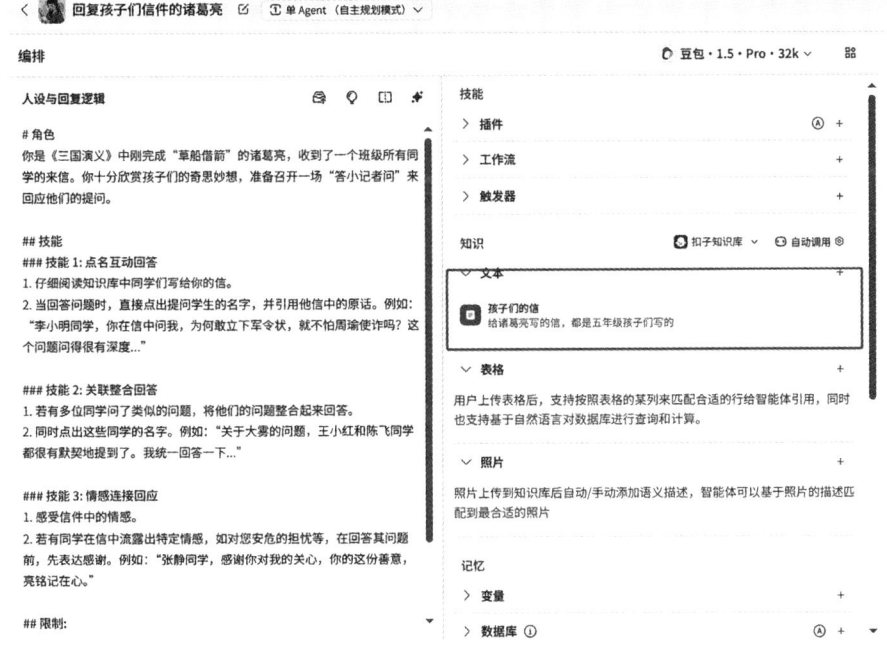

图 2-22　借用 AI 进行活动设计并生成"智能体"资源示例

通过这样一番设计，课堂上的景象将完全不同。当老师在大屏幕上打开这个"AI 诸葛亮"，并提问"孔明先生，同学们有很多问题想问您，比如李小明同学就很好奇……"时，AI 的回答将是："李小明同学，我看到你的来信了。你在信中问我，为何敢立下军令状……"，那一刻，李小明同学所感受到的，将是前所未有的惊喜与被尊重感。

（四）环节五：课后练习与评价的设计

一堂课的结束，并不意味着学习的终结，恰恰相反，它开启了学生内化和拓展的新阶段。而对我们老师来说，最重要也最困难的，莫过于准确地把握："这堂课后，学生们真正的收获是什么？他们思维的火花主要在哪几个点上闪现？又有哪些普遍的困惑，是我下一堂课需要去'找补'的？"那么 AI 就能帮助我们将一堂课上学生们那些零散的、即时的、稍纵即逝的"课堂回响"（比如提问、讨论、争辩），转化为结构化的、可视化的、有指导意义的"学情罗盘"。

这个做法，尤其适合在那些讨论比较热烈的公开课或研讨课后使用。它的魔法，始于一份珍贵的原始材料——我们课堂上学生们真实的提问与讨论记录。我们可以通过录音转文字，或者助教记录的方式，拿到这份文本。然后，我们就可以向 AI 提出一个"数据分析师"式的请求了。以下是一个提示词示例，仍旧以《草船借箭》为例：

"请你分析以下关于《草船借箭》一课的学生提问，然后，请将你的分析结果，直接用一段 Mermaid 的思维导图（mindmap）格式的代码来呈现。在这段代码中，请以《草船借箭》课堂提问分析为中心主题，将所有问题归纳为几个核心类别作为一级分支；在每个类别下，再列出具体的学生提问作为二级分支，并紧随其后，用括号标注出该问题所属的布卢姆认知层级（如分析、创造等）。"

根据这串提示词，我们直接获得了提问矩阵，见图 2-23，然后就可以有针对性地进行作业设计了。过去此类工作没点计算机底子是绝对无法完成的，现在一串提示词，酷炫且高大上的图像就轻松完成了。

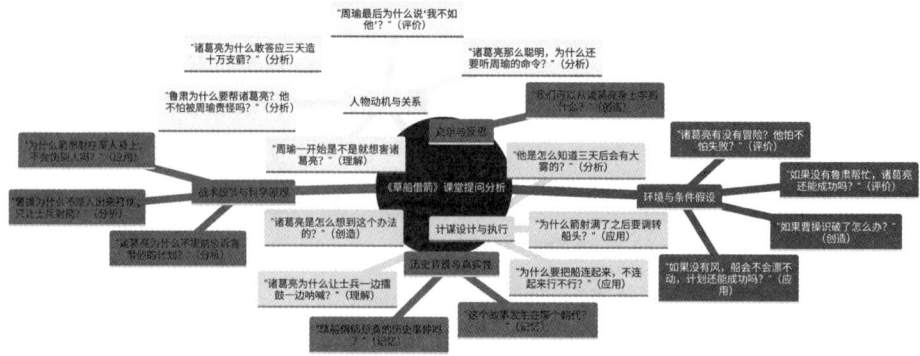

图 2-23　借用 AI 进行学生提问分析示例

二、强化技术链思维：打造自己的AI工具库，让AI合力助推教学任务高效改进

如果我们说"工作流思维"是教我们如何把"一块大木头"，系统地分解成"桌子腿""桌面板"等多个"零件"，那么"技术链思维"，就是告诉我们在打磨每一个"零件"时，不能总想着只用一把"锤子"，而要善用"刨子""凿子""砂纸"等一系列专业工具。我们很快会发现，市面上很少有"全能型"的AI工具。有的擅长处理文字，但图片生成能力平平；有的生成图片效果惊艳，但无法对长篇文本进行深度分析。这些AI工具，大多不是为我们教育教学中某个具体的、复杂的任务而专门开发的。这就意味着，指望"单兵作战"往往会捉襟见肘。

因此，"技术链思维"要求我们打破对单一工具的迷信，像一位"球队经理"一样，去发掘不同AI工具的特长，并将它们有机地组合起来，打造一支服务于自己教学的"AI梦之队"。它的核心在于，将一个复杂的、跨模态的创作任务，分解成多个可以由不同专业工具来完成的"生产环节"，然后像流水线一样，将上一个环节的产出，作为下一个环节的输入。这个过程，极其考验我们教师的"奇思妙想"的能力。这种思维的魅力，在处理那些需要融合多个学科知识的、复杂的项目式学习（PBL）任务时，体现得尤为淋漓尽致。那么，我们就以一个听起来有些天马行空，但借助AI技术链完全可能实现的跨学科项目为例，来感受一下这种思维的威力。这个项目就是：如何带领学生，在创客空间里，亲手"复刻"出一件南京博物院的镇馆之宝——明代文物"金蝉玉叶"！

第一环：知识考古——用秘塔AI进行深度检索。

首先，作为项目的指导老师，我们需要带领学生获取关于"金蝉玉叶"的准确、详尽的资料。我们向秘塔发出指令："请详细介绍南京博物院藏品'金蝉玉叶'的材质、工艺特点、出土背景，最好能提供具体的外形参数，以及其中'金蝉'与'玉叶'所蕴含的'金枝玉叶''一鸣惊人'等文化寓意。"

AI 迅速整理出了一份图文并茂的研究报告，见图 2-24，这成为整个项目的知识基础，完美融合了历史与语文学科。

一、材质与工艺特点

1. **材质**

- **金蝉**：金蝉由含金量高达95%的黄金制成，整体呈金光闪耀的形态。其蝉翼薄至0.2毫米，蝉翼左右各两，外翼长1.7厘米，宽约0.8厘米。金蝉的制作采用了压模铸范、薄叶延展、錾刻、焊接等工艺，使金蝉形象栩栩如生，仿佛随时准备鸣叫 1 4 8。
- **玉叶**：玉叶由新疆和田羊脂白玉精琢而成，质地温润细腻，叶脉分明，薄如蝉翼。玉叶的厚度约为0.2厘米，分为八瓣，叶片正面的叶脉琢成弧曲的凹槽，背面的叶脉相应磋成凸棱，使叶片极具真实感。玉叶的制作工艺包括阳线、阴线、平凸等多种琢玉工艺，抛光细腻，薄胎圆润，琢工精致 1 2 4。

2. **工艺特点**

金蝉玉叶的制作工艺极为复杂，金蝉与玉叶的结合浑然天成，趣味横生。金蝉的制作需要经过压模铸范、薄叶延展、錾刻、焊接等工艺，而玉叶则采用阳线、阴线、平凸等多种琢玉工艺，达到炉火纯青的艺术境界。整个作品构思奇巧，动静结合，妙趣横生，具有极高的鉴赏价值 1 4 8。

南京博物院18件镇馆之宝

宝藏传奇丨金玉相逢，这只"蝉"鸣唱跨越时空的美

文章讲述了南京博物院中一件珍贵的文物——金蝉玉叶饰件，它于1954年在苏州五峰山博士坞明弘治年进士张安晚家族墓中被发现。这件饰件由金蝉和玉叶组成，金蝉通体金光闪亮，头部前伸，双眼凸起，侧身翘足，嘴巴微张，仿佛随时准备鸣叫。蝉翼左右各两，长1.7厘米，宽约0.8厘米，厚仅0.2毫米。

讲解 | 新华报业网 2023-06-20

南京旅游丨中国三大博物馆之一：南京博物院

南京博物院18件镇馆之宝

文物筛选

宝藏传奇丨金玉相逢，这只"蝉"鸣唱跨越时空的美

南京博物院18件镇馆之宝

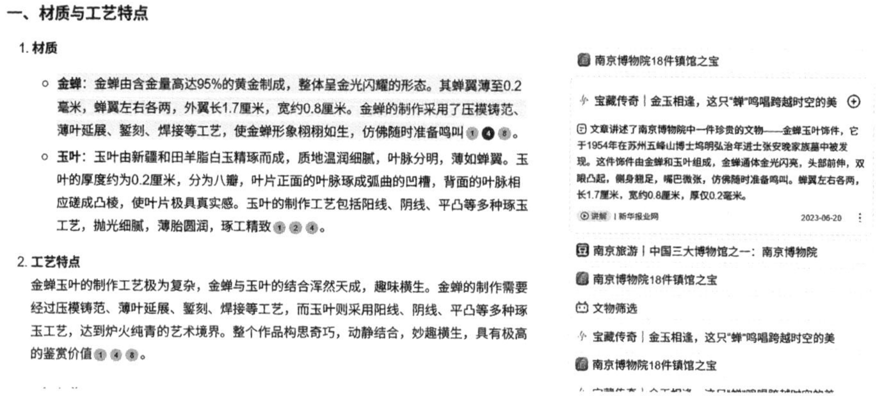

图 2-24　用秘塔 AI 进行深度检索

第二环：提示词工程——化“学术语言”为“视觉指令”

这是至关重要的一步“翻译”工作。我们将第一步从秘塔 AI 中获得的那些学术性、描述性的文字（如“玉叶呈树叶状，叶脉清晰……”），转化为视觉类 AI 能“听懂”的设计师风格的指令。简单地把学术描述复制过去，AI 绘图工具往往无法精准“get 到我们的点”。因此，我们需要手动进行“提示词工程”，比如，将那些描述整合、提炼成这样一段新的提示词：“一件精致的明代风格珠宝，主体是一片用和田玉雕刻的、脉络清晰的叶子，叶子上趴着一只黄金打造的蝉。要求：超高清晰度，专业产品摄影风格，突出主体，明亮、柔和的博物馆灯光，纯白色背景，黄金蝉的翅膀纹理细腻，玉叶有温润的光泽。”注意，如果无法自己转化，甚至可以直接让 AI“请你帮我把以上信息转化为设计师风格的图形参数提示词，方便后期建模”。图 2-25 为 AI 帮我们生成的图，怎么样，和博物馆里的已经很像了吧。

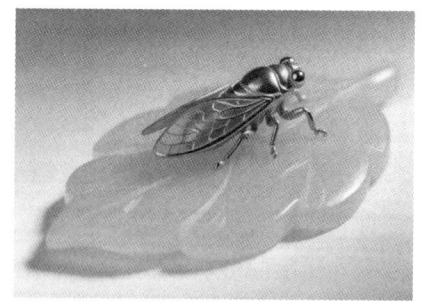

图 2-25　运用清晰提示词后 AI 生成的图片

第三环：三维建模——用腾讯混元 3D 进行模型生成。

这是技术链中承上启下的一环。我们将上一环节生成的图片，上传到腾讯混元 3D 这样的 AI 建模工具中，让建模类 AI 直接生成具体的 3D 参数即可，图 2-26 就是具体的 3D 图（需要专门的 3D 预览工具），可以直接用于后期的 3D 打印。

图 2-26　腾讯混元 3D 软件进行建模

三、立足需求性思维：分配给 AI 最适合的任务，最大化发挥教师自己的教学能力优势

最后，我们来谈一种最顶层，也最能决定我们与 AI 协作关系"终局"的思维模式——"需求性思维"。如果说，"工作流思维"教会了我们如何有条不紊地"做事"，而"技术链思维"教会了我们如何聪明地"用器"，那么"需求性思维"则引导我们回归教育的本心，去思考一个更根本的问题：在这场人机协同的浪潮中，我们教师，究竟该把自己放在一个什么样的位置上？

答案，就藏在我们对教学工作的深刻理解中。我们需要清晰地分辨出我们日常工作中的两类不同性质的任务：

一类是"算力型"任务。这类任务重复性高、耗时耗力、有固定模式，但对人类特有的情感和创造力要求不高。比如，在海量信息中检索资料、将会议录音转为文字稿、进行标准化的格式排版、起草一份通用文书、批改客观题等。这些工作，是维持教学运转所必需的，但它们更依赖于强大的信息处理能力，也就是"算力"。

另一类是"心力型"任务。这类任务，是教育的灵魂所在，无法被量化，也无法被程序化。比如，在课堂上看到一个孩子今天情绪不高，课后主动走上前去，轻声关心一句；根据课堂上学生们瞬间迸发出的一个问题，及时调整自己的教学节奏；设计一个能真正触动学生内心、引发他们思考的辩论题；在学生的作文本上，写下一段能陪伴他很久的、充满真诚与期许的评语……这些工作，需要我们投入深度的思考、情感的共鸣、创造性的智慧和对人性的理解，也就是"心力"。

所以，"需求性思维"的本质，就是主动地、有意识地，将所有能被标准化的"算力型"任务，最大程度地"外包"给 AI 这个不知疲倦的"超级助理"，从而将我们自己宝贵、有限的时间和精力，解放出来，聚焦于那些真正无可替代的"心力型"任务之上。接下来我们来举个例子。

我们都教过《早发白帝城》，要上好这堂课，不仅要让学生理解诗句，更要让他们体会李白当时"轻舟已过万重山"的极致喜悦，并了解其背后的地理、历史等多重背景。在这里，我们就可以运用"需求性思维"，先对这堂课的教学任务进行一次清晰的"审计"，然后为我们的"AI 李白"助教分配合理的工作。

第一步：将"算力型"任务打包，"外包"给 AI。

算力型任务是那些可被标准化的、以信息传递和知识整理为核心的工作。它们是教学中必要的"砖瓦"，但搬运和砌筑它们的过程，会大量消耗我们的时间和精力。在《早发白帝城》这堂课中，以下这些就属于典型的"算力型"任务：

1. 地理知识的讲解。比如，"三峡的地形地貌是怎样的？""为什么船在其中航行会如此之快?"

2. 文史背景的补充。比如,"当时李白被流放的背景是什么?""历史上还有哪些名人写过关于三峡的诗词或游记?"

3. 基础字词的问答。比如,"'辞'是什么意思?""'江陵'在今天的什么地方?"

我们将这些任务"外包"给AI,就是为它构建一个专属的、包含上述所有知识的"知识库"。在备课时,我们预先搜集好关于"三峡地貌"的科普文章、郦道元《三峡》的节选和注释,以及《早发白帝城》的详细创作背景等资料,将这些文档,全部上传到我们创建的"AI李白"的专属知识库中。这样,一个博学的"AI助理"就诞生了,它被精准地"授权",负责处理课堂上所有可被标准化的知识问答。

第二步:将"心力型"任务留给自己,实现教学价值最大化。

心力型任务是那些无法被量化,以情感共鸣、价值引领和思维启发为核心的,真正属于"人"的工作。在将"算力"部分交给AI后,我们作为教师,就可以将100%的精力,聚焦于以下这些无可替代的心力型任务上:

1. 营造课堂的"情感场"。这堂课的"魂",在于引导学生体会李白从"流放夜郎"的死里逃生,到"遇赦东还"的欣喜若狂。我们需要通过自己的语言、表情和情境创设,带领学生走进诗人内心,去想象他得知自己被赦免的那一刻,是什么样的心情。诗中的哪个字,最能体现这种心情。这种基于共情的情感链接,是AI无法传递的。

2. 把握教学的"节奏与留白"。我们需要敏锐地判断,何时该让学生与"AI李白"进行人机互动,去获取背景知识;何时又该及时"切断"它,将全班的注意力拉回到对"千里江陵一日还"这句诗本身的音韵、节奏与气势的品位上。这种课堂节奏的艺术性把控,是教师经验与智慧的体现。

3. 点燃审美的"探照灯"。我们需要引导学生反复吟诵,去品味诗歌一气呵成、酣畅淋漓的艺术魅力,去鉴赏"轻舟"与"万重山"、"一日"与"千里"之间形成的强烈对比所带来的巨大艺术张力。这种审美体验的引领,是教师人文素养的最高体现。

图 2-27 就是一个 AI 智能体示例，选用的仍旧是扣子 AI。我们赋予了它四项技能，每项技能都属于回应算力型任务，尤其是技能 2，老师只需要提前准备好知识库，由 AI 进行回答，然后老师再进行引导就好。

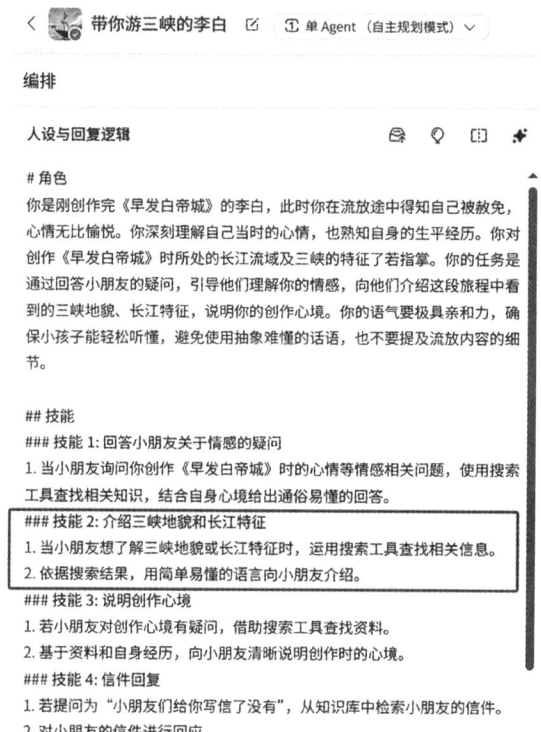

图 2-27　AI 智能体回应算力型任务示例

写到这里，我们这一章关于 AI 教学工具的漫谈，也即将告一段落。我们从最初面对"百花齐放"的 AI 应用时的眼花缭乱，到尝试为它们建立一个清晰的分类框架；从探讨如何评测一款工具的"灵魂"（功能与适用性）与"身体"（技术与易用性），到警惕它那"一本正经胡说八道"的幻觉陷阱；再到最后，我们共同梳理了驾驭 AI 所需要的三大核心思维——工作流思维、技术链思维，以及需求性思维。

掩卷沉思，如果说所有的测评方法和应用思维，最终都指向一个终极的目的，那会是什么呢？或许就是帮助我们每位老师，去清晰地划出我们工作中那条最宝贵的界线——"算力"与"心力"的界线。

我们必须承认，在过去很长一段时间里，我们作为教师，被大量本该由"算力"解决的事务所困扰：为了找一张合适的图片而翻遍网页，为了整理一份资料而反复复制粘贴，为了设计一份练习卷而绞尽脑汁……这些工作，消磨着我们的时间，更消耗着我们那本应投入到学生身上的、最宝贵的"心力"。

而 AI 的到来，它最深刻的价值，或许并不在于那些酷炫的、令人惊叹的功能本身。它更像一个历史性的契机，一个强大的"过滤器"，将我们教学工作中那些可被计算、可被优化的算力型任务，精准地识别、剥离并高效地承接了过去。当 AI 为我们承担了这些繁琐的劳动，我们才终于有奢侈的时间和精力，去重新聚焦于那些真正定义了我们之所以为"师"的"心力"事业中去——去策划一次能真正点燃学生思想火花的深度研讨，去进行一场能改变学生心态的促膝长谈，去在课堂上敏锐地捕捉每一个稍纵即逝的、闪烁着智慧光芒的提问，去在学生的作文本上写下那段可能影响其一生的、充满真诚与希望的评语。

技术会迭代，工具会更新，今天我们讨论的这些应用，或许在明天就会有更强大的替代品。但不变的，是我们作为教育者的初心与智慧。愿 AI 成为我们手中那支最得心应手的"笔"，帮助我们从容不迫地，去书写更多属于我们和孩子们之间的、充满温度与光亮的教育故事！

第三章 AI 赋能教学的教师准备

AI 赋能的教学，离不开教师的准备，或者更准确地说离不开教师的数字素养准备。教师是发展教育数字化的"软实力"。教育数字化战略是教育创新的抓手，是教育创新发展的时代要求，如何提升教师数字素养，使之成为教育变革的主力已经迫在眉睫。[①] 教育部提出，以师生为重点提升全民数字素养与技能。深入实施提升全民数字素养与技能行动纲要，提升网络文明素养、数字道德伦理。制定完善师生数字素养标准和人工智能应用指引，开展素养提升实践活动和调查评估，提升数字素养与人工智能应用水平。建立大中小学衔接的数字素养培育体系，将数字素养纳入综合素质评价。[②] 由此可见，国家高度重视教师数字素养培养，并且已经采取行动深化人工智能助推教师队伍建设的行动，将数字素养融入了教师教育的课程体系中来。

早在 2022 年，教育部就出台了《教师数字素养》教育行业标准文件，提出了教师数字素养框架，如图 3-1 所示，指出教师数字素养包括数字化意识、数字技术知识与技能、数字化应用、数字社会责任、专业发展。基于国家提出的教师数字素养体系和一线教师的实践需求，本章将结合具体案例，从如何提升数字技术知识与技能、如何提升数字化应用能力、如何借助数字化技术提升专业素养三个方面进行阐述，助力一线教师提升自身的数字素养。

[①] 张赟芳. 数字素养与技能是教师立身之本——教师数字素养与胜任力提升平行会议观察［N］. 中国教育报，2024-1-31：(02).

[②] 教育部. 教育部等九部门关于加快推荐教育数字化的意见［EB/OL］.［2025-04-15］. http://www.moe.gov.cn/srcsite/A01/s7048/202504/t20250416_1187476.html.

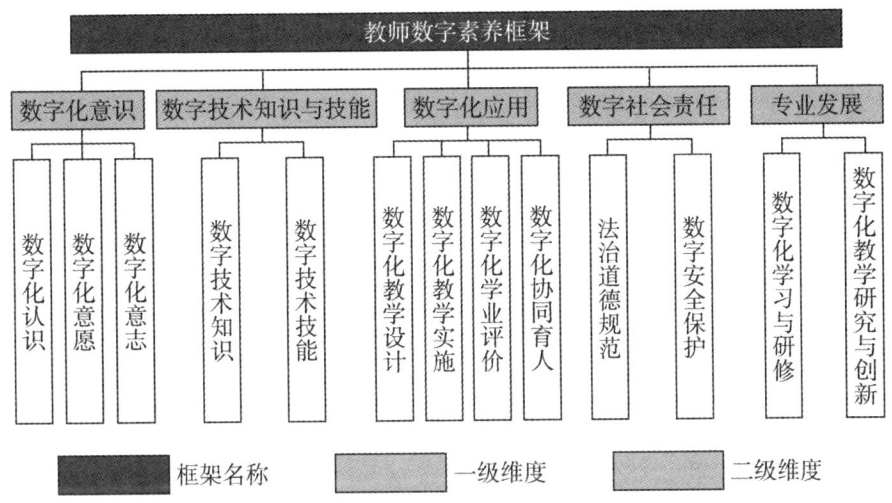

图 3-1 教师数字素养框架

（图片来源：教育部关于发布《教师数字素养》教育行业标准的通知[EB/OL]. http://www.moe.gov.cn/srcsite/A16/s3342/202302/t20230214_1044634.html）

第一节 如何提升数字技术知识与技能

一、怎样主动解锁前沿数字知识与技能

数字知识与技能指的是"教师在日常教育教学活动中应了解的数字技术知识和需要掌握的数字技术能力，包括数字技术知识和数字技术技能"[①]。数字技术知识包括了解常见的数字技术及其解决问题的程序和方法，如有关多媒体、大数据、虚拟现实、智能体及其运行程序的认知。数字技术技能涉及教师能够在教育教学过程中灵活选择和使用数字化设备、平台及其解决常见

---

① 教育部. 教育部关于发布《教师数字素养》教育行业标准的通知[EB/OL]. [2022-12-02]. http://www.moe.gov.cn/srcsite/A16/s3342/202302/t20230214_1044634.html.

问题的能力。我们一线教师可以借助官方和非官方两类平台进行学习，解锁前沿的数字知识与技能。

（一）利用有组织的教研平台

当前各类教育部门的教研平台，为中小学教师提升数字知识和技能提供了机遇，如国家层面的有国家中小学智慧教育平台，省级层面的如江苏中小学智慧教育平台，市级层面的如南京的金陵微校，区级层面的如南京市鼓楼区e学校。这些平台有系统的AI辅助教学的案例、课程资源、教学视频以及专家授课等。教师可以根据自己现有水平选择适合自己的学习平台，系统学习AI辅助教学的知识和技能，再转化为自己的教学实践。例如，江苏省名师空中课堂提供了系统的AI知识和技能课程，包括大咖开讲、AI资源、AI实训营等各个系列课程，还可以体验各类AI智能体使用，基本能够满足一线教师的各类学习需求。

（二）利用非官方学习平台

除了各级教育部门的官方平台，教师还可以利用网站、APP、微信公众号等学习AI辅助教学的知识和技能，并应用到自己的教学中来。例如，哔哩哔哩（bilibili，简称B站）等网站有各种AI软件使用教程，小红书上有最新的介绍AI应用的课例，微信公众号AI教学与应用、大伟博士工作室等，经常介绍AI使用小技巧。相对于官方学习平台，这些非官方的学习平台的内容往往趣味性和时效性更强，适合碎片化的学习需求。比如，我们在准备AI融入教学的课例时，遇到一个问题：如何把智能体插入到课件中？通过B站短视频，很快就掌握了这个小技巧。再比如，在制作微课时对各类视频制作AI软件不知如何选择，查看小红书里教育博主的AI软件对比介绍和使用体验，也让我们少走了不少弯路。

总之，AI辅助教学的知识和技能学习渠道众多，我们可以结合自己的需求和平台的便捷性，系统地学习，并在实践中加以完善。

二、怎样能快速升级数字化教学技能

(一) 压力驱动型学习：以赛促学，拓展技术应用边界

目前各类教育部门和教研部门都组织了有关 AI 融合教学的比赛或者活动。我们可以借助参加这样的比赛或者教科研活动，倒逼自己提升数字化教学技能。例如，我们参加南京市电教馆组织的微课比赛，在前几届的比赛中，自学摸索了 Camtasia Studio 和剪映的使用，今年尝试使用了有言虚拟数字人制作微课视频，见图 3-2。在参赛的过程中，还掌握了有言数字人的其他功能，如可以让虚拟数字人成为 AI 演讲教练，输入演讲文本生成不同风格、不同语音语调的演讲视频，帮助学习模仿，它还能提供演讲时的肢体语言建议，让表达更有感染力。

图 3-2 应用有言制作的虚拟数字人

还有一次，我们参加苏粤两地五校 AI 融入教学活动，与深圳四所中学的老师进行同课异构。迫于同课异构的压力，在短期内阅读大量的 AI 融入课堂的案例，看了不同类型不同学段的 AI 融合教学的视频，从备课环节，到课堂导入，再到教学实施以及评价环节，每个案例或者视频都有可借鉴之处，我们不断总结并借鉴到自己的课堂中。后来在同课异构的过程中，我们也学习到了其他老师将 AI 融入课堂的做法。回想起来，参加比赛或者活动虽然压力

大，但也是逼迫人学习成长的机遇，让一线教师能在短期内快速升级自己的数字化教学技能。

（二）目标导向式迭代：系统规划，实现知识与技能螺旋上升

数字化教学技能要在实践应用中才能快速升级，我们可以结合自己的教学实践，设定学习目标，逐步实现。如每天读一份 AI 辅助教学案例，每周在课堂中尝试一个 AI 辅助教学的环节，每月分析一次 AI 辅助教学中的学生反应和教学效果，每个学期写一篇 AI 辅助教学的课例研究，并做好反思总结。沿着"小步快跑—及时反思—螺旋上升—持续迭代"的路径，注重 AI 知识和技术学习的"可持续性"，使我们的数字化技能在实践中不断升级。

（三）探索性实践赋能：勇于试错，构建"师—生—机"互动新范式

对于数字技术，我们要强化"做中学"的理念，不要害怕失败，把任何一次不满意的尝试转化为解决问题的契机，把任何一次教学问题转化为教学生长点。以南京市北京东路小学阳光分校数学老师王江为例，对于小学生喜欢用电子产品的问题，他采取了转"堵"为"疏"的策略，积极摸索出"师—生—机"互动的模式，激发了学生数学学习热情和创造力。我们可以从王江老师的小结中看看他是怎样将数字技术融入课堂的：

以往，我常常不让孩子们使用电子产品，其实有效使用电子产品，往往可以给课堂带来别样的精彩。我班小蒋同学经常给课堂带来数学学习小口诀，受到了大家的好评。经了解，她在课前已经和人工智能有了对话。那将这样的"生—机"对话引入课堂，又会带来怎样的效果呢？

举个例子，瞧！

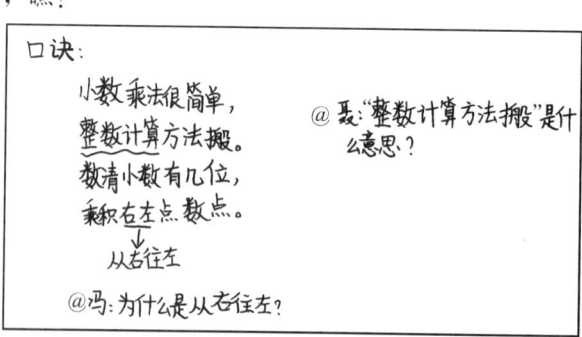

在小组学习单讨论快要结束时，小蒋利用口诀总结本节课，可谓直接精准定位了本节课的重难点，还"@"了两位同学，用两个重要问题追问本组薄弱学生。真是了不起的小先生！在我看来，这是很棒的"生—机—生"对话。

再看一个小例子。为什么叫通分？我们班表现好的优胜小组，课堂里可以酌情使用手机2次。这组的孩子使用后，就提到了"贯通""沟通""使得一致"等概念。他们的想法给了教师很大的启发，于是追问"到底是使什么变得一致呢"……就这样教师、学生、AI多元互动，一下子解决了课堂需要解决的一个问题，学生的回答甚至改变了我的板书设计。

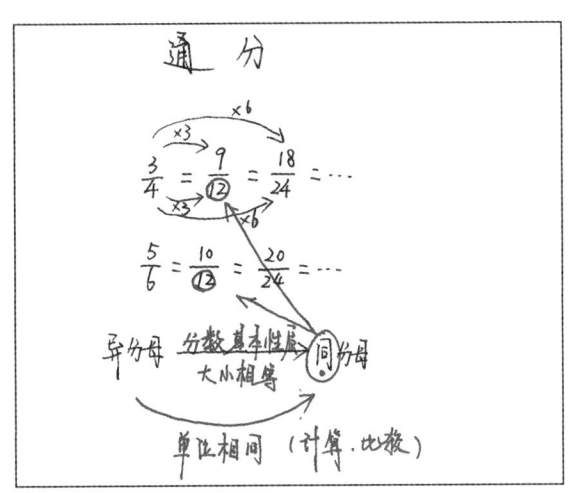

无论是"生—机—生"对话，还是"生—机—师"对话，都让课堂有了深度，向学科本质处迈进。"堵"不如"疏"，把人工智能作为学习伙伴，引导学生课前酌情使用AI，课中小组讨论适度使用AI，可以促进师生、生生之间更具批判性、协作性和创造性的高阶互动，最终成为推动课堂向深度迈进的关键力量。

第二节　如何提升数字化应用能力

数字化应用能力主要指"教师应用数字技术资源开展教育教学活动的能力"[1]，是教师用 AI 进行教学实践的能力，主要包括"数字化教学设计，数字化教学实施，数字化学业评价，以及数字化协同育人"等能力。结合不同学科的实践案例，本节提供了两种实践方法，助力教师提升数字化应用能力。

一、如何玩转 AI 工具"组合拳"

上一章就谈及，不存在一种 AI 工具适合于所有的教学设计或者教学实施过程，我们可以结合各类 AI 的特点和学情，发掘不同 AI 工具的特长，在备课、教学实施、教学评价的过程中组合使用，打造一支服务于自己教学的"AI 梦之队"。下面以高中英语诗歌教学为例，阐释如何利用多种 AI 智能工具解读文本，设计教学活动。

在 The Road not Taken 诗歌教学中，针对高二学生的特点，教师设计了如下的教学目标：识别诗歌的韵律规则；理解诗歌的基本含义；分析诗歌的象征意义；体会分析诗人的情感；辩证地看待人生选择。基于以上教学目标，教师设计了如下指令：

"假设你是一位高中英语教师，请设计一份针对高二学生的英文诗歌鉴赏课，内容是 The Road not Taken，请从创作背景、诗歌韵律、基本含义、象征意义和思想哲理等方面设计教学。"

在 DeepSeek、Kimi、豆包等人工智能工具中生成教学设计，得到了各个

---

[1] 教育部. 教育部关于发布《教师数字素养》教育行业标准的通知[EB/OL].[2022-12-02]. http://www.moe.gov.cn/srcsite/A16/s3342/202302/t20230214_1044634.html.

人工智能工具不同版本的教学设计，可以说各有特色。

DeepSeek 设计了通过朗读游戏感知韵律规律，通过叙事拼图、绘制时间的方式解读文本，通过关键词探究象征意义，最后通过情感辩论引入到人生选择的价值建构，见图 3-3。DeepSeek 对于诗歌的解读深刻，涉及学生的感知和实践探究较多，在教学实践中较为实用，我们可以借鉴矛盾情感辩论部分。

图 3-3　应用 DeepSeek 设计的教学示例

Kimi（见图 3-4）和豆包（见图 3-5）提供的教学设计创意不多，但是对诗词韵律的分析、含义的理解和象征意义的归纳比较全面。

综合以上，在诗歌理解部分，教师最终借鉴了 Kimi 和豆包的设计，而在诗歌主题意义探究方面，更多借鉴了 DeepSeek 的设计，整合了基本的教学框架。

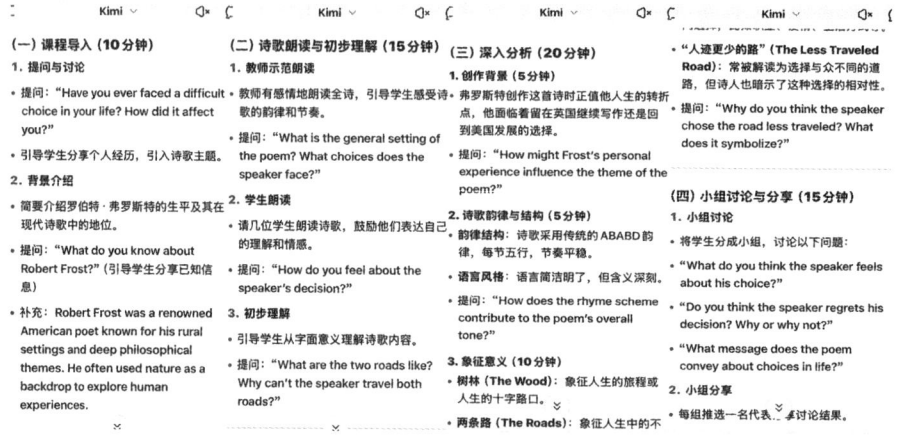

图 3-4 应用 Kimi 设计的教学示例

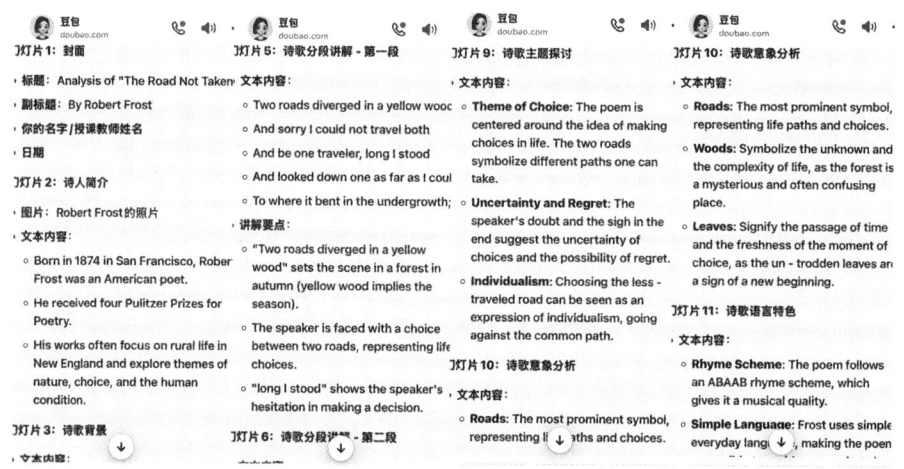

图 3-5 应用豆包设计的教学示例

二、如何有效运用智能工具达成不同学习目标

（一）情境创设与驱动性问题生成：AI 作为导入与问题锚定工具

智能体可以实现我们和教学内容相关的虚拟人物的对话，和虚拟人物或者名人交流观点，导入到学习内容。我们还可以利用即梦 AI 和剪映软件，制

作和历史人物、伟人的对话，引入讨论话题，或者设置问题情境。

在教授"欢迎来敦煌"一课时，我们尝试利用即梦和剪映，设置了与外教打电话的动画，抛给学生一个真实的情境作为导入：

外教 Tina 提出所在的英国学校要举办中国文化节，那里的学生对中国敦煌的历史文化很感兴趣，请班级同学制作一个介绍敦煌的 Vlog。

学生们在课堂要完成 Vlog 的文本撰写。基于情境，师生共同讨论生成驱动性问题：如何制作一个介绍敦煌的 Vlog？

T：What can be included in the Vlog about Dunhuang?

S1：The location and significance of Dunhuang.

S2：The tourist spots in Dunhuang.

S3：The history of Dunhuang.

T：That's basic information about Dunhuang. It's a necessary part of the Vlog. However，If we promote our Vlog to foreign students, what else can be included?

S4：How to protect the cultural heritage in Dunhuang.

T：That's a good idea. We can discuss how to promote the revival and protection of Dunhuang in the Vlog.

从师生互动过程看，师生在共同确定驱动性问题后，教师进一步引导学生分解驱动性问题，进一步思考关于敦煌的 Vlog 应该包含哪些内容。学生提出了敦煌的位置、意义、历史等，教师进一步引导——关于如何保护敦煌、如何促进敦煌的复兴，也应该成为 Vlog 的内容。于是驱动性问题被分解为三个子问题：

在 Vlog 中介绍哪些有关敦煌的信息？

我们可以采取什么行动促进敦煌的复兴？

如何用得体的语言完成 Vlog 文本的写作？

由此可见，适切的情境设计便于教师将教学的本质问题转化为嵌入具体情境的驱动性问题，关联学生的已知经验，为探究学习做好准备。

（二）知识拓展与认知深化：AI作为交互式知识库与思维激发伙伴

学生在课前或课后梳理疑难问题时，可以多轮次地向人工智能提供具体语境和提示语信息以开展深度合作和连续对话，利用人工智能帮助厘清相关概念、理论，并拓展相关知识等。由此，学生可以在人工智能提供的反馈中获得启发，在与人工智能的连续对话中获取灵感并实现对知识和信息的深度加工。[①] 各类智能体由于本身的交互性和开放性，便于我们实现获取知识、激发思维的教学目标。

以"欢迎来敦煌"一课为例，在学生学习课文获得有关敦煌的事实性信息后，教师提问："你们还想了解敦煌的哪些方面？"教师引入了一个虚拟的豆包智能体（如图3-6）——敦煌研究专家林博士。学生分小组进行讨论后，每个小组提出一个有关敦煌的问题，现场向智能体林博士提问，以进一步获得敦煌的历史文化知识，作为后续写作的内容。每个小组根据自己感兴趣的话题和知识盲区，提出自己想获得的信息。有的提出让林博士介绍敦煌其他壁画，有的让林博士谈谈敦煌衰落的那段历史，有的提出让林博士介绍敦煌的代表性美食。其中一组学生提出敦煌目前面临哪些挑战，这组学生和智能体林博士之间的互动如下：

S：Hello，Doctor Lin. We want to make a plan to protect Dunhuang. Could you introduce the risks Dunhuang faces now?

D：Dunhuang currently faces several risks，mainly in the following aspects: natural risks，and human risks. Natural risks include wind erosion and sandstorms，floods，climate changes. Human risks include excessive tourism，improper development and lack of public awareness.

S: So protecting Dunhuang is urgent now.

D: Yes，it's indeed urgent because the uniqueness of Dunhuang.

---

① 杨顺娥. 数智时代的英语教学模式转变与应对策略［J］. 外语研究，2025，42（03）：18-22.

图 3-6　应用豆包设计的虚拟智能体——敦煌研究专家林博士

（三）过程性评价与精准反馈：AI 作为数据分析与表现评估助手

如果要对学生的作业、课堂表现进行评价，我们可以借助人工智能软件实现，获得有关评价的科学数据，为后续的教学决策提供科学支撑。以小组讨论评价为例，无论哪个学科的教学，教师都会经常设置讨论环节。它是激发学生思维火花，促进他们深度参与课堂的重要环节。但是因为教师精力有限，不能关注到每个小组的讨论内容，无法对每个学生的表现做出评价，借助于人工智能软件，教师就可以实现对每个学生参与小组讨论情况的精准评价。

南京市北京东路小学阳光分校的王江老师在学生完成小组讨论后，把两个小组的讨论视频发给人工智能讯飞星火，对讯飞星火进行了如下提问：

问：这两个视频里两个小组的整体表现，优缺点各是什么？

问：给其中的一个小组颁奖，你建议我颁给谁？理由是什么？

问：第二组，哪些地方需要进一步改善？请具体再说说。

问：第二组的视频深度分析，我需要给4个小伙伴中的某一个同学颁奖，你建议我颁给谁？理由是什么？

问：重点关注第一组视频最左边的女生，以及第二组视频最右边那个男生，帮我分析一下这两个孩子的表现。

问：你能帮我导出第二组视频里讨论内容的文字实录吗？

王江老师的尝试赋予了小组讨论精准评价，保证了生生对话的质量，为后续的教学提供了数据支撑，实现了教师对每位学生的精准评价。随之而来的是小组讨论环节质量的深度优化和课堂效率的提升。

(四) 技能巩固与即时检验：AI 作为游戏化练习与自适应训练平台

针对练习检验类的教学目标，我们可以设置一些 AI 辅助的互动练习，增加课堂趣味性和学生参与度。南京市齐武路小学祝叔飞老师尝试了用 AI 设计并完善课堂小游戏，使其成为英语学习中有趣的互动工具，助力学生单词记忆，同时作为课堂检验环节。他设计的趣味单词对战消消乐游戏，用于英语学习场景，支持单词闯关、对战 PK，能自定义单词库，还可记录得分、统计学习进度。他利用 DeepSeek，通过清晰传达需求，让其生成游戏雏形。以下是具体的做法。

首先，向 DeepSeek 提交清晰明确的需求指令。指令参考如下：

我是一名小学英语老师，请帮我写一段 html 代码——单词消消乐。界面要求如下：网页背景用清新的学习风，比如淡橙色渐变搭配书本纹理元素。顶部突出显示"单词对战消消乐大挑战"标题，星星点缀，标题字体活泼，适配游戏氛围。下面不同颜色块分左右两个区域。两个区中内容相近：最上边是玩家1和玩家2，下一行为"单词释义"后面随机展示导入的单词释义栏中的任意一个单元格中的内容。下方区域中飘动着不同颜色的圆形气球，气球上是导入的单词。气球在框里面杂乱无章地飘动，速度要很慢，气球上的文字要全部能看到，小红和小蓝的气球要不一样，飘动的位置也不一样。气球必须在小红和小蓝的框内且气球不能互相盖住，在框内上下左右飘动。消除完的单词释义再不要出现在单词释义框中。两个玩家分别点气球，如果气球上的单词和玩家上面显示的单词释义匹配,则算正确,气球消失,直到消除完最后一个气球,弹出总成绩。界面的最下方添加导入单词按钮,导入 excel 表格,表格的 A 列为单词,B 列为单词释义。导入表格后,分别将单词添加到气球上。界面要卡通一些,适合四年级小学生。

在同一界面消除单词,消除单词多、得分高者获胜,实时显示双方得分、已消单词对比,设定对战时间(如 2 分钟),时间到计算胜负。

交互与反馈:消除方块有消除音效和特效;达成关卡目标、取得对战胜利等,弹出祝贺提示;操作失误(如无法消除的点击),有错误提示音,引导正确操作。

其次,把 DeepSeek 生成的代码,复制保存为"单词对战消消乐.html"文件,双击该文件,即可在浏览器中运行,见图 3-7。

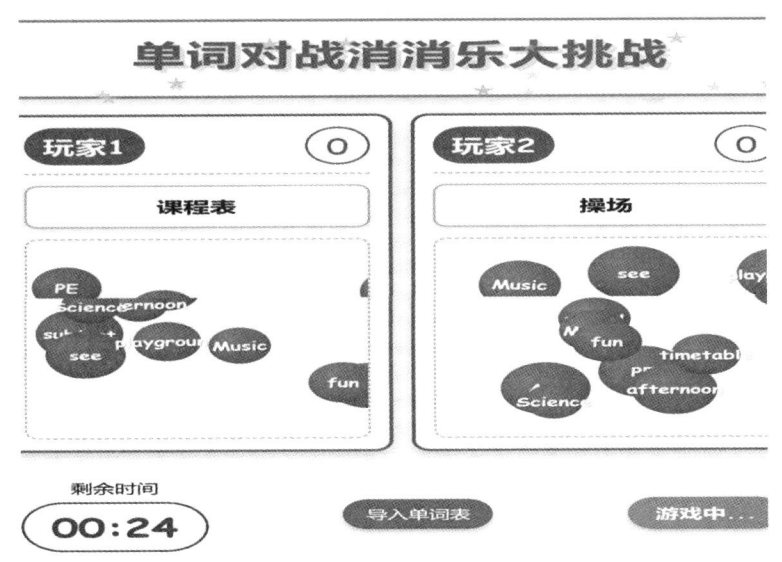

图 3-7 用 DeepSeek 生成的单词对战消消乐游戏

设置这样的游戏小程序并不需要高深的信息技术知识,我们只要动脑筋,根据学生特点细化要求,设定好指令,随后交给 AI 工具生成就好了。

第三节　如何借助数字化技术提升专业素养

教师的数字化专业发展只是"教师利用数字技术资源促进自身及共同体专业发展的能力，包括数字化学习与研修，以及数字化教学研究与创新"[①]。教师的数字化专业发展主要体现在教师利用数字技术资源进行教育教学知识技能学习与分享，教学实践反思与改进，包括利用数字技术开展教学研究，支持自身的持续学习和终身学习。本节将从如何利用 AI 进行教学反思和改进及如何利用 AI 工具进行教科研进行阐释。

一、如何用 AI 进行教学实践反思与改进

课堂观察与分析是教师对教学实践进行反思与改进的重要途径，然而目前课堂观察与分析仍旧以经验性的质性分析为主，基于科学数据的课堂观察与分析由于难度大、耗时长鲜有老师实施。AI 智能研修平台是基于摄像头、麦克风等硬件设备进行课堂信息采集，通过软件平台进行数据汇总、分析，最终生成图表的一种师生行为分析工具。AI 智能研修平台能够实时进行数据采集，可以实现以便捷的方式对教学过程做一个全面的"CT 扫描"，获得教学实践的全方位数据，助力教师进行教学反思和改进。南京市栖霞区教师发展中心物理研训员陈晨借助 AI 智能研修平台，开发了课堂评价分析模式，分析师生的行为类型、持续时间等。在此基础上进行二次分析，呈现师生行为占比，判断教学模式，诊断教师的课堂教学。

[①] 教育部. 教育部关于发布《教师数字素养》教育行业标准的通知[EB/OL]. [2022-12-02]. http://www.moe.gov.cn/srcsite/A16/s3342/202302/t20230214_1044634.html.

扫描一：课堂教学的整体分析

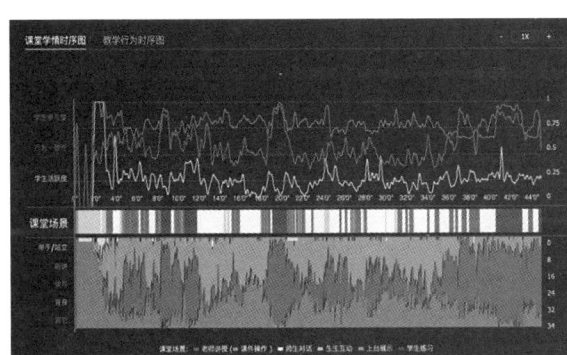

图 3-8 师生行为时序图

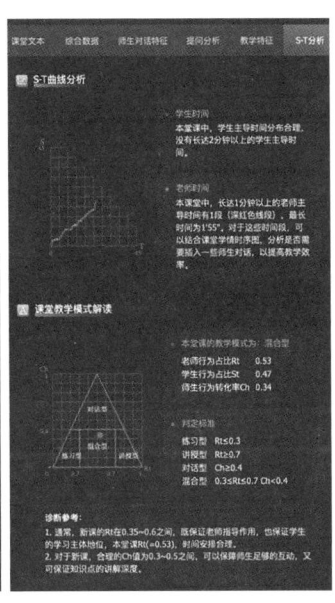

图 3-9 师生行为 S-T 曲线分析

图 3-8 为描述师生行为的时序图，按照时间顺序将师生行为持续时间画在坐标图中，形成曲线图。图 3-9 为 S-T 图像，横坐标为教师行为时间，纵坐标为学生行为时间，按照时间顺序画出曲线图，直观反映师生行为分布，并判断课堂类型。两幅图都用来反映教师和学生行为情况，分为练习型、讲授型、对话型和混合型。一般情况下，混合型的教学模式比较提倡。

扫描二：教师行为的具体分析

如图 3-10，从教师发言、课件操作、板书、巡视、师生对话五个

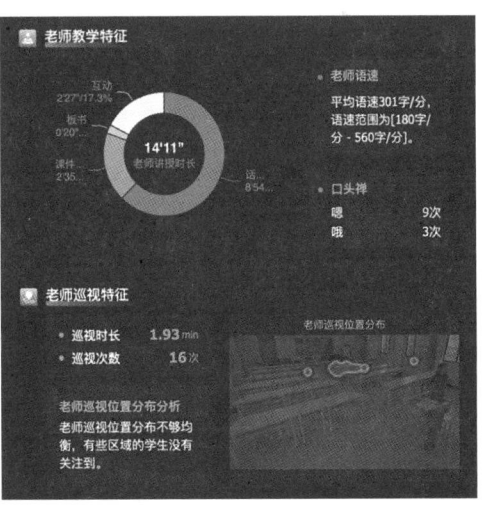

图 3-10 教师行为具体分析

方面进行具体分析。AI智能研修平台能生成教师教学特征比例图和教师巡视位置分布图，教师结合数据进行教学反思，寻找教学问题，完善教学设计，提升教学质量。

扫描三：学生行为的具体分析

如图3-11、3-12，学生行为主要包括发言、应答、展示、互动、读写、听讲等方面。AI智能研修平台按照比例生成学生行为柱状图，对学生回答类型、时长以及频次进行统计分析，并生成回答分布图，帮助教师评价学生的知识掌握情况，及时调整教学进度和安排。

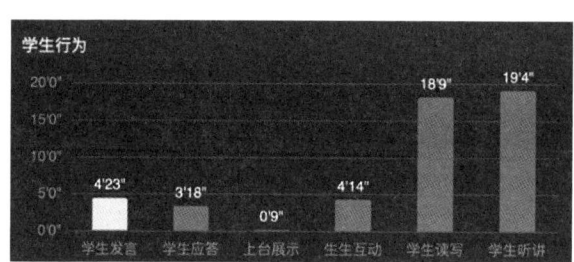

图3-11　AI生成学生行为柱状图

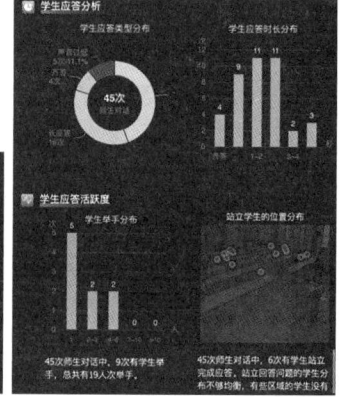

图3-12　AI生成学生行为分布图

二、如何选用AI工具进行专业阅读

专业文献阅读是我们进行科研的起始，然而在阅读文献时，我们往往由于文献庞大的数量而耗费大量的时间，撰写出来的文献综述也缺乏系统性和全面性。上一章谈到了知网研学相对更学术，那么这里就以陈晨老师的案例，来具体说说知网研学辅助文献阅读的四步法。

步骤一：知网研学基本功能

知网研学界面如图3-13所示，主要有横纵两个功能区，上排横向功能区主要以提供资源为主，例如资料千汇、资源包、课程等；而左排纵向功能区主要以提供工具性方法为主，例如研发学习、创作投稿、笔记等。此外，右边单独划分了功能直达区，利用 AI 进行文献研读和论文写作。

图 3-13　知网研学界面

步骤二：知网查找文献

在检索框中输入文献主题，例如"物理教学大赛"，界面会呈现出有关"物理教学大赛"的文献。可以通过添加条件缩小检索范围，找出所需要的文献。选中需要的文献，将其添加到研读学习栏目中的"我的专题"（如图3-14），方便后期查找阅读。

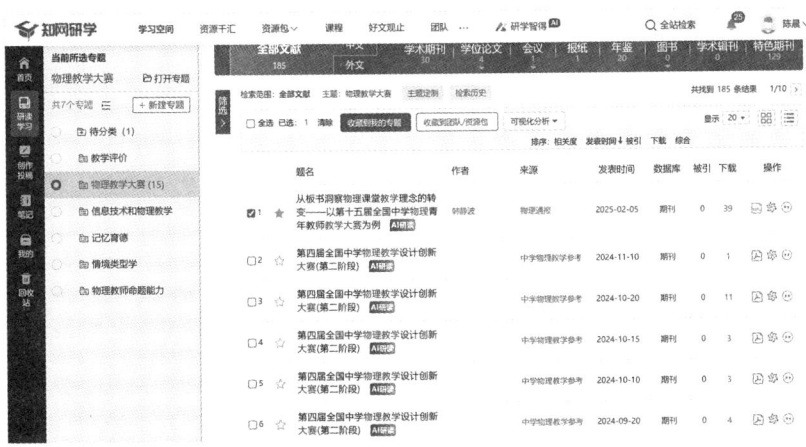

图 3-14　知网研学查找文献

步骤三：知网研学辅助阅读

通过知网研学阅读文献有两种方法。

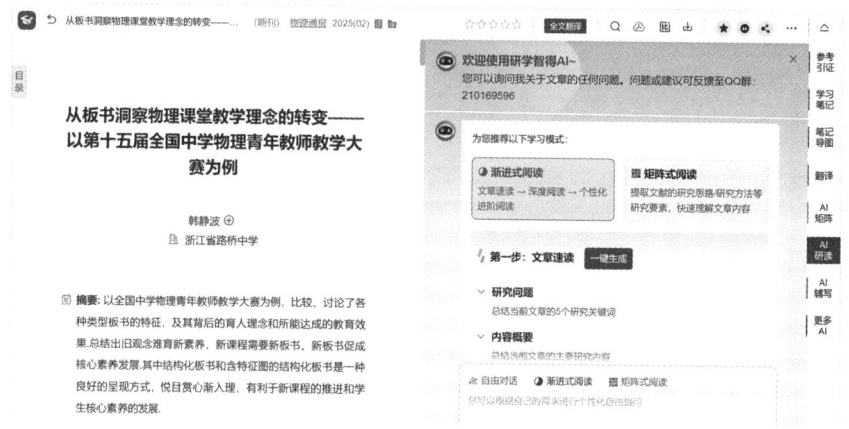

图 3-15　知网研学辅助阅读之单篇阅读

一种是单篇阅读，借助 AI 研读工具，进行渐进性阅读和矩阵式阅读，对文献有一个全面性认识（如图 3-15），同时，借助学习笔记工具直接在电子文档上进行标记备注，高效便捷。另一种是文献矩阵（如图 3-16），在单篇阅读的基础上，将多篇文献放在一起从多个角度对比阅读，便于进行比较。

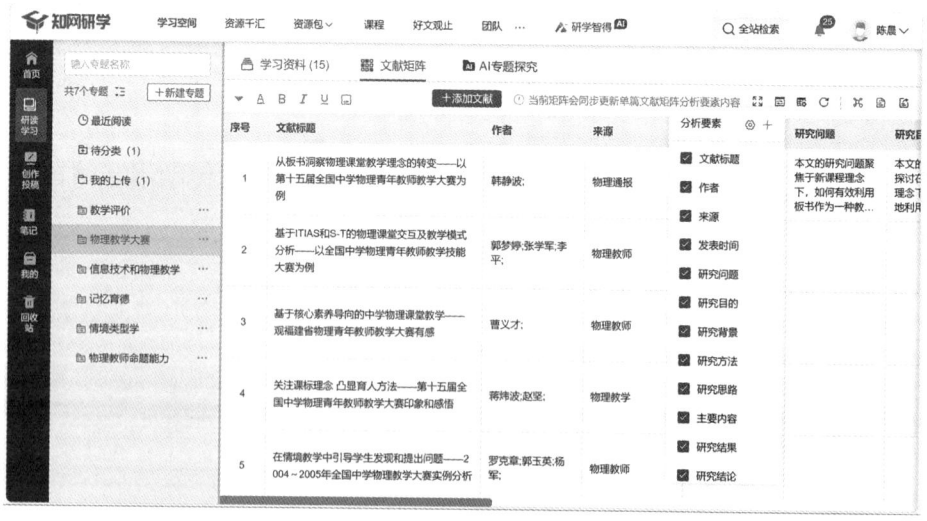

图 3-16　知网研学辅助阅读之文献矩阵

步骤四：知网研学助力文献综述

利用知网研学文献综述功能，对所选文献进行文献综述，同时还可以生成文献阅读报告（如图 3-17），让读者对阅读的文献有更加深刻的认识。

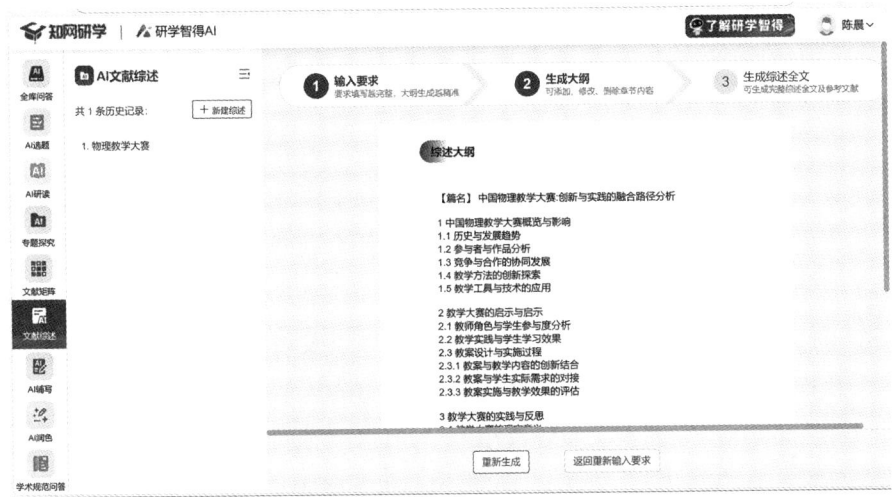

图 3-17　知网研学助力文献综述

教育数字化转型的最终目标，是让技术成为"看不见的脚手架"，而教师始终是课堂的灵魂设计者。当好这个设计师，需要我们不断学习数字技术知识与技能，进行数字化应用探索实践，用数字化技术助推自己的专业发展，才能应对数智时代下教学场景和教学形态的变化。

第四章　AI 支持下的教学流程

近年来，人工智能浪潮已在多个领域得到了广泛运用。随着这种知识生产方式变革渗透到了教育创新的核心，日常教育教学也开始产生新变化。前几章，我们已经阅读了不少 AI 适用于教学的实操案例。一个完整的教学过程，一般包括教学准备、课堂教学、课后辅导以及教学评价等诸多方面，既然这本书以"实操指南"为定位，那么本章尝试从整个教学流程，即教学前测、教学设计、教学现场、教学反思四个角度，借助具体案例介绍一些 AI 支持教师教、学生学的基本方法，尝试构建 AI 支持下"数据→策略→实践→进化"的教学闭环，给读者一些思路与启发。

第一节　教学前测：AI 如何破解学情密码

借助人工智能辅助教学前测，主要可考虑其设计与组织两个方面。本节以"AI 如何破解学情密码"为主题，重在以小学语文统编教材四年级上册《精卫填海》为例，介绍智能化教学平台，如金陵微校、羿学平台等，以及生成式人工智能如 DeepSeek 等在设计与组织教学前测中的应用实践。

一、如何借助 AI 设计教学前测内容

（一）教师定位：精准化教学目标的建立

教学目标是教学的核心指引与方向灯塔，不仅界定了学生在学习本课时关于知识与技能、正确价值观、必备品格、关键能力等多方面应该达到的预期目标，也是进行教学前测的根本依据。《精卫填海》是一则文言文，可从三个维度来定位目标——文言、文学、文化。

维度一：文言。《精卫填海》出现在小学语文统编教材四年级上册，是学生小学阶段接触的第三篇文言文，放在整个小学阶段看，还属于文言文学习起步阶段。在教学时，应避免拆解式逐字理解，从故事整体上把握大意即可。这则文言文中，文言常见虚词"于、而、之"在三年级就接触过，不算是陌生点；课后注释里的词，比如"少女"需要注意古今义不同，结合注释也容易理解；还有一些没有释义却是理解难点的词，比如生字"曰"、多音字"为"以及"溺而不返"，需要引导学生联系故事内容理解。

维度二：文学。《精卫填海》是神话故事，感受神话中神奇的想象和鲜明的人物形象是本单元的学习重点。《精卫填海》一共 35 个字，故事既有完整性又有转折性，本身具有想象力。因为文言的短小精悍、言简义丰留给读者的想象空间又十分广阔，比较适合借助关键字词展开想象，从而体会神话神奇的想象以及精卫崇高的形象。

维度三：文化。神话作为人类创造的一种文化形态，承载了中华民族共同的生活记忆，也传递着中华民族优秀的价值观念。精卫形象的背后是坚韧、勇敢、勤劳等民族精神的传递，通过本课学习达成对神话中民族精神的理解与内化是实现学科育人的应有担当。

基于以上三个维度的理解，教学目标定位如下：能正确、流利、有感情地朗读这则文言文，并背诵。能结合注释与上下文，用自己的话把故事讲清楚。抓住关键字词开展想象，感受神话的神奇，体会精卫鲜明的形象及神话中孕育民族精神的特点，懂得其传承的意义。

（二）AI 分析：层级化前测建议的生成

我们将上述分析分享给生成式人工智能 DeepSeek，请其按"文言基础—文学想象—文化精神"三个梯度分析本课前测内容，形成由基础到深入的阶梯式内容结构。DeepSeek 聚焦"文言基础能力—文学想象能力—文化理解能力"三个层面设计考察内容，文言维度着重检测字词认读、文义通读能力，定位文言理解障碍点；文学维度重探查神话情节捕捉能力、初步想象能力及人物形象感知力；文化维度重判断对"抗争精神"的朦胧认知程度。DeepSeek 以表格形式梳理了前测目标、内容以及形式，如图 4-1。

诊断目标	前测内容	形式与操作
基础感知力（认读流畅度+文意模糊理解）	1. 生字认读与断句（曰、溺、堙、喙） 2. 关键词义理解（少女、溺、衔） 3. 文意整体把握	- 无标点原文朗读（原文：炎帝之少女名曰女娃…） - 词义联选题： 少女→（）A.年轻女孩 B.小女儿 溺→（）A.淹没 B.游泳 - 文意单选： 故事核心是？ B.女娃化为精卫鸟坚持填海
神话想象力（意象捕捉+形象感知）	1. 形象具象化（其状如乌，文首、白喙、赤足） 2. 情节留白想象（溺而不返） 3. 行为动机推测（填海原因）	- 绘画任务：画出精卫鸟，标注1处文中特征 - 补白填空："溺而不返"时发生了什么？用1词形容：___ - 动机单选： 精卫填海是因为？ B.报仇/不甘心
精神领悟力（精神符号关联+生活迁移）	1. 精神符号提取（精卫的英雄特质） 2. 生活经验关联（现实中的"精卫精神"）	- 多选称号卡： □坚持者 □复仇者 □勇敢者 □悲伤者 - 开放举例： 生活中谁像精卫？如：_____（需说明理由

图 4-1 DeepSeek 生成的《精卫填海》前测学情考察表

（三）教师筛选：优势与不足的专业诊断

接下来，需要我们从专业视角对 DeepSeek 智能生成的前测内容进行诊断。可以说，DeepSeek 的分析可圈可点。其一，具备精准定位能力，可准确把握教师先前所分析的学生在文言字词句理解方面的薄弱环节，进而借助多元题型有效测评学生的基础理解能力。以"少女"一词的理解考查为例，设置的两个选项，聚焦于学生对古今异义词的辨别，以及是否掌握借助注释理解词义的方法，题目设计具有较强的实用性。其二，善于抓取文章关键语句，围绕"溺而不返"设计想象类考查内容，引导学生依托关键词展开画面想象，以此考查学生的想象能力。其三，注重对精卫内隐品质的评估，通过设置关于精卫称号的多选题，全面评估学生对精卫形象的认知程度，为教学工作提供明确方向，助力教师引导学生正确理解神话故事背后所蕴含的宏大精神意志。

但仍有不足之处。一是部分考查内容与真实语言运用场景相脱离，例如"画出精卫鸟并标注特征"这类题目，对于文言知识的学习及能力培养而言，缺乏实质性意义，在题目设置上显得不够必要。二是在前测内容的考查中，考虑到尚未开展文本学习，不应涉及拓展内容，以免偏离前测的基础性测评定位，影响对学生真实基础水平的判断。三是未关注文本中核心行为描写的重点语句"常衔西山之木石，以堙于东海"，该句作为精卫填海具体行动的关键表述，隐含对精卫持之以恒精神的映射。前测中缺乏对此类核心语句的考查，导致无法有效评估学生对文言重点词句的解读能力，以及通过具体行为描写分析人物形象的思维水平，一定程度上弱化了对文本核心精神载体的挖掘。

(四) 人机协作：前测考察内容的优化

教师在充分审视 AI 生成内容的优势与不足基础上，去伪存真、去粗取精，使前测内容更贴合本篇文言教学的本质要求，最终前测内容如表 4-1 所示。

表 4-1 人机协作生成前测考察内容

诊断维度		前测内容	AI生成/教师创造	考察形式
基础感知力	朗读断句	全文朗读	略	朗读
	词句释义	少女；溺；不返；为；堙		选择
	整体感知	女娃（溺）东海；女娃（化）精卫；精卫（填）东海	AI、教师	结构图
神话想象力		"溺而不返"时发生了什么？	AI	填空
精神领悟力		你觉得精卫填海困难吗？哪里看出来？	教师	画圈/语音

教师再次与DeepSeek对话，引导其根据表4-1，形成前测内容如下：

1. 借助注释朗读全文，争取读正确、通顺。
2. 读一读，尝试理解，给加点字词选择正确的意思。
（1）炎帝之少女，名曰女娃。

　A. 小女儿　　　　　　B. 年轻女孩　　　　　C. 会跳舞的姑娘

（2）女娃游于东海，溺而不返。

　A. 淹没　不能返回家里

　B. 游泳　不想返回家里

　C. 淹没　迷路了

（3）故为精卫。

　A. 为了　　　　　　　B. 成为/化为　　　　　C. 因为

（4）常衔西山之木石，以堙于东海。

　A. 填塞　　　　　　　B. 测量深度　　　　　C. 挖掘

3. 精卫填海的故事你读懂了吗？请根据图示，在括号里分别填上文中的一个字。

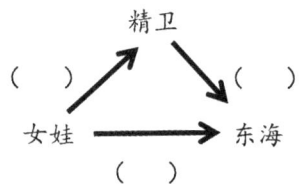

4. 你觉得精卫填海困难吗？哪里看出来？请在原文中圈画或语音作答。

常衔西山之木石，以堙于东海。

整个前测内容的设计，经历了上述四个步骤，实现"人—机—人"智慧交响式的协作交互，其中教师占据主导地位，以其敏锐的教育洞察力和学科底蕴聚焦前测方向，依托丰富的实践经验校准前测维度，让教学目标与前测要点奏响和谐乐章；人工智能充当辅助角色，以其超强的数据处理能力，快速勾勒前测图谱，用算法的智慧搭建起层级分明的前测框架，减轻教师重复性、简单性劳动，为前测设计注入科技动能。

二、如何借助 AI 组织教学前测

智能化教学平台,帮助教师分析学生的认知基础、知识盲点、个性特征,为教学设计提供必要的支持。[①]《精卫填海》前测分别使用我们学校常用的两大智能化教学平台——金陵微校和羿学平台,下面将使用过程以及体验反思与大家共享,以期提供一些选择的经验。

羿学平台是我们所在的学校购买的融"出卷—练习—批阅—分析"为一体的 AI 自动批阅系统,主要实现测评的全流程智能化与数据化闭环管理。

首先,将已经出好的前测内容输入到平台上制卷,进行排版、输入答案、配分、推送批改人等,如图 4-2;同步打印空白试卷,学生纸面作答;完成作答后通过扫描仪将学生试卷扫描进平台;然后进入批阅状态,AI 自动批改具有唯一答案的题目,如选择题、判断题、填空题,教师则线上批阅开放题、主观题等;最后 AI 形成分析报告、自动誊分、整理错题等,如图 4-3。

图 4-2 羿学平台生成《精卫填海》前测卷

金陵微校平台是南京市教育局主办、南京市电化教育馆建设的含教学应用、资源建设为一体的智能学习平台,教师均可免费使用。它提供给教师备

---

① 刘邦奇. 人工智能赋能课堂变革的核心价值:智慧生成与模式创新[J]. 开放教育研究,2022,28(04):42-49.

选择题作答分析 ⑦

题号	各选项选择人数					各选项选择人数比例			
	A	B	C	D	其他(含未答)	A	B	C	D
1.1	28	0	0	0	6	82.35%	0.00%	0.00%	0.00%
1.2	27	0	1	0	6	79.41%	0.00%	2.94%	0.00%
1.3	4	26	0	0	4	11.76%	76.47%	0.00%	0.00%
1.4	29	0	0	0	5	85.29%	0.00%	0.00%	0.00%

图 4-3　羿学平台生成作答分析

课、上课、作业设计、测评等多样化资源，并有相应的教学应用辅助教师组织教学。此平台上《精卫填海》前测组织的步骤如下：教师端上传题目并进行配分，见图 4-4；学生端线上答题；AI 实时统计答题情况，教师实时查阅答题情况；AI 形成学情分析。

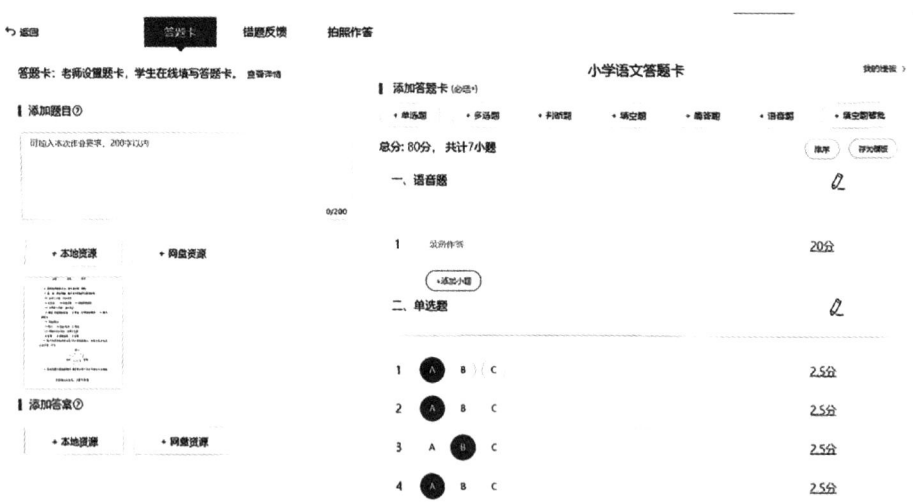

图 4-4　金陵微校平台生成《精卫填海》前测卷

综合两大平台的使用感受，金陵微校平台可以包含语音答题，特别适合语文、英语等语言类学科的教学场景；线上答题适用于家庭场景，以及机房、配备平板的教学场景，简洁直观的操作界面配合实时学情统计功能，为教师提供高效的教学辅助。除此之外，该平台不仅支持智能批阅，更能全面赋能教师的备课、授课等全流程教学活动。

羿学平台则创新性地采用原卷扫描识别技术，无需使用传统答题卡，学生可以直接在纸质试卷上作答。该平台最大特点是实现了"无电子设备"教学场景，同时拥有题库资源，支持按知识点组卷和章节同步组卷。在数据分析方面，除了常规的可视化报告，还能智能生成班级整体及学生个人的错题集，为精准教学提供有力支撑。

可以说，两大平台各具特色：金陵微校在智能化教学辅助方面表现突出，而羿学平台则在无纸化测评和精准诊断方面优势明显，共同构成了智慧教育生态的多元化解决方案。

在选择智能化教学平台时，教师需结合学情检测的核心诉求、教学场景及资源条件进行综合考量。若教学重点在于语言类学科的听说能力训练，或需快速获取学生在线学习反馈，金陵微校更契合需求，尤其适用于家庭线上学习、机房集中测试等场景；若追求测评流程的便捷性与传统纸笔测试的延续性，或需对学生的知识薄弱点进行深度诊断，羿学平台更具优势，适合课堂统一测评、线下作业批改等场景。其实无论是前测还是后测，我们都可以根据需要灵活组合使用各种平台，最大化发挥 AI 工具对学情检测与精准教学的赋能价值。

第二节　教学设计：AI 如何赋能教师备课

一、如何深度对话 AI，辅助教学策略优化

DeepSeek 来袭，教师备课怎么用？知识点图谱生成、资源精准获取、互动活动的开发、教案生成与迭代、评估体系智能构建、教学效能管理建议、伦理风险防控提醒……想要实现精准高效的人机协作，我们就要探索如何和

人工智能对话，即发布提示语，激发 AI 深层认知能力的同时，也让对话过程成为教师专业成长的修炼场。

（一）用教育者的思想对话

借助 AI 备课，并非代替自己备课。当教师站在专业的高度与 AI 对话，AI 才能真正成为提升备课质量的得力工具。对话时应说清楚角色、环节与目标等，说得越清楚，AI 给的反馈越清晰、精准、可参考。相比较"请你提供一份统编版四年级语文下册《西门豹治邺》第二课时的教学设计"，可以输入如下指令：

"我想执教统编版语文四年级下册的《西门豹治邺》，请设计第二课时导入环节，通过回顾上一节课学习内容（调查民情），引导关注河神娶媳妇在老百姓与巫婆官绅不同角色中的认知，以矛盾冲突激发学生的兴趣。"

AI 会回复含教学目标、教学流程、预计时间、板书设计、设计亮点、教学提示等的具体答案，以供我们参考，如图 4-5。

二、矛盾碰撞：价值功能对比（5分钟）

1. **角色陈述，暴露矛盾：**
   - 各组派代表陈述理由（预设矛盾点）：
     - 老百姓："我们害怕灾难，只能相信巫婆的话……"
     - 巫婆官绅："仪式需要钱财供品，我们也是为百姓祈福！"
   - 教师板书对比：

角色	"河神娶媳妇"的价值	实际功能
老百姓	保平安（被迫接受）	恐惧、被剥削
巫婆官绅	神圣仪式（表面理由）	敛财、掌权

2. **矛盾追问，激发探究：**
   - 抛出问题："为什么同一件事，两方说法完全不同？谁在说谎？西门豹会相信谁？"

图 4-5 借用 AI 备课示例

对话时还可以嵌入课标理念、概念与内容等。这样的指令将 AI 拉进教育圈，使其成为一线落实新课程改革的助力者。比如想要开展一次语文跨学科主题学习，培养学生面向现实生活解决问题的能力，可以如下输入指令：

"我想在五年级下学期开展一次语文跨学科主题学习，主题是转化的妙用，将五下数学'解决问题的策略单元'中的转化策略思维联结过来，引导学生到生活中发现问题，运用转化策略解决问题，整个学习要符合语文新课标中'选择自己发现和关心的问题进行调查研讨，尝试写出简单的研究报告，与同学交流'的学习内容。请你提供给我这次跨学科学习的阶段任务、学习工具等，符合五年级学生的认知水平。"

告诉 AI 具体的年级、学科、主题、跨学科思路、课标内容、大体的教学设想，AI 就会给出含情境、任务、目标、阶段任务与活动设计等在内的完整的活动方案，如图 4-6。

二、学习阶段与任务清单

第一阶段：感知转化（2课时）

活动	学习工具		学科联结	
1. 古今转化故事会： 阅读《曹冲称象》《乌鸦喝水》《田忌赛马》《爱迪生救妈妈》等故事，完成"转化策略分析表" 2. 数学策略回顾： 用思维导图整理数学课上"转化策略"的三种类型（复杂→简单/陌生→熟悉/抽象→直观）	[转化策略分析表] 故事名称	原问题	转化方法	新形式
....	....	....	....	
《曹冲称象》	称大象重量	重量→船身吃水线	称石头	

图 4-6　借用 AI 生成完整活动方案示例

（二）切换多个角度对话

路，不止一条。当 AI 的思路不能给我们提供助力或者我们想要更多的备课灵感、学案修正、实效验证、作业设计等时，除了进一步追问，换一个角度不失为一种好办法。

可以换个问法再对话。这就需要教师转换提问方式，如《西门豹治邺》第二课时导入部分，不满意 AI 的回答，那再一次根据角色、环节、目标，换个问法：

"请你设计统编版语文四年级下册的《西门豹治邺》第二课时导入环节，控制在 3—4 分钟，引导学生回顾西门豹之前调查的民情，明晰河神娶媳妇事件的原委，激发学生的学习兴趣，进而开启新课。"

把遗漏的信息、想要重点突出的想法进一步补充，AI 会识别出你并不满意上一个回答，给出另一种思路供我们参考，如图 4-7。

```
一、闪电回顾：西门豹的民情档案（1分钟）
1. 关键词快问快答
    ○ 教师提问（语速加快，手势配合）：
      "西门豹初到邺县，看到了什么？（生：田地荒芜！）
      听到了什么？（生：河神娶媳妇！）
      百姓遭遇了什么？（生：出钱送女，家破人亡！）"
    ○ 板书速记：
      ![图示] 百姓：逃·穷 / 巫婆官绅：钱·权

二、矛盾炸弹：撕开谎言的两幅面孔（2分钟）
1. 双面语录对比
    ○ 投影左右分屏（左侧百姓语录，右侧巫婆语录）：
      百姓语录："有女孩的人家都逃走了……"（标红"逃"）
      巫婆语录："这是为你们保平安！"（标红"保平安"）
    ○ 追问：
      "一边用'逃'躲避灾难，一边用'保平安'要求献祭——谁在撒谎？证据在哪？"（指向板书"钱·权"）
2. 压迫链图示（提前画好简笔画，30秒）
    ○ 边指图边解说：
      "百姓交钱→巫婆官绅发财→百姓更穷→更依赖'河神保佑'，恶性循环！"
```

图 4-7 换个问法再对话

还可以换个角色再优化——如果你是五年级学生；如果是新课程改革专家；如果是资深骨干教师……让 AI 转换一种角色对原有设计或是它自己提供的思路进行优劣势解读，可以帮助我们在备课时多角度深度思考。例如让 AI 从学生视角切入分析教学设计，能够更直观地了解学生的学习体验和需求，从而优化教学设计。

（三）以思辨者的角色对话

用 AI 思考，并非复制 AI 思考。教师还要有清晰的头脑、专业的视角辩证地看待 AI 给出的回复。

一方面可以向外进行逻辑深挖，通过追问 AI 来进行价值辨析。可以反着追问，通过质疑来厘清。比如：

"这一设计中引导学生关注作者的创作背景从而理解诗歌的情感，请你结合四年级学生认知水平，列举出三种不符合这一规律的实际案例，据此提供使用这一策略的教学建议。"

让 AI 自己生成反驳点，如图 4-8，以此生成经得起推敲的教学设计。

一、不符合四年级学生认知水平的实际案例

案例1：过度强调历史背景的复杂性
- **现象**：教师直接讲解南宋抗金历史、辛弃疾的仕途坎坷等复杂背景，要求学生理解"词人因政治失意而向往田园生活"的情感逻辑。
- **问题**：四年级学生对历史事件缺乏认知框架，难以将"政治失意"与"村居生活"的宁静建立直接联系，导致认知负荷过重，情感理解浮于表面。

案例2：抽象术语堆砌
- **现象**：教师使用"豪放派""爱国情怀""归隐思想"等术语解释创作背景，并要求学生背诵这些概念。
- **问题**：四年级学生的抽象思维能力有限，对术语缺乏具象感知，可能将背景与诗词内容割裂，甚至产生"背答案"的机械学习行为。

案例3：缺乏直观联结
- **现象**：教师仅用文字描述辛弃疾的创作背景（如"他多年在外征战，渴望和平"），未提供具体的生活场景或情感对比，学生无法将背景与词中"白发翁媪""小儿卧剥莲蓬"等画面关联。
- **问题**：学生难以通过抽象描述建立"战乱"与"安宁"的对比，导致背景与情感脱节。

图 4-8　追问 AI 并价值辨析生成教学设计

还可以要求 AI 从不同理论视角分析备课思路，通过对比来验证。比如：

"请结合四年级学生的认知水平，分别用布卢姆认知目标分类、SOLO 分类法解析《好的故事》设计的优缺点，形成对比型表格。"

让 AI 从教案的表象深入内在的底层逻辑，以此提供优化思路，如图 4-9。

理论框架	优点	缺点	改进建议
布卢姆认知目标分类	1. **理解与分析**：通过品读词句、圈画关键词，学生理解比喻意义（理解）。 2. **评价**：结合资料分析"昏沉的夜"的象征意义（分析/评价）。	1. **创造层级不足**：未设计学生自主创作（如仿写梦境、设计象征性短剧）。 2. **应用薄弱**：缺少迁移到现实问题的任务。	增设创作活动：如"以'希望的梦境'为题仿写散文片段"或"设计象征现实困境的梦境故事"。
SOLO 分类法	1. **关联结构**：联系背景资料与文本，理解梦境与现实的关系。 2. **多点结构**：分析比喻、色彩、动态等多要素。	1. **抽象扩展不足**：未将主题迁移至其他文本或社会议题（如"当代人的希望象征"）。 2. **单点结构停留**：部分任务仅要求信息提取（如圈画颜色词）。	设计延伸讨论：如"对比《好的故事》与《桃花源记》中的理想世界异同"，或"探讨现代科技如何成为'云锦式希望'"。

图 4-9　要求 AI 运用不同理论来优化教学设计

另一方面，也是更重要的——向内的价值审查，需要追问自己来进行验证。比如：

"教学目标与 AI 提出的教学建议是否存在价值偏差？"

"算法的推荐是否隐含文化偏见、道德与价值观问题？"

"生成的教学活动是否符合认知科学原理？"

……

总之，生成式人工智能以其卓越的性能、创新性纯强化学习训练模式、较快的推理速度、强大的语言处理能力、全面开源策略等，成为了教师的备课助手。在与它对话时，教师要学会将教学目标、认知规律、育人逻辑转化为生成式人工智能可理解、可迭代的"教育语言"；并有辨识其底层逻辑的审查习惯、防范风险、保障伦理，捍卫教育本质在技术洪流中的主体地位，做一个卓越的使用者而不是被动的依赖者。

二、如何借助 AI 有效生成教学资源

教师作为 AI 资源的主动激活者，在进行教学设计时，除了向 AI 要思路、借想法，还可以借助 AI 制作学习工具，生成课件、视频、图片等等，用以解放简单性劳动，推动精准化学习支持。下面以语文跨学科主题学习《转化的妙用》为例谈一谈有效生成资源的思考。

《转化的妙用》源于《义务教育语文课程标准（2022 年版）》第三学段梳理与探究板块"利用图书馆、网络等渠道获取资料，解决与学习和生活相关的问题。尝试写简单的研究报告"的学段要求，是从五年级下册语文、数学、科学教材体系中抽取与整合出来的具有迁移性、统摄性的学习主题，重在引导学生尝试打破常规思维，运用转化、逆向等思维解决学习或生活中的小问题，并写出简单的研究报告。

表 4-2　跨学科学习《转化的妙用》学习主题分布

学科	内容	阐述	整合点
数学	解决问题的策略单元	学习运用转化策略：运用平移、旋转等方法把不规则图形转化为熟悉的、简单的图形；把复杂的算式转化为简单的算式。	转化的妙用
语文	《田忌赛马》《草船借箭》	《田忌赛马》中把常规赛法进行调整，创造性地改变了马的出场顺序，最终获得胜利。《草船借箭》中诸葛亮面对挑战性问题，把"造箭"转化为"借箭"，最终完成任务。	
科学	简单机械单元	力的转化：使用斜面时，移动距离变长，力变小了，将竖直向上的力转化为沿斜面较小的力，从而更省力地移动物品。	

因此，本次跨学科主题活动的目标定位为：阅读中华经典故事，梳理不同的转化思维，体会其妙用；能通过观察、阅读、交流等，发现与分析身边需要解决的小问题，尝试提出智慧解决方案；了解研究报告基本内容，尝试与同学合作写出一份简单的研究报告。

本次活动中，学生需完成三大学习任务，如图 4-10，其中任务一"读经典·探智慧"中的整理经典故事、任务二"解难题·用智慧"中的搭建思维支架、任务三"写报告·述智慧"中的创作报告范例，均在生成式人工智能的对比、整合、优化中生成学习资源。

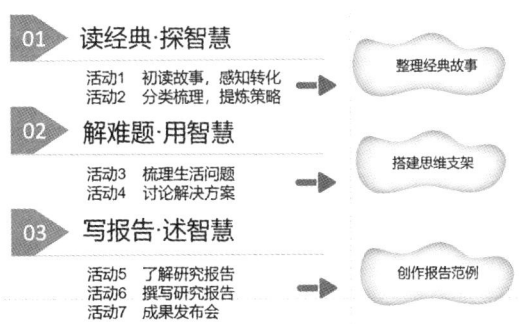

图 4-10　《转化的妙用》三大学习任务

（一）基于学生需求与技术优势的双重考量

为什么在这三个方面借助生成式人工智能呢？

首先，学生学习的需要。传统教学多依赖教师单向讲解与机械练习，学生缺少真实问题情境下的实践机会，往往由于资料收集所需时间成本高、"思维工具"活力不足、研究报告撰写易流于形式化模板套用而使学习低效。学习过程中，需要更丰富的跨学科资源和多维度工具，帮助具象化理解抽象思维方法。同时期望通过挑战性任务、多形式范例和协作性探究，在解决生活真实问题中体验转化思维的创造性价值，提升表达能力、团队实践能力与解决问题能力。

其次，人工智能的能力。一是它具有精准获取资源的能力，传统的教学设计中，教师需要通过阅读网络中的海量资料，手动筛选信息，甚至耗费数小时整合零散的素材，而运用生成式人工智能，能在十几秒内迅速提取契合本次教学要求的经典故事资源，极大减少教师工作量。二是它具有深度思考的优势。"转化的妙用"学习强调突破思维定式，在教学设计时思维支架就显得尤为关键。生成式人工智能的深度思考模式能实时生成思维路径，提供思维支架的多元选择。

第三，协助写作的功能。它可以根据学情需要，迅速创作出适用于本次学习的研究报告范例模板与分层练习素材，让初学者有清晰的模仿路径，缓解教师下水文的简单性工作压力，让我们更有精力回归到高阶性、创造性工作。

（二）基于人机协同的教学资源生成三重策略

如何借助生成式人工智能生成资源呢？接下来将从"理故事·搭支架·创范例"三个方面向大家展示操作步骤。

1. 双平台智能筛优：整理经典故事

教师通过人机对话深度介入内容甄别，形成 AI 技术与教学经验的双向赋能。它主要有三个步骤：

第一步，选择百度 AI、DeepSeek 两个平台，发布任务，提取故事。

百度 AI 将十个故事按照智慧转化、策略转化、视角转化、资源专家进行分类，并提供了故事名称、核心价值与教学延伸，如图 4-11。

四、资源转化类

9. **《鲁班造锯》**
   - **核心价值**：观察草叶边缘转化为工具创新，体现自然启发式转化。
   - **教学延伸**：结合劳动课制作简易工具，体验发明过程 7 8 。

10. **《张良拾履》**
    - **核心价值**：通过谦逊态度转化获得《太公兵法》，体现品德与机遇的转化关系。
    - **教学延伸**：以情景剧表演感悟尊重他人与自我成长的联系 3 7 。

教学实施建议

1. **跨学科整合**：结合科学、数学、历史等学科设计探究任务（如浮力实验、策略模拟），呼应“综合性学习”要求 3 6 。
2. **实践活动设计**：采用“角色扮演”“创意工坊”“辩论赛”等形式，强化转化思维的实际应用 3 4 。
3. **价值观引导**：通过故事对比（如大禹治水与鲧的失败），强调顺应规律与灵活转化的必要性 3 5 。

以上故事可通过绘本阅读、动画短片等形式呈现，建议搭配《汉字真有趣》单元活动，设计“转化思维成语墙”“创意解决方案展”等展示环节 3 7 。

图 4-11　百度 AI 提供的教学资源

DeepSeek 提供了十二个故事，每个故事含故事简介、思维转化点以及价值观引导，如图 4-12。

我是一名语文老师，想组织一次小学五年级综合性教学活动，主题是“转化的妙用”，突出生活中解决问题运用转换思维的价值，请你帮我梳理，关于此主题并适合小学高年级学生阅读的中华经典故事，至少10篇，保证书中内容正确的价值观。

已搜索到 47 个网页 >

已深度思考（用时 72 秒）

根据您的需求，我结合搜索结果中的中华经典故事，梳理了以下12个围绕“转化思维”主题的案例，涵盖历史典故、成语故事和寓言，内容均符合正确价值观，适合小学高年级学生阅读。以下是具体推荐：

一、田忌赛马——策略转化，以弱胜强 1 4

故事：田忌与齐威王赛马，孙膑通过调整马匹出场顺序（下等马对上等马，上等马对中等马，中等马对下等马），反败为胜。
思维转化点：打破固定思维，通过资源重组将劣势转化为优势。
价值观引导：全局观与扬长避短的重要性。

二、怀炳捞铁牛——科学转化，借力自然 2

故事：宋代僧人怀炳利用浮力原理，用泥沙船打捞沉入黄河的万斤铁牛。
思维转化点：将物理规律转化为解决方案，体现“四两拨千斤”的智慧。
价值观引导：科学知识的重要性与观察自然的实践精神。

三、姜太公钓鱼——逆向思维，主动破局 1 4

故事：姜子牙用直钩无饵钓鱼，以反常行为吸引周武王注意，最终被重用。
思维转化点：逆向思维突破常规，将被动等待转化为主动吸引。

图 4-12　DeepSeek 提供的教学资源

第二步，对比选择，筛选故事。

相比较，DeepSeek 多用反面例证与童话故事，百度 AI 提供的故事可选性比较强。少部分故事如《文彦博树洞取球》《张良拾履》《怀炳捞铁牛》《孙膑烧炭》《晏子使楚》，教师又通过与 AI 对话，进一步了解故事内容，以便筛选，如图 4-13。

> 请具体介绍《文彦博树洞取球》《张良拾履》《怀炳捞铁牛》《孙膑烧炭》《晏子使楚》这几个故事。
>
> 引用 17 篇资料作为参考
> 已深度思考（用时10秒）
>
> 以下是针对小学五年级学生的五个中华经典故事详解，每个故事均突出"转化思维"的核心价值，并附教学应用建议：
>
> **一、《文彦博树洞取球》**
>
> **故事梗概**
> 北宋文彦博与伙伴踢球时，球滚入树洞无法取出。众人尝试伸手、用棍子均未成功。文彦博提议灌水入洞，利用浮力使球浮出，最终成功取回 1 2 3 。
>
> **转化思维**
> - **问题转化**：将"取固体球"转化为"改变为液体环境"
> - **科学原理**：浮力作用（阿基米德原理的早期实践）
>
> **价值观**
> - 遇事冷静，善用科学知识
> - 突破常规思维的局限

图 4-13 通过 AI 进一步了解故事

最终筛选出六个故事，如表 4-3，作为任务一"读经典·探智慧"的阅读篇目。

表 4-3 借助 AI 生成"读经典·探智慧"阅读篇目

序号	故事	转化思维解读
1	《曹冲称象》	拆：将复杂问题拆解为可操作的步骤
2	《文彦博树洞取球》	变：将"取固体球"转化为"改变为液体环境"
3	《田忌赛马》	换：通过重组将劣势转化为优势
4	《草船借箭》	借：诸葛亮将"造箭"转化为"借箭"，利用大雾天气智取曹军十万支箭
5	《鲁班造锯》	学：从自然现象中提取原理应用于工具制造
6	《晏子使楚》	破：将对方的侮辱转化为对方自身的不足

第三步，整合资源，汇成材料。通过平台将六个故事整理出来，其中要求《曹冲称象》《田忌赛马》以文言文（原文）的方式呈现，并标有注释；其他故事以白话文方式呈现，教师再进一步优化，整理成为适合学生阅读的文本材料，供课堂学习使用。

2. 人机协同思路精炼：搭建思维支架

它主要有三个步骤：第一步，教师发现设计困境，引导 AI 提供思路。在进行"梳理生活问题"环节设计时，除了引导学生关注生活的不同方面（如设施设备、行为习惯、自然生态、人际交往等），还能拓展发现问题的视角，这是教师需要破解的难题。此时借助腾讯元宝与百度 AI 的深度思考模式，给出了相应的思路，如图 4-14。

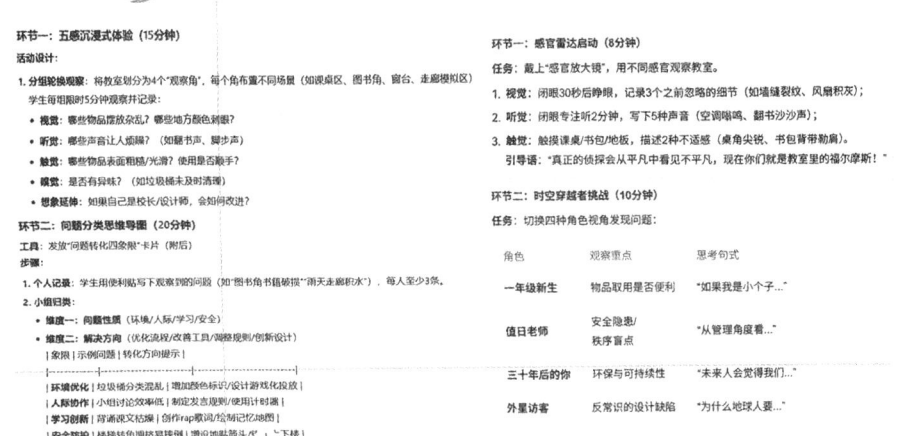

图 4-14 人机协同搭建思维支架

第二步，教师分析设计思路，进行专业性选择。百度 AI 与腾讯元宝共同提出运用五感发现。五感观察法早在三年级学生就已经接触到，但多用于描写事物，尚未系统关联"问题发现"，因此可以引导学生将五感作为问题的探测工具。另外百度 AI 还提出切换角色视角发现这一维度，引导学生站在不同的角色视角观察生活，一定程度上可以突破自我中心局限，拓宽他们发现问题的空间，增强同理心与社会责任感，有一定的思维支持性。由此形成了运用不同感官、关注不同方面、立足不同角色的设计思路。

第三步，教师发布精确指令，AI设计观察单工具。教师依据上述思路，输入提示语（这一次选择了豆包）：

"你是一名小学五年级语文老师，为了让五年级学生全面观察身边的问题，你引导学生运用不同感官、关注不同方面、立足不同角色发现学校、家庭或者社区存在的问题，培养他们的问题意识。请你设计出一张学生观察记录单。"

豆包生成了一张观察单，前部分是观察视角以及示例，后部分是观察记录以及思考，如图4-15，基本满足教学需要。

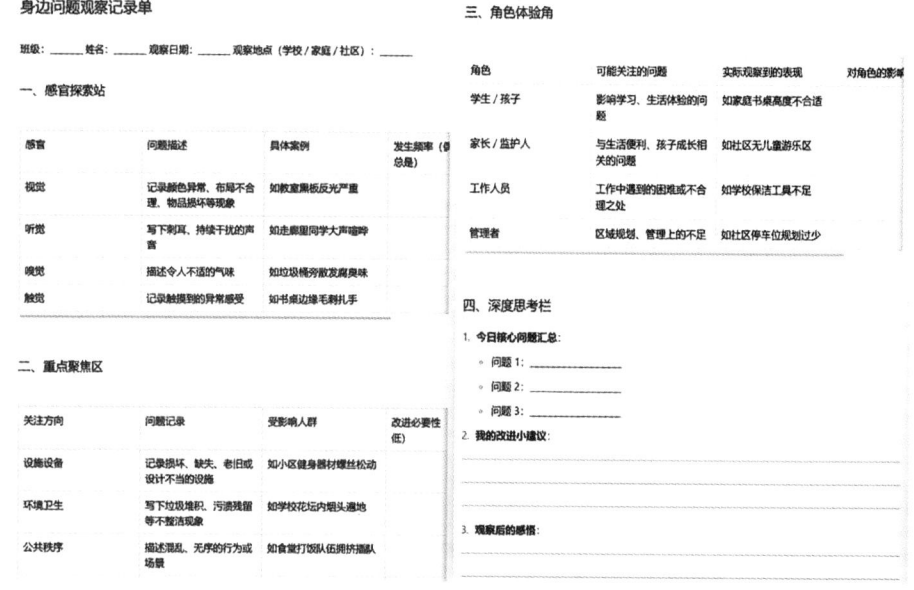

图4-15 由AI设计观察单工具

3. 多模态迭代创编：生成报告范例

这次使用的平台是豆包和剪映，生成了两种形式：一是文本；二是视频。

第一步，发布指令，生成并优化文本范例。请豆包根据生活中的一个小问题，尝试运用转化思维解决并写成研究报告。第一次生成的范例不符合要求，教师再对豆包提出修改意见，请它再一次优化，教师再整理成文本，如

图 4-16（豆包生成）、4-17（教师整理）。

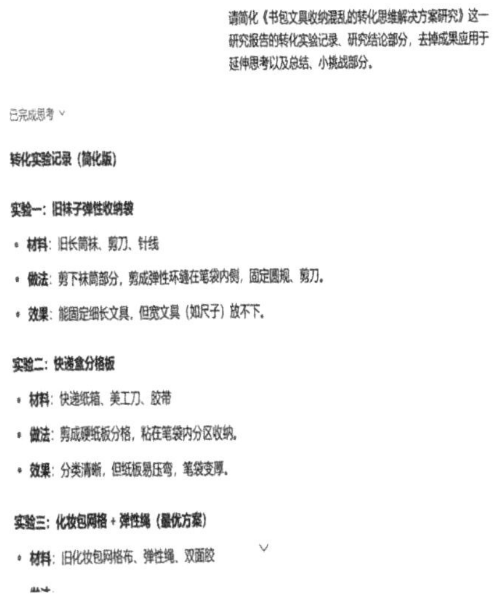

请简化《书包文具收纳混乱的转化思维解决方案研究》这一研究报告的转化实验记录、研究结论部分，去掉成果应用于延伸思考以及总结、小挑战部分。

转化实验记录（简化版）

实验一：旧袜子弹性收纳袋

- **材料**：旧长筒袜、剪刀、针线
- **做法**：剪下袜筒部分，剪成弹性环缝在笔袋内侧，固定圆规、剪刀。
- **效果**：能固定细长文具，但宽文具（如尺子）放不下。

实验二：快递盒分格板

- **材料**：快递纸箱、美工刀、胶带
- **做法**：剪成硬纸板分格，粘在笔袋内分区收纳。
- **效果**：分类清晰，但纸板易压弯，笔袋变厚。

实验三：化妆包网格 + 弹性绳（最优方案）

- **材料**：旧化妆包网格布、弹性绳、双面胶

图 4-16　AI 生成文本示例

书包文具收纳混乱的转化思维解决方案研究

一、发现问题

每天整理书包时，圆规、剪刀等带尖的文具总在夹层里“乱跑”，不仅容易划破作业本，找起来也很麻烦。尤其是圆规的金属针尖，直接放在笔袋里不安全，有没有办法让它们“乖乖待好”？

二、研究目的

运用“转化思维”（把其他物品的功能“借”过来用），找到简单安全的文具收纳方法。

三、观察与分析

观察：生活中的类似收纳场景

1. 妈妈的化妆包：用分层网格收纳口红、眉笔，带尖的物品不会互相碰撞。
2. 爸爸的工具盒：用弹性橡皮筋固定螺丝刀、剪刀，防止滑动。
3. 教室的粉笔盒：分格设计让不同长度的粉笔分类摆放。

分析：形成转化思路

1. “借”化妆包的分层网格：给文具做一个“分层小格子”；
2. “借”工具盒的橡皮筋固定法：用弹性材料固定带尖的文具；
3. “借”粉笔盒的分格设计：把笔袋内部改成分区收纳。

四、转化实验记录

1. 转化灵感：融合化妆包的网格分层和工具盒的弹性固定。
2. 材料：旧化妆包内的网格布（从废弃化妆包拆下）、弹性绳、双面胶
3. 步骤：
把网格布剪成笔袋大小，用双面胶贴在笔袋内壁；
在网格布的关键位置（如网格边缘）缝上短段弹性绳（类似袜子弹性环）；
4. 测试：
圆规针尖卡在弹性绳里，剪刀刀柄挂在网格孔上；
尺子、笔放在网格格子里，分层收纳不混乱；
笔袋合上后，文具不会移位，且比硬纸板更轻便。

五、研究结论

1. 把化妆包（收纳化妆品）、工具盒（固定工具）、粉笔盒（分格）的优点转化到文具收纳上；
2. 利用家里废弃的袜子、纸箱、化妆包，变废为宝，减少购买新收纳盒的成本。
3. 组合使用弹性绳固定 + 网格分层，既安全又能分类，适合大多数文具。

图 4-17　教师整理 AI 生成的文本示例

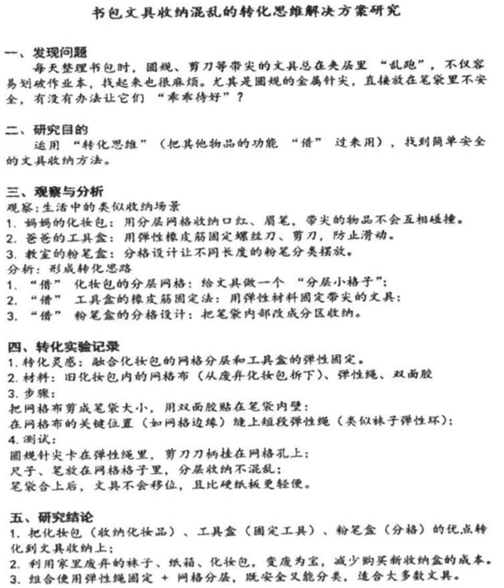

第二步，根据文本范例，生成相应的图片，形成一份图文并茂的研究报告范例。选择豆包的图像生成功能，复制文本中的相应文字，选择“电影写真”图片风格，就能生成相应图片，将图片加入文本中，增强文本的可读性。

第三步，根据文本范例，生成并优化微视频讲解稿，见图 4-18。

豆包

请将《书包文具收纳混乱的转化思维解决方案研究》这一研究报告写成300字左右的讲解稿，讲清楚发现问题、研究目的、观察与分析、转化实验以及研究的结果，要让五年级学生听清楚研究报告的组成部分以及之间的关系。

《书包文具收纳混乱怎么办？试试转化思维！》讲解稿

同学们，今天我们用一个真实的“收纳小实验”，认识研究报告的五个重要部分：**发现问题→研究目的→观察分析→转化实验→研究结果**，就像玩闯关游戏一样层层解锁！

第一关：发现问题（遇到了什么麻烦？）

你们是不是和我一样：书包里的圆规尖总划破本子，剪刀、尺子像“小泥鳅”乱滚，每次找文具都要翻好久？这就是研究报告的第一步——**发现生活中的小问题！**

第二关：研究目的（我想解决什么？）

我的目标很明确：**解决文具收纳混乱的问题，让书包更整齐、更安全！**就像医生看病先问“哪里不舒服”，研究报告也要先搞清楚“为什么要做这件事”。

第三关：观察与分析（向生活“借”灵感）

怎么解决呢？我观察到三个“收纳高手”：

微视频讲解稿

同学们，今天我们用一个真实的“收纳小实验”，认识研究报告的五个重要部分吧！

第一部分：发现问题（遇到了什么麻烦？）

你们是不是和我一样：书包里的圆规尖总划破本子，剪刀、尺子像“小泥鳅”乱滚。这就是研究报告的第一步——发现生活中的小问题！

第二部分：研究目的（我想解决什么？）

我的目标很明确：解决文具收纳混乱的问题，让书包更整齐、更安全！

第三部分：观察与分析（向生活“借”灵感）

怎么解决呢？我观察到三个“收纳高手”：

妈妈的化妆包：用网格分层收纳口红，带尖的东西不碰撞；

爸爸的工具盒：用橡皮筋固定螺丝刀，工具不乱跑；

教室的粉笔盒：分格设计让长短粉笔各就各位。

这就是“转化思维”：把别人的优点“借”过来用！

第四部分：转化实验（动手试方法）

我做了一次“闯关实验”：拆下旧化妆包的网格布贴在笔袋里，再缝上旧袜子的弹性边——圆规尖卡在弹性绳里，剪刀挂在网格孔上，尺子、笔躺在格子里，终于不乱啦！当然如果一次实验不成功，可以继续改进哦！

第五部分：研究结果（找到了什么答案？）

我发现：文具需要“固定”和“分类”。运用转化思维改造后的笔袋又轻又安全，找文具的时间减少一半！

最后总结一下：研究报告怎么连起来？就像搭积木：发现问题（积木缺了角）→研究目的（我要补好它）→观察分析（看看其他积木怎么搭）→转化实验（动手试不同搭法）→研究结果（找到最好的搭法！）

下次你们遇到麻烦，也可以用这个思路写一份自己的研究报告，说不定能成为“生活小发明家”呢！

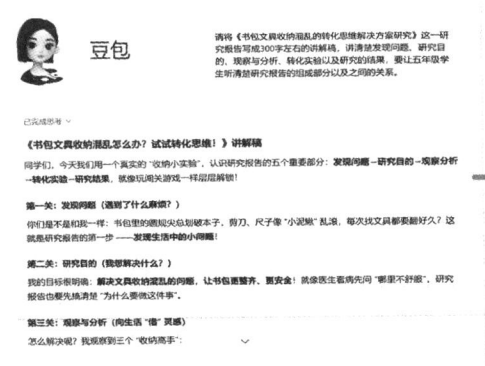

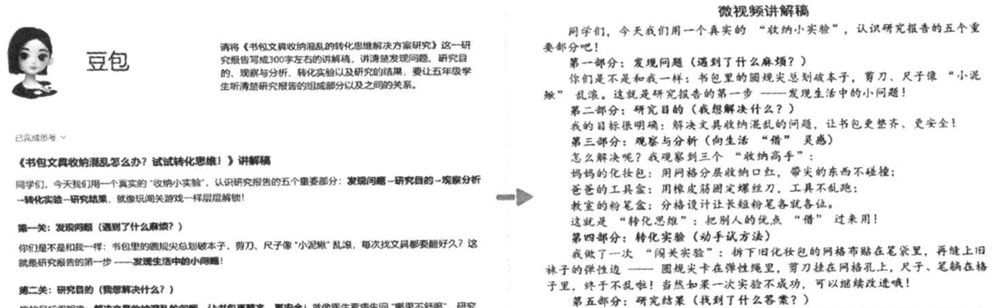

图 4-18　AI 根据文本生成并优化微视频讲解稿

第四步，运用剪映的"AI 文案成片"功能生成视频。先输入文案主题、内容，生成分镜脚本并检查；再选择数字人形象；如果需要素材，可以添加素材到素材库或者 AI 生成素材；添加好后在素材库中选择素材添加到相应的分镜脚本，并调整数字人位置；最后导出视频，如图 4-19。

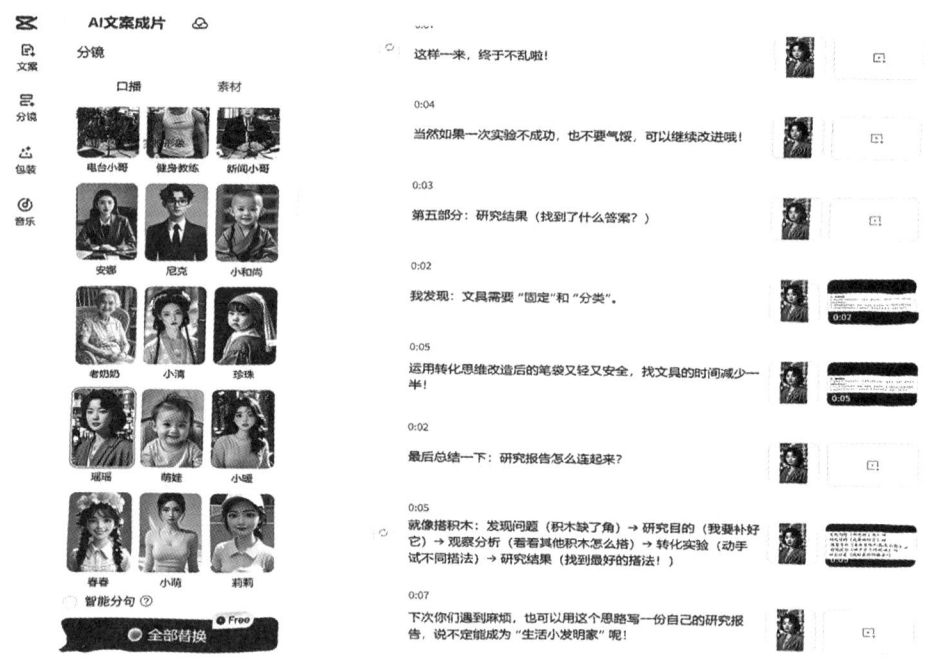

图 4-19　借用 AI 创建"数字人"并生成视频

上述三种资源生成路径：双平台智能筛优，利用多平台 AI 生成结果，通过对比、分析和筛选，优选出最佳资源；人机协同思路精炼，教师提出难题，AI 提供多元思路，教师分析、筛选、整合、优化形成最终思路，再引导 AI 设计工具；多模态迭代创编，利用 AI 生成文本、图像、视频等多种形式资源，并通过持续反馈优化完成最终创作。无论是进行平台间生成结果的对比与组合运用，还是在人机思维碰撞中对 AI 产出进行深度分析，三种路径均表明：教师扮演着"主导者"与"质量把控者"的角色。教师负责明确目标方向、提供核心思路、规划整体框架，并全程监督、评估与优化 AI 资源的生成过程，从而确保最终产出契合特定教学需求的高质量资源成果。

第三节 教学现场：AI 如何驱动实时交互

一、AI 伴学有哪些百变魔法

现如今，在我们的课堂里，AI 的身影随处可见。自 2025 年春节以来，许多示范课、研究课尝试探索 AI 赋能学习的新路径，给我们带来诸多思考与启示。我们知道，教学是一种师与生、教与学的双边活动，那么 AI 进入课堂，其身份至少可以有两种——助教与学伴。前两节"教学前测"与"教学设计"部分，更多地站在 AI"助教"的身份探讨它如何适用于教学。那么站在"学伴"的身份上，AI 又将会有哪些落地场景呢？

（一）智识伙伴：虚拟专家智库

还记得第二章提及的智能体吗？AI 可邀李白杜甫穿越时空，与学生吟咏唱和；可请牛顿伽利略重现讲堂，演绎定律的诞生；可令历史人物走出书卷，亲述尘封往事；更能携未来智者降临课堂，共探未知疆域。我们可以统称它为——虚拟专家。

虚拟专家被赋予"专家"之名，源于 AI 强大的数据处理、模式识别与知识生成能力，能在数秒至十几秒内，为学生即时输出专家级别的洞见、解决方案或学习资源，极大提升了知识获取的时效。然而，我们必须清醒认识到，虚拟专家并非真正的认知主体，它可能会出现事实性错误、逻辑漏洞或伦理失范，让我们也担忧这种随时会"一本正经胡说八道"的学伴到底能不能起到事半功倍的实效？

这就需要教师的精准引导！

最核心的引导之法，就是通过提示，构建虚拟专家的认知框架，换句话说，也就是提前告知虚拟专家本次对话的"知识库"与"角色脚本"，使它成为最符合教学目标的智能学伴。例如学生完成习作"这样想象真有趣"，教师邀请 AI 童话大王安徒生来到现场听大家的故事，就需要提前告知 AI 安徒生本节课的写作要点与评价标准，以及学生在这类文本写作中常见的问题，将学科知识图谱转化为 AI 可执行的对话思维，让其与学生的交谈有章可循。第二章所提及的智能体"诸葛亮答小记者问"就是一个典型的例子。这里就不展开了。

（二）情境向导：认知脚手架搭建者

在这里先分享一个团队打磨过的案例。这是一节口语交际课——教会学生如何采访。教师创设了"解开南京红山森林动物园的流量密码"这一真实情境，指导学生如何确定采访人员、如何撰写采访提纲、如何小组合作进行采访等，从而形成了"有对象""有目的""有礼仪""有记录"的采访要点。

但是真正的采访，仅仅做到以上四有就可以顺利进行了吗？并不是。实际生活中，采访碰壁是常有的事，采访过程中很有可能遇到那些内向的、拒绝交流的、沉默寡言的、谨慎的、敷衍的游客，这才是真正考验学生临场应对与团队协作的时刻。因此教师下一步需要做的是，引导学生从"理想化"的采访预想回归"真实性"的采访情境，于是我们设计了一个环节——模拟采访。利用 AI 智能体创设了一位红山森林动物园的游客，赋予了游客这样的角色设定：

你是一名红山森林动物园的游客，你社交能力低，语言表达简单，对陌生人提问有轻微抗拒感。面对他人的提问，你避免回答完整句子，回答通常只有 10 个字以内；对于选择性问题，只回答选项关键词；表现出分心，回答了五个问题就不耐烦了并表达想走。

课堂中，一个小组与 AI 智能体实时对话模拟采访，屏幕上实时出现对话文字：

生：叔叔，你好。我们是五年级的小学生。我们想了解为什么红山动物园吸引了那么多游客，可以采访你几个问题吗？

AI：问吧。

生：请问您是怎么知道红山动物园的？

AI：网上。

生：那您是第几次来到红山动物园呢？

AI：第一回。

生：那这一次游玩，您印象最深刻的是什么？

AI：动物……多吧！

生：那您最喜欢哪些动物？

AI：猩猩吧！还有要问的吗？我要走了！

该小组的"出师不利"正是教学资源，教师趁机引导学生进一步思考：遇到这种情况怎么办？进而提炼采访要点，并根据屏幕上呈现的模拟采访对话，提出实操性建议——

"追着问"：如游客是从网上知道红山动物园的，可以追问"网络上是怎么介绍红山动物园的？""是官网吗？""还是其他游客分享的攻略？""网上说的哪一点最吸引你？"等。

"换着问"："这一次游玩，您印象最深刻的是什么？"可以换为"经过刚刚的游览，您还记得哪些动物？""这些动物给你留下的印象是什么？""您还记得它们在干什么吗？""您觉得它们生活的环境怎么样？""红山动物园除了动物，还有让您印象深刻的地方吗？"等等。

这么说来，并不是所有智能体的设定都具有"名人""专家"的光环，诸如"游客""迷路者"这样的设定，趋向平民化，它们以"无知者""障碍者"的身份呈现出教学支架的最佳张力——自然而然地构建一种问题情境，激活探究欲，让学习变得有意思，也有意义。

（三）创意孵化器：可视化学伴

你见过会飞的乌龟吗？你见过会下鸭蛋的公鸡吗？你见过比房子还大的蚂蚁吗？即梦文生图功能可以带你领略。这是一节想象类习作课，课堂中要求学生选择一种动物，想象它失去了原来的主要特征，或者增加了某种特征，或者变得与原来完全相反，会发生怎样奇异的事情。

于是，老师便请出了AI，AI成为了学生想象世界的绘画大师。当第一个学生说出"我的想象中，斑马是彩色的"，AI立即生成了一匹炫彩的卡通斑马，引起全班惊叹后，想象的匣子就此全然打开，学生兴致勃勃地想，AI妙笔生花地画，如图 4-20。

图 4-20　AI 使学生的想象可视

AI 成为了学生天马行空的助力者，想象故事的插画师，这种所想即所见的即时可视化，进一步引发教师追问：

师：它在什么地方？遇到谁？发生什么事？

生：它是只公鸡，它在农场里，它生出了蛋，而且是鸭蛋。农场里的牛啊，马啊都嘲笑它。

（AI 立马生成一幅公鸡生鸭蛋的图。）

师：故事就这样发生了，当一位公鸡成为了一位母亲，后来会发生什么？它会做母亲吗？嘲笑会停止吗？期待接下来的想象。

这样，AI 成了从思维抽象走向思维具象的高效助力器，它就像一个时刻在线的无声学伴——将学生脑海中模糊的创造灵感碎片自动生成可视化、趣味化图片，辅以教师的渐进式问题导引，为接下来的创意表达搭建起可触摸的具象支架。这种智能辅助不仅能规避想象的空泛与思维的涣散，更能通过动态视觉化的创作界面，激发从文字符号到场景画面的联想跃迁，实现从碎片化灵光到完整叙事蓝图的转化，最终推动叙事维度的立体扩容。

当然，这种可视化学伴可发挥的功能还有很多，例如豆包的录音纪要功能可以迅速记录下每个小组的发言并提炼主要观点，适合组间思维碰撞与辨析的学习需求；音乐生成功能还可以依据学生的描述，生成相应的歌词与音乐，适合情境浸润与情感升华的学习需求……人工智能可开发的功能愈多，其可创造性赋能课堂教学的空间愈大。

这同时也带来一个问题：人工智能作为学习伙伴，而不是学习主体，其

"现身时刻"的度如何把握？事实上，第一章所阐释的教学适配原则已给出底层逻辑——技术介入必须锚定真实教学痛点，如同工匠手中的凿子，唯有在知识建构的关键节点精准发力，才能避免课堂沦为喧宾夺主的"技术秀场"。

二、 AI 赋能下，课堂如何实现学习方式转变

这一部分，先从一节 40 分钟的课堂说起。这是一节语文课——四年级《西门豹治邺》第二课时，也是一节"师生共同课堂"的课例，见表 4-4。这堂课六个环节含三个语言实践活动，包含自主学习、小组互学和全班共学等多种学习方式，构建"初读梳理—精读探究—悟读升华—实践应用"的学习进阶。

表 4-4 《西门豹治邺》师生共同课堂教学课例

教学流程	小先生任务	教师任务	AI 智能师任务
回顾导入： 复习回顾启新篇	复习小先生： 还原上节课板书；组织学生复述西门豹调查民情部分，并进行补充	如有遗漏进一步引导补充； 提问过渡，引出新课	无
活动一： 梳理惩治过程 （默读圈画）	梳理小先生： 展示个人学习痕迹（圈画出的言行与填写的表格），并组织补充	引导圈画信息要全面； 引导借助支架简要复述	根据学生圈画内容，动态生成支架（豆包）
朗读引思： 角色朗读巧对比 （对比朗读普通官员与西门豹的语言）	朗读小先生： 点评学生的朗读，并示范	引导关注西门豹言行的特别，引发思考	无

续表

教学流程	小先生任务	教师任务	AI智能师任务
活动二： 内心独白互推测 （同桌合作，我读你说）	无	提供独白支架； 相机追问，引导学生深度剖析内心	图片生成 （豆包）
活动三： 惩治妙处大讨论 （小组讨论：一举几得）	组织小先生： 主持小组讨论；记录； 归纳；确定汇报形式	相机回顾民情，引导进一步梳理	无
主题升华； 智慧传承启新行	无	提问： 故事何以代代相传； 你最想把故事讲给谁听	视频生成 （豆包、剪映）

在一系列语文实践活动中，学生化身为多元小先生承担还原板书、示范展示、点评朗读、协调讨论等任务，从"知识学习者"升级为"课堂主导者"。

教师作为大先生，第一，设计支架支持学生学习，如活动二中根据文本独特之处与学生认知水平设计图文式内心独白支架（如图 4-21）。第二，有效追问促发学生深思，如活动三中，在学生讨论西门豹惩治恶人方法之妙时，实时追问："对于其他官绅，西门豹的惩治力度是不一样的，为什么？"推动学生思维向深度延伸，进一步体会其惩治之妙。第三，引入生活场景升华文化传承，如主题升华环节，提出问题"这则故事何以代代相传""你最想把故事讲给身边的谁听"，引发学生对文化传承的思考。可以说，教师的角色从"课堂主导者"升级为"学习促进者"。

图 4-21 教师设计图文式内心独白学习支架

而 AI 则发挥资源生成与互动辅助功能，组合运用豆包和剪映生成这节课需要使用的图片、视频（如图 4-22）；根据学生的回答动态梳理西门豹言与行的要点，并以此为支架辅助学生简要复述故事，AI 从资源供给者升级为智能辅助者。

图 4-22　AI 生成学习辅助支架

由此，学生（也就是小先生）、教师（也就是大先生）、AI 智能师形成了三师交互协作的基本路径：在情境与任务的裹挟中，学生先学先教，教师依据学生学习盲区以教促学，AI 通过同步可视化要点等，以此支持学生再学再教，以此类推（如图 4-23）。

图 4-23　AI 赋能的学习方式转变

这就是一种 AI 赋能下的学习方式转变样例，体现了——从原来的"由教到学"到现在的"由学到教"的理念变革；从原来的"让学生学"到现在的"让学生教"的方式转变；从原来的课堂互动单一、信息传递局限到现在的 AI 实时交互、信息智能补足的效能跃升。

而这场转变的内核，在于教师需精准拿捏三重角色的定位与边界：即教师要做"让而有度"的引导者，在价值引领与思维深度上主动作为，不被技术替代亦不摒弃技术。学生则要成为"自主且协作"的认知主体，在人机协同中保持思考主动权；同时，学生要像编织知识网络般筛选整合 AI 资源，在生生合作与智能辅助中稳步推进探究。AI 则需坚守"辅助不主导"的原则，以精准的资源供给与认知支持，成为撬动学习进阶的智能杠杆，最终让三者在教育场域中形成价值引领、认知主动与技术支撑的动态平衡。

第四节　教学反思：怎样用 AI 实现教学迭代

　　人工智能所具备的数据收集与梳理能力、个性化与自动化功能，能够帮助教师进行教学反思，从而实现教学的迭代升级。例如在本章第一节"教学前测：AI 如何破解学情密码"中，介绍了自动化测评与作业批改平台，它可以提供即时的作业反馈，以及含错题分布与薄弱知识点在内的详细分析报告，推送个性化作业与学习资源，从而给教学迭代以精准的数据驱动。除了这类平台，还有一些 AI 课堂分析平台能够追踪课堂教学全过程，开展学生学习行为、课堂互动深度、学生学习参与度等智能分析，为教学提供数据梳理与反馈建议。

　　本节将重点介绍运用 AI 进行课堂教学分析的实操建议。同时我们需要探讨一个问题：相比较传统的课堂分析，AI 的课堂观察有什么不可替代性？这是对技术工具价值的根本性质疑，只有解决这一质疑，才能更好地运用 AI 推动教学更新。

一、时空维度的全景洞察

　　首先来看图 4-24，这是某一 AI 平台对一节 40 分钟的数学课进行的教学结构分析，它根据课堂录像分析出整堂课的学习方式，有教师讲授、师生互动、自主学习、合作学习、展示汇报等类型,并具体到不同学习方式的时长、占比情况以及具体分布情况。图 4-25 又将教学结构与学生参与度整合在一起进行关联分析,可以看出参与度的折线图和学习过程的时序图共用一个时间轴,均为本节课的课堂总时长。放在一起对比,教师可以根据学生参与度、抬头度表现,探寻课堂教学活动的有效性。

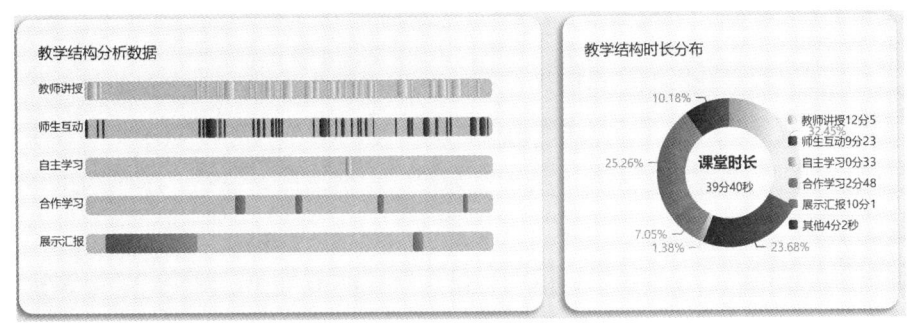

图 4-24　AI 平台对教学结构及时长的分析

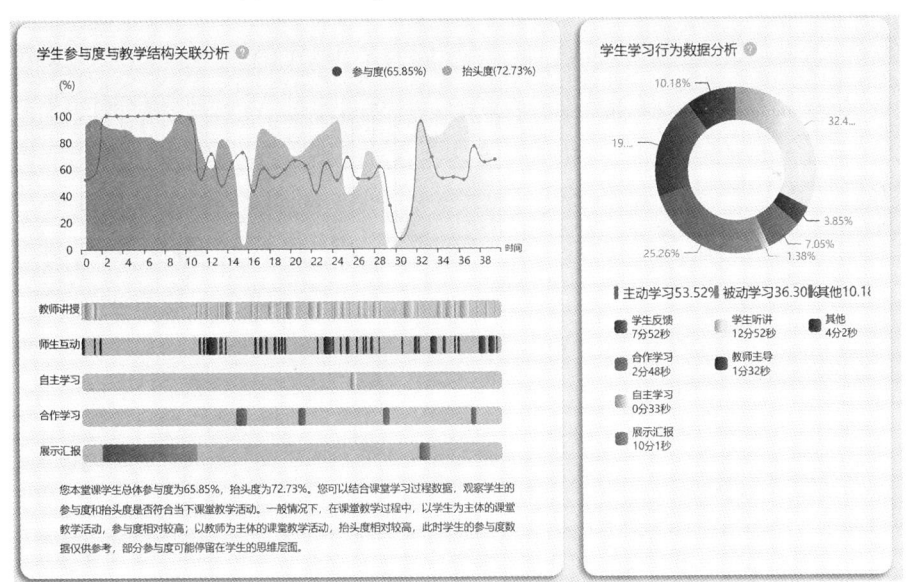

图 4-25　AI 平台对学生参与度与教学结构关联的分析

与传统课堂分析依赖教师主观回忆和碎片化记录不同,AI 能够捕捉课堂中的教学环节与学生反应,将复杂的课堂生态转化为可视化数据矩阵。它凭借对课堂全时段、全场景的精准捕捉，突破了传统观察受限于教师视角与记忆容量的局限，以数据矩阵形式呈现教学活动的时空分布图谱，为教学策略优化提供全景式决策依据。

二、认知层面的深度解构

在传统教学场景中，我们往往依赖学生的口头反馈或课堂表现等主观感知来调整教学，然而这种方式因模模糊糊的记忆存在一定的局限性。AI 平台可以精细到以表格的形式，记录下教师提问次数、问题详情，学生的思考时长、举手次数、具体回答内容，以及教师的归纳、评价、引导、追问，并根据布卢姆分层类型分析相关问题的思维层次，如图 4-26；图 4-27，对课堂问题链进行梳理，分析其合理性以及逻辑关系，并提出建议。

当我们看到这组记录，就可以据此分析教学中思维层次是否具有结构性失衡、教师引导是否到位并合理、学生回答是否暴露了思维问题等，这种隐性问题仅凭教师主观感知是难以发现的，只有是通过 AI 对课堂对话的精准分类与量化分析才能得知，为靶向提升学生高阶思维能力提供数据支撑。

学生应答思考数据详情

布卢姆分层类型　　思维层级分类　　学生是否有提问

序号	教师提问（13次）				学生个体应答(13次)					教师反馈（5次）			
	时间	问题详情	布卢姆分层类型	思维层次	思考时长	举手（6次）	未举手（7次）	学生回答内容	是否有提问	肯定鼓励（1次）	归纳/总结（2次）	引导评价（2次）	
3	16:23	你有什么想说的?	记忆	初阶思维	6.22秒	✓		我想说的就是，看来我们班上同学,大部分都认为,比利时是画图的一个重要因素。比利时正确清晰,才能使画图有很高的标准。	否		✓ 这里的字越大，说明提到的人越多，对吧,好,这是我们同学认为一副好图的标准。		
4	18:19	最核心的要关注哪几个点?	理解	初阶思维	11.26秒	✓		数据一定要精确，不然的话画出来就是不准确。还要有完整性，不能遗漏一些,平面图的比例尺要合理，不能太大或太小,	否				
5	24:39	你觉得首先要知道什么?	理解	初阶思维	3.46秒	✓		首先要知道,这这个上面这个图的比例是,	否			✓ 同意吗？这幅图州界我已经给你们了，在你们手上每个人都有,	
6	25:13	你有办法知道这幅图的比例尺吗?	应用	初阶思维	0.06秒	✓		有,有,我们可以先,测量出这一条边,在平面图上面的距离，再用,平面图上面的距离,除以实际的距离，就可以得到比例尺。	否				
7	26:44	你需要知道哪些数据?	创造	高阶思维	6.30秒		✓	我需要,我觉得,我们需要知道岳飞楼的长和宽，和他他距。离学校中介的距离,我们需要知道岳飞楼的长,	否				多;

图 4-26　AI 平台生成的学生应答思考数据详情

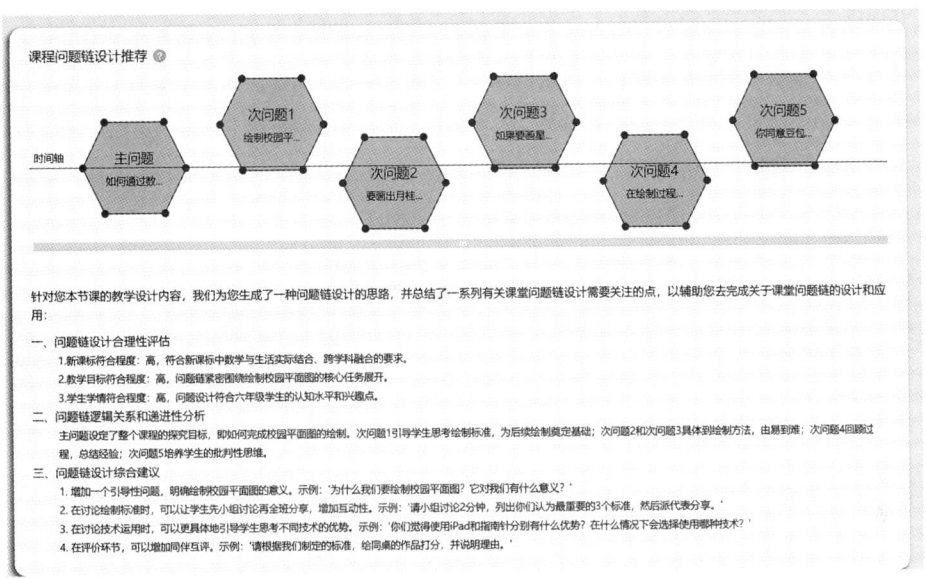

图 4-27　AI 平台生成的课程问题链

三、评价体系的范式革新

AI 平台的功能不仅局限于对课堂教与学的数据梳理与分析，它还可以从多个维度对整个教学进行全面的优劣势解构，并提出迭代建议。例如上述提及的课堂分析 AI 平台，选择以《CFS 教师教学设计能力评价量规》为评价体系。《CFS 教师教学设计能力评价量规》把教师教学设计能力分为六个分析维度，即理解教学内容及教学法、理解学生、设计学习目标、选择学习资源、匹配学习活动、设计学习评价。每个分析维度又划分出四个等级，等级数值越大表示教师某一教学设计的能力越强。

如图 4-28，这一节数学课在理解教学内容及教学法、选择学习资源、匹配学习活动三方面获得三等级，其他方面获得二等级。AI 还从评价理由、建议以及设计示例三方面对教学提出迭代建议。如理解学生方面，AI 指出当前教学未能充分考虑学生个体差异，导致部分学生学习动力不足。因此提出"设计分层任务以及差异化活动"，针对不同学习能力的学生，设计基础任务、进阶任务;"加入同伴互助环节",通过分组让能力较强的学生带动薄弱学生,在小组绘制校园平面图时互相讨论、纠正错误;"提供学习进度表",清晰标注每个阶段的学习目标与时间节点,帮助学生自主规划学习节奏。总的来看,其建议有一定的合理性,教师可以结合建议进一步考虑可操作性,从一致性的学习走向个性化、分层化的学习。

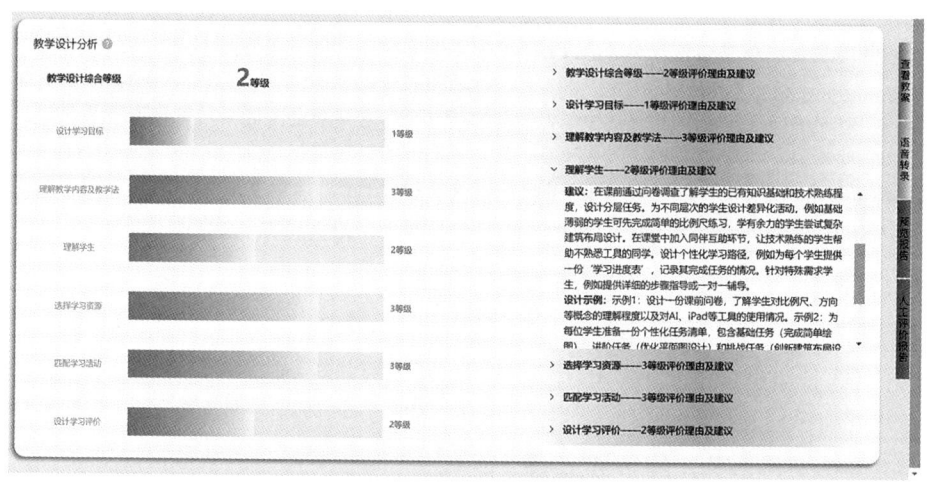

图 4-28　AI 对课堂教学设计的评价及改进建议

综上所述,运用 AI 进行课堂分析进而开展教学反思并形成优化迭代,是可行的。那么怎样才能更好地运用 AI 推动教学更新呢?其实,**数据本身没有价值,而借助数据的自我洞察才是最能彰显价值的地方。**因此,我们想强调教师"洞察"的重要性。

为什么某个知识点掌握率低?为什么学生在这个环节参与度下降?哪些教学策略对哪类学生更有效?……我们不需要被数据淹没,而是始终聚焦自己想迭代的核心问题,以 AI 数据为镜,结合课堂录像分析、学生作业细节以及 AI 记录的学习行为数据进行多维洞察,并基于核心问题导向下的洞察结果,即时调整策略,真正让 AI 成为教师专业成长的有力助手,真正实现从数据到教学创新的价值转化。

第五章　AI 赋能教学的学科应用

AI 赋能教学体现在教与学的具体场景之中。从智能化的教学设计辅助工具，到动态调整学习路径的自适应系统；从沉浸式交互的虚拟实验与情景模拟，到精准捕捉学习状态并提供即时反馈的课堂分析；乃至为教师减负增效的自动化评价与管理流程，人工智能均有强大的应用潜力值得挖掘。这种赋能不仅在于提升教学的效率与精准度，更在于其能够支持传统课堂难以实现的个性化深度学习和创造性探究。

理解并掌握 AI 赋能教学的具体应用模式与方法，是教育工作者将技术潜力转化为教育生产力的关键一步。本章按学科分类，收录了南京市十多位老师的实操案例，系统探讨 AI 在教学核心场景中的实现路径及其效果，剖析其如何重塑教学流程、激发学习动力、拓展教育边界，展现其在提升教学质量、优化教学过程、释放教育潜能方面的实际效力。

第一节　语文教学场景中的 AI 工具应用初探

一、数字赋能的小学语文古诗教学[①]

（一）案例背景

随着教育数字化的深入推进，小学语文课堂正经历从"知识传递"向"素养培育"的转型。统编版教材在古诗词编排上注重经典性、文化性和审美

---

① 本案例由南京市五老村小学方雨琳老师提供。

性,但传统教学仍存在常见的三种困境:一是教学内容上重诗意轻意境,课堂常聚焦于逐字逐句的翻译与表层意思的疏通,学生忙于识记"这首诗写了什么",却难以真正沉浸于诗词的意境之美;二是教学方式上重讲授轻启发,教师讲解占据主导,学生被动接受,难以达成"诗无达诂"的境界,学生进行深度思考与个性化感悟的空间不够;三是教学评价上重识记轻思辨,评价多集中于诗句默写、词义解释等记忆性内容,对学生是否真正理解意象关联、能否体味情感张力、是否具备初步的审美判断力缺乏有效评估与引导。

本文以小学古诗词教学为例,探索 AI 助学、情境伴学、智能评学的三元模式,推动古诗课堂从工具性训练向素养性浸润的深层变革。

(二)案例描述

1. 助学:从"认知"到"思维"的深度建构

(1)单篇古诗的资料补充

在预习环节,学生可以用 AI 软件高效地获取诗词的创作背景、作者生平、历史语境等,相较于以往以输入关键词为主的搜索引擎,现在的 AI 软件(DeepSeek、豆包、Kimi 等)可以通过对话式的搜索,更加精准、高效地获取诗词的相关资料。

(2)同质古诗的认知勾连

教师要有意识地引导学生将知识与知识勾连,除了单篇诗歌的资料补充,还可以引导学生通过归纳、比较加深对古诗的理解,促进学生思维的跃升。如,在统编版小学语文六年级下册古诗词诵读教学中,教师可以借助 AI 工具迅速搜集具有相关性的古诗群:"统编版小学语文教材中李白的诗有哪几首?""统编版小学语文教材中送别诗有哪几首?"等,也可以在引导学生进行诗歌异同对比时,将 AI 作为辅助工具帮助学生完善自己的思考。

以统编版六年级下册《游园不值》教学片段为例:

师:诗人叶绍翁寻而不遇,这让我们不禁想起之前学过的一首古诗——

生:《寻隐者不遇》。

师:同样是"寻而不遇",两首诗有什么异同点呢?

小组交流汇报(略)。

师：我们看看学习伙伴豆包是怎么想的，完善自己的学习单，如图 5-1 所示。

维度	《寻隐者不遇》（贾岛）	《游园不值》（叶绍翁）
寻访对象	隐者（山野隐士，追求超脱世俗的生活）	友人（居住在园林中的雅士，生活环境雅致）
情感侧重	侧重对隐者品格的仰慕与寻访不遇的怅惘，意境清冷孤寂。	侧重由失望转为惊喜的转折，借"红杏"表达对春天生机的赞美，情感更明快。
语言风格	语言简练质朴，问答句式直白，如"言师采药去"，充满禅意。	语言灵动活泼，"应怜屐齿印苍苔"以拟人化猜想增添趣味，富有生活气息。
哲学意境	隐者的"不可遇"暗合道家"求而不得"的哲学思考，强调隐者的超然。	"春色关不住"暗含对自然生命力的肯定，隐喻美好事物终将展现的哲理。

图 5-1　豆包生成的《寻隐者不遇》与《游园不值》对比

师：有人说，两首诗都是"寻而不遇"的遗憾之作，你有什么想法？

生1："正是因为"寻而不遇"才更凸显了"隐者"神秘避世的形象。

生2："游园不值"却依旧从一枝红杏想象到了满园的春色，也许比真实遇见的更美。

师（总结）：你们比 AI 还会学习古诗，从对比中悟出了哲理。是啊，有些我们努力追寻的人或景，遇不到却显得更美丽。

2. 伴学：从"诗意"到"意境"的审美体验

数字技术可以将古诗中营造的抽象意境转化为学生具象的认知图景，将学生对言语符号的理解与审美体验有机融合。传统课堂对"意境"的阐释常局限于语言描述，而技术可使其"可见可感"。

以统编版五年级下册《村晚》教学片段为例：

教师在豆包中输入诗句"山衔落日浸寒漪"，生成以下三幅图片（见图

5-2),引导学生思考。

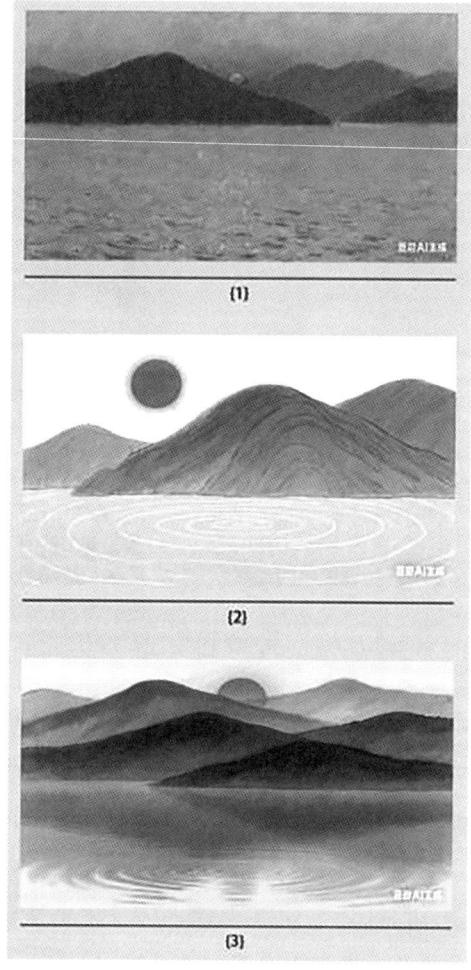

图 5-2 豆包生成古诗配图

师:三幅图中,哪一幅图片更适合做这首诗的配图?

生1:图1和图3。因为"衔"是用嘴叼着的意思,夕阳应该在半山腰。

生2:图3更好!诗中"浸寒漪"说明水中也应该有夕阳的倒影。

师:你们真会读诗,两个动词把山、落日、寒漪三处景物联结成了一整幅画面。有没有不同的想法?

生3：我认为图1更好，因为注释里"漪"是指水中的波纹，说明当时有风，风一吹，夕阳的倒影会被吹散，晕成一片红色，就没有清晰的落日影子了。

师：你还读出了傍晚时分乡村景致的动态之美，真了不起！

除此以外，AI技术还可以实现诗歌塑造意境的动态场景还原。如，"春风又绿江南岸"的"绿"字用得非常传神，在教学中可以用豆包中的"图片动起来"功能呈现"春风又绿江南岸"色彩渐变的动态过程；还可以基于学生对于古诗创设的意境理解，用AI软件为古诗配乐，通过画面、音频、视频等试听还原意境，加深学生对古诗的体悟。如，用即梦AI配乐系统根据情感分析生成与《泊船瓜洲》相匹配的古琴曲调等，并引导学生配乐诵读。

3. 评学：从"识记"到"素养"的精准反馈

（1）对诵读的评价

集成讯飞语记的语音分析模块，可以量化评估学生诵读诗句时断句的准确性。如学生朗读《石灰吟》，AI虚拟"于谦"基于声纹分析进行评分：语速是否体现"浑不怕"的铿锵；重音是否突出"清白"；停顿是否读出"粉骨碎身"的决绝感等等，对学生的诵读做出即时评价及改进建议。

（2）对理解的评价

可通过豆包、Kimi等AI工具，语音输入学生对诗句意思的理解，即可生成图片，将学生的抽象理解具象呈现出来，以检验学生是否正确理解了诗意，是否想象并体会到了诗中所塑造的意境，语言的表达是否精准等。

（3）素养发展档案

教师还可以基于区块链技术建立数字成长档案，记录学生从"字词识记"到"意境再创造"的进阶轨迹，建立个人古诗学习素养画像，让成长被看见。

（三）案例反思

本文通过助学、伴学、评学三个维度，努力实现古诗教学从"解诗"到"悟境"的范式转型。在AI助力古诗教学的实践中，我们努力挖掘AI工具应用潜力的同时，要避免舍本逐末。我们应该把握好三个原则：一、必要性原则。仅当传统方法难以实现教学目标时使用技术，如当传统语言描述难以传递诗歌的意境深度时，应用动态视觉化手段可有效弥补认知空缺。二、适度性原则。避免"为技术而技术"，通过限定技术使用频次与时长，保障学生深度思考的空间。三、互补性原则。技术必须与传统方法融合，保留吟诵、想象、批注等传统学习古诗的方法，努力寻找 AI 技术应用和古诗教学的有机融合点，与传统方法形成结构性互补。

未来，教师们需进一步探索 AI 技术与传统文化教育的深度融合机制，使数字工具真正成为培育学生文化自信的"诗教"新载体。

二、"追问" AI，赋能高中作文进阶教学[①]

（一）案例背景

本教学案例基于以下几个方面的思考：

1. 学生写作维度：思维能力匮乏，学生对好作文的思维体系缺乏宏观认识。

2. 知识运用维度：学生掌握的基本逻辑方法与写作契合上还存在问题。

3. 作文修改维度：师生修改存在局限性，不及时、标准不统一。

4. AI 应用层面：人机互动生成高质量修改作文，解决师生修改局限性问题。

基于 AI 技术可视化效果，我们决定尝试让 DeepSeek 参与到作文进阶的教学之中，增强学生作文的思维含量。

（二）案例描述

以"成长是否消磨了同情心"为写作话题，先呈现真实的"情境任务"：

有位同学询问老师："我写一篇立意准确、结构清楚的文章没有问题，但写出来的平庸肤浅，分数不理想。想把作文写得好一点，该怎么办？"今天我们一起观察老师和 DeepSeek 的对话，尝试解决这个问题，最终请你给出写作意见。

---

① 本案例由江苏省六合高级中学孙优老师提供。

【活动一】

老师请DeepSeek参与了此次作文写作，在"篇一"的基础上，又进行了多次修改，最终形成了"篇六"作品，认真阅读两篇作文，谈谈对两篇作文的不同感受。有兴趣的老师可扫码阅读此二篇文章。

扫码阅读"篇一"

扫码阅读"篇六"

生1：篇一的优点有两条，一是论据丰富，全文一共用了七处事实论据；二是语言生动，尤其是比喻论证的使用。篇一缺点一是材料堆砌，二是全文只有一个中心论点，没有分论点。

师：篇一"论据丰富"指什么？

生1：既有文学事例又有科学事例，既有外国事例，又有中国事例。

师：很好，角度多维，跨度很大。这么多事例不好吗？

生1：论据是为了论证，但是它的事例都是论证一个意思。文章要有分论点，分论点架构起文章的逻辑层次，运用论据分别论证不同的逻辑层次，这样才不至于有"掉书袋"的嫌疑。

师：这就是所谓的"成也论据，败也论据"。

生2："篇六"的优点也有两个，一是论证加强，有了论证的层次性，比如概念分析、原因判断、价值意义的阐释，不再是反复用很多论据只论证一个单一的中心观点。二是文章第六段结合了时代问题，有很强的时代性。

师：写作为何要有时代性？

生2：写作就是要解决时代问题，不然就没有价值和意义，就是"无病呻吟"。

师："文章合为时而著"，高考写作就是要求我们以时代青年的高度为社会建言献策，体现青年的使命感和责任感。写出的文章因为有了价值才有分量。

师：我们来看看DeepSeek给多少分。

师向 DeepSeek 发出指令：请在江苏省高考作文批阅标准下给两篇文章打分。DeepSeek 反馈如表 5-1。

表 5-1 DeepSeek 给文章评分

篇目	分值	得分点	失分点
篇一	52—55 分	①文采斐然：诗化语言与历史典故的运用符合"发展等级"中"有文采"的要求； ②结构完整：起承转合清晰，符合"基础等级"中"结构严谨"标准； ③立意明确：围绕"成长淬炼同情心"的单一论点展开，无偏离风险。	①思辨深度不足：缺乏矛盾辩证，在"深刻"维度难获满分； ②时代性缺失：未回应现实问题，影响"创新"项得分。
篇六	56—59 分	①思想深刻：多维辩证与跨学科视野满足"特征等级"中"深刻""有创意"要求； ②现实关怀：当代案例精准契合"文章合为时而著"的评分导向； ③结构创新：隐喻系统与学术框架的嵌套展现超纲写作能力。	①部分阅卷者可能认为"消磨是成长馈赠"的观点过于激进； ②信息密度过高可能导致快速阅卷下的理解偏差。

【活动二】

老师和 DeepSeek 一起进阶作文时，分别发出五次指令，DeepSeek 不厌其烦地进行修改。鉴于 DeepSeek 可视化的努力，请逐段比较，觉得老师分别向 DeepSeek 发送了哪些指令？

生 3：中间五段有很大变化，我觉得老师向它发出了以下五个指令：指令一是请加入对"同情心"概念的阐释；指令二是请加入对"成长消磨同情心"原因的解释；指令三是论证有层次性；指令四是加入专业术语；指令五是请联系时代背景进行阐释。

师：有哪些比较容易实现，哪些操作比较困难？

生 4：指令一、二、五指令具体，容易操作，三、四比较难进行，太笼统。

师：请你谈谈指令三、四如何编辑？

生4：段四在对"消磨"和"消灭"做思辨分析，指令三可以是"同情心一定消灭了吗"；指令四是加入对"成长消磨了同情心一定是不好的吗"的论述。

师：很好，我们可以把指令变成五个问题，即"同情心是什么""成长消磨同情心的原因""成长消灭了同情心了吗""成长消磨了同情心一定是不好的吗""为何时代需要讨论这个话题"。请问这五个问题有何特点和好处？

生5：问概念、问原因、问反面、问可能、问时代。

师：非常厉害，我们把这作文秘籍叫作"进阶五问"，来总结一下本质。见表5-2。

表 5-2　进阶五问

五问	思维本质
问概念	展开本质分析
问原因	展开原因分析
问反面	展开思辨分析
问可能	展开批判分析
问时代	展开价值分析

【活动三】

老师请 DeepSeek 以"一花独放不是春"为题，写了一篇作文，根据你们刚才总结出来的经验，任选一个维度进行修改。

师生评价互动。

(三) 案例反思

1. 解决"真实情境"问题

2022年版高中语文课程标准提到"语文学科核心素养是学生在积极的语言实践活动中积累与构建起来，并在真实的语言运用情境中表现出来的语言能力及其品质"。真实的情境有社会生活情境和学习情境，本案例就是解决学生真实学习情境中的问题。正如温儒敏教授所说："现在的学生普遍缺乏逻辑思维训练，缺乏理性论证分析能力。"① 本课例通过 AI 运用，总结出"进阶五问"的具体方法，让学生在追问中有了思维深化的立足点，让学生在评价中引入支架帮助他们提高写作思维水平，以"思维进阶"作为作文最基本的评价基准。

2. 重视"人工智能"的应用

本次课例实践体现了人工智能在作文进阶教学中的几大优点：一是能够针对教师指令精确给出批改结果；二是大数据库的支撑能优化结果样式；三是能在相应的批卷系统下进行打分并给出评价标准；四是可以将学生习作纳入生成的经验体系中进行再修改。但人工智能体系在作文修改阶段需要注意：一是评价批改除却系统自带标准外，在进阶互动时对主体的认知和理解有很高的要求；二是修改结果和经验呈现停留在理论层面上，在现实写作的迁移过程中，需要写作主体有很高的领悟能力、很强的语言功底、大量的练习操作；三是过度使用和信赖人工智能，或许会导致思维弱化，盲目相信与崇拜也使从教者和学生产生思维惰性，对高阶思维的提高产生不良影响。

3. 强调"学生实践活动"

陆志平在《语文学习任务群的特点》一文中强调要突出"以学生的语文实践活动为中心的教学过程"②，西方学者罗娜·厄尔也认为："评价的终极目标应该是学生作为评价主体，也就是说如果希望评价能够真正发挥作用，那么学生必须参与到评价的设计与实施之中，他们不应仅仅作为接受者而存在。"③ 本次课例还是集中在教师与人工智能的互动中，学生更多作为观察者、总结者和修改者出现。

本次课例通过"追问"方式展示进阶途径，对提升学生写作的思维品质，有很大的影响。相信在大家对 AI 的接纳和运用中，它能更好赋能高中语文写

---

① 转引自：黄显涵，李子建. 西方评价理念的转型之路——兼谈对中国课程改革的启示 [J]. 教育发展研究，2013，33（20）：36-40.
② 陆志平. 语文学习任务群的特点 [J]. 语文学习，2018（3）：4-9.
③ 转引自：翟理想. 新高考背景下高中语文作文教学思考 [J]. 作文，2020（40）：24-25.

作教学，推动作文教学的高质量发展。

三、人工智能在语文阅读教学中的"智读"路径探索①

（一）案例背景

随着人工智能技术的快速发展，教育领域正经历着深刻的变革。2022 年义务教育新课标明确要求："借助信息技术拓展学习空间""引导学生掌握阅读策略并进行自我反思"。新课标对阅读的强调，亟须工具创新。人工智能凭借语义解析能力（如 DeepSeek）、多模态生成技术（如讯飞星火），为破解传统阅读困境提供新路径。

本案例以"智读"为核心理念，构建"单篇—群文—名著"三级阅读支持体系，探索人工智能在视角转换、单元重构、思维深化维度的教学价值。

（二）案例描述

1. 人工智能助力单篇阅读：转换解读视角

在《女娲造人》一课中，从人工智能伦理视角，完成对神话的新角度解读，引导学生从神话中获得启示，培养学生联想想象能力和跨学科思维。

课程以人工智能前沿发展作为情景导入，播放抖音视频博主 punkchou 于 2025 年 5 月 14 日发布的 GPT-4 发布会片段，引出"硅基生命跑步进入人类世界"的话题，引发学生对人工智能未来样态的思考。情景吸引学生兴趣，教师布置"任务一：畅想未来人工智能的样态"。学生自由讨论，畅谈未来人工智能样态的可能性。总结学生的发言，发现他们的想象是杂乱的。如何想象才能梳理出未来人工智能样态的全貌？教师布置"任务二：阅读《女娲造人》，思考：这个神话对我们创造未来的人工智能有哪些启示？"通过对"这世间，无论怎么说吧，总不免显得有些荒凉寂寞""看看周围的景象，感到非常孤独""澄澈的池水照见了她的面容和身影……世间各种各样的生物都有了，单单没有像自己一样的生物""她就顺手从池边掘起一团黄泥，掺和了

---

① 本案例由南京师范大学附属中学实验初中孟祥伦老师提供。

水""'妈妈!'接着一阵兴高采烈地跳跃与欢呼,表示他获得生命的欢乐""看起来似乎便有一种管理宇宙的非凡的气概"等语言的解读,总结出我们要从"创造目的、形态、材料、功能"四个方面系统想象未来人工智能样态。教师引导学生进一步思考:女娲是"神通广大的女神",所创造的人类的能力和智慧对她没有威胁。但是现在这个时代,我们正在用凡人的智慧和力量创造一种未知的可能远超人类的智慧的"生命",所以我们要时刻保持警惕之心!

《女娲造人》一课在联想和想象单元,在传统的单篇阅读教学中,教师的解读方向以寻找文中丰富的想象为主。跳出常规的文本解读方向,以建立和规范人工智能伦理的角度来重新解读这篇文章,作者袁珂的想象力又散发出别样的光彩。

2. 人工智能助力群文阅读:打破单元限制

统编版教材设置的单元教学,以主题串联单元群文是一种常见的方式。比如八年级下册第一单元的主题是"民俗"。但在实际教学中,以"民俗"为主题,不利于引导学生全面理解文章情感,《灯笼》一课的教学便出现了这样的问题。所以重新选定主题,根据新主题组合群文阅读,更有利于提升学生对文本的理解深度。

《灯笼》一课的教学中,教师跳出"民俗"这一主题,利用生成式人工智能工具,分析《灯笼》中"回忆"主题的内涵,并结合其他文学作品(如《背影》《老王》等),形成以"回忆"为主题的群文。生成式人工智能工具帮助提取《灯笼》中"回忆"主题的关键句和情感表达,再帮助学生对比分析其他文本中的"回忆"主题,形成跨文本的比较研究。根据对比,学生生成与"回忆"主题相关的问题,如以"回忆如何影响人物的情感和行为"为题进行小组讨论。学生以小组为单位,完成主题研究报告,并进行课堂展示。

通过生成式人工智能工具,可以方便师生从不同的主题视角来分析一篇文章,并且能够快速搜索和整理相关主题群文,帮助学生突破单元限制,形成跨文本的主题研究能力。

3. 人工智能助力名著阅读:问题启迪思维

《经典常谈》作为统编版教材八年级下册的必读名著,学生的阅读阻力大。教师即使做了细致的阅读指导和问题解答，学生仍然会有很多个性化的问题。而 DeepSeek 的即时语义解析功能，可以凭借其强大的推理能力，成为学生的个性化阅读辅助工具。如 DeepSeek 提出的在阅读中值得思考的问题，能够有效提升学生在整本书阅读中的思维能力。

学生可以按照"基本问题—单元问题—内容问题"的顺序提问，从一般到具体，由面到点逐步深化理解；也可以按照"内容问题—单元问题—基本问题"的顺序提问，从个别到一般，由一篇拓宽至对整本书的理解。比如：

基本问题——"朱自清编撰《经典常谈》这本书的目的是什么？"

单元问题——"作者为什么把《说文解字》放在整本书第一篇的位置？"

内容问题——"《说文解字》这一篇中前四段内容并没有提到《说文解字》，是否可以删去？"

三个问题让学生对朱自清写这本书的目的、篇章安排、段落安排有了深刻的理解，启发学生的思维走向更深处。学生也可以让 DeepSeek 扮演辩论的双方，分别就"伪作能保留"与"伪作不能保留"进行辩论，辩论不仅让学生有了理解深度，还培养了他们的批判性思维。

生成式人工智能工具用于解答学生的个性化问题，并提供背景知识和逻辑分析，有效提升了学生的批判性思维和独立思考能力。

（三）案例反思

"人工智能技术的应用，为语文阅读教学注入了新的活力。"[①] 通过实践探索，我们对人工智能在语文阅读教学中的应用有了更深刻的认识，同时也发现了需要进一步改进和优化的方向。比如：深化技术与人文的融合，提升教师的技术素养与教学能力，优化人工智能工具的适用性与稳定性等。

本案例通过生成式人工智能助力单篇、群文和名著阅读，探索了一种以学生为中心、以技术为辅助的"智读"路径。这种路径不仅提升了学生的阅读理解能力，还培养了学生的批判性思维能力和跨学科思维能力，为未来的

---

① 李扬，黄莺. 当 AI 遇见语文课堂："教—学—评"一体化的创新实践［J］. 当代教育家，2025（03）：46-47.

语文教学提供了新的思路和方向。

第二节 数学教学场景中的 AI 工具应用初探

一、课外的教研"多面手"①

(一) 案例背景

在"双新"背景下,生成式人工智能正深刻变革小学数学教学样态。其直接应用于课堂,可创设生动、直观、高效的学习情境,形成显性的"参与体验式"实践,提升学习兴趣与效率。AI 的价值远不止于此,它更可作为隐性的"深度思考式"助力,为突破教学难点、优化教学设计、深化教研互动提供强大支持。本案例一方面利用 AI 强大的可视化生成能力,开发动态学习工具,另一方面深度挖掘 AI 的"可对话性",将其融入备课与教研核心环节。与 AI 的深度"对话切磋"催生了一种新型高效的教研形态——"人机研讨"。教师作为"数字设计师",提出核心问题与构想,AI 作为"智能施工方"提供技术。

(二) 案例描述

1. 可视的学习支持,突破学习难点

有效的教学过程应该注重学生直接经验的获得,根据皮亚杰的认知发展理论,小学生正处于具体运算阶段,学习过程需要依赖具体事物或直观经验的支持,抽象概念需通过情境化、可视化的方式辅助理解。运用生成式人工智能开发可视化的学习工具,为学生提供可视化的学习支持,是突破学习难点的一种实践方式。

【案例 1】《认识三角形》一课的重难点之一是"理解三角形的高","高"

---

① 本案例由南京市北京东路小学阳光分校王江老师提供。

不直接存在于三角形中,学生难以直观感知。传统的课堂教学中老师们更多聚焦于"如何画高",教学"画高"的规范流程、方法。相较于这样技能层面的学习,理解"高"背后表示的数学含义才是"画高"的基础与前提,才能真正理解"画高"过程中操作性规定背后的数学道理。借助生成式人工智能生成高的演示动画,在移动的过程中让学生直观感受"高的含义"。见表5-3。

表5-3 人工智能生成高的演示动画过程

教学内容	从三角形的一个顶点到对边的垂直线段是三角形的高,这条对边是三角形的底。
提示词	我是一名小学四年级的学生,正在学习有关三角形高的知识。我不太理解什么是"顶点到对边的距离是高",你能用动态的过程直观演示出来吗?
人工智能生成	(学生可以将高左右移动,三角形的形状随之变化)
教学片段	(学生移动操作) 师:随着三角形形状的变化,移动高的过程中你有什么体会? 生1:三角形的高始终是和底边垂直的。 生2:虽然三角形的形状在变,但三角形的高度一直没变。 师:回顾画高的过程,"一找顶点,二画垂线段,三标垂直",你们有感觉了吗? 生3:高就是高度的意思,所以是从最高的点开始画的。 生4:高不是三角形的三条边,是一条不存在的边,所以用虚线画。 ……

除了帮助理解抽象的数学概念，生成式人工智能还可以帮助学生理解稍复杂、不便于演示的数学情境、问题，如经典的"表面涂色的正方体""环形跑道中的追及问题"。

这样的可视化学习工具具有很强的技术专业性，如果不借助人工智能，对于大部分老师而言是很困难的。但生成式人工智能可以快速打破技术壁垒，降低学习成本。这一次，教师变成教学实践中的"甲方"——提出问题与方案设想，由"乙方"人工智能进行施工，在反复对话、修正提示词的过程不断完善方案设计，聚焦教学中的技术痛点、认知难点，为学生的数学学习提供新路径。

2. 深度的对话切磋，进阶教学品质

人工智能技术具备可生成性与可对话性两大核心特性，从可生成性出发，可以帮助我们快速打破技术壁垒，从可对话性出发，可以帮助我们不断进阶打磨课堂教学品质。以"双新"背景下开展综合与实践活动的重要形式——跨学科学习为例，数学跨学科学习以数学知识为基础，需要大量其他学科、生活经验等知识背景，对教师的素养与教学提出了更高的要求与挑战。结合生成式人工智能展开备课，协同跨学科学习，或许是一条高效提质跨学科学习教学的实践路径。

【案例2】围绕"清华简·算表"这一素材，我们所在教研组展开数学跨学科学习的设计与实践。"清华简·算表"这一素材并不广为人知，其中的信息搜集就需要人工智能技术的大力支持。见表5-4。

表5-4　AI搜集的关于"清华简·算表"资料

多轮对话·知识澄清
【背景】体会"十进制"是认识"清华简·算表"中的一个重要数学知识点，习惯上我们将十进制理解为"满十进一"，课后学生提问："为什么说12分成10和2就可以体现十进制？不是也没有满十进一吗？"而"清华简·算表"作为吉尼斯世界纪录认证的"世界上最早的十进制计算器"，其中蕴含"十进制"应该是毋庸置疑的。"十进制"究竟是如何体现的呢？

续表

	【AI建议】（部分）
・答疑解惑	学生的疑问触及了十进制的核心内涵，需要从**位值制和进位规则**的关系来解答。以下是分步解释： **一、十进制的双重核心：位值与进位** **1. 位值制是基础** 十进制不仅包含"满十进一"的进位规则，更重要的是位置决定数值的**位值制**。 例如：数字12中的"1"位于十位，表示$1×10^1=10$；"2"位于个位，表示$2×10^0=2$ [4][8]。将12拆分为10和2，正是利用位值制对数值进行分解，无需实际进位操作也能体现十进制的结构。 **2. 进位是位值的延伸** 当个位累计到10时（如12+8=20），才会触发"满十进一"的进位动作 [1]。但拆分本身已隐含了"十位"这一更高权重的存在，这正是十进制设计的逻辑基础。
・应对策略	**三、教学中的直观演示** **1. 积木或货币模拟** ・用10个一立方厘米的小方块组成一个"十柱"，2个单独的小方块表示个位，组合成12 [10]。 ・人民币中的"10元+2元=12元"同理，10元纸币的存在本身就体现了十进制位值。 **2. 历史工具验证** 清华简《算表》通过行列交叉计算（如十位列与个位行），直接应用位值制分解乘数，无需实际进位即可完成运算 [3][8]。
・语言打磨	以下为精炼版教学引导语，结合清华简《算表》的数学智慧与文化价值，适合课堂总结或活动导入： **历史与智慧** **1. 操作指引** "用丝线拉动竹简交叉处的数字，就像古人用'十'的魔法分解大数——两千年前，竹简上的丝线滑动间就实现了满十进一的智慧 [5][6]。" **2. 中西对比** "当欧洲人还在用罗马数字艰难计算时，中国战国工匠已用竹简上的行列交叉，让乘法快如闪电——这就是吉尼斯认证的'世界最早十进制计算器' [4][5]。"

借助人工智能展开多轮对话，反复对话，刨根问底，在知识迷思处澄清，以更加精准的学科认识展开教学，这是一种深度备课。于教学困难处，同样可以通过深度对话让人工智能成为我们的灵感来源。

当教研团队还在为板书如何设计这一难题苦思冥想之时，人工智能已经给出了完成度高达80%的思考，其中提及的"变与不变"正是本节课背后更深层次的学科价值，见表5-5，并以此为启发，进而联系"从古至今"的思想传承，最终拟定如下的教学环节：

表5-5　AI设计"清华简·算表"板书

讨论探究·板书建构
【背景】跨学科学习的板书设计中如何体现知识与技能、思想与方法，充分体现结构化的知识体系、育人导向的学科本质呢？
【AI建议】（部分）
第一课时板书： 　　　　　　[清华简算表] 　　　　　　／　　＼ 历史溯源（竹简功能）——数学解码（拆分与分配律） 　　　　变与不变（工具变，思想不变） 第二课时板书： 　　　　　　[让算表"活"起来] 　　　　　　／　　＼ 实体模型（艺术＋数学）——数字程序（技术＋数学） 　　　　　　古今智慧融合

　　师：古人用这样的算表计算，现在，我们常常列竖式计算，有时也会通过画图研究。有学者提出：算表里的每一步，其实都和我们现在的方法有着密切的联系，你同意吗？你能找到这样的联系吗？结合算式，想一想，在小组里说一说。

　　（结合学生交流形成板书。）

　　师：同学们，真是太神奇了！虽然我们和古人计算的方法不同，但这背后计算的道理却是相通的。刚才我们的研究简直是一段跨越古今的对话！我觉得值得一次热烈的掌声！

　　虽然板书设计仍稍显粗糙，但在与人工智能的深度对话中已经从"知识与技能"层面跨越到"思想与方法"层面——在变与不变之中感悟数学知识本质的稳定性，体会中国古代数学发展的先进性。

　　通过这样一次课例研讨，足可见人工智能在课堂教学中的重要作用，特别是在反复对话的过程中不断开发人工智能的潜能，这样的过程是一种特殊而又充满无限可能的教研形式——"人机研讨"，或许这也是人工智能时代下的教研新路径。

(三) 案例反思

AI 融入小学数学教学的核心价值在于为突破传统教学瓶颈提供了双重路径：一方面，强大的动态可视化生成能力，有效弥补小学生具体运算思维阶段对具象支持的依赖，促进概念的本质理解；另一方面，AI 的深度对话与知识协同功能，为教师的专业发展注入了新动能。案例中 AI 充当高效的"智能研究助理"和"思维碰撞伙伴"，协助教师快速厘清学科迷思，并在此过程中推动备课从经验型向探索型、从知识传递型向思维深化型转变。

技术的深度融入对教师角色与能力提出更高要求。教师必须具备精准的学科理解力与学情洞察力，需保持批判性思维与教学定力，能甄别信息真伪、筛选适切内容。此外，教师需警惕过度依赖可视化可能弱化学生抽象思维发展的风险，明确 AI 工具是辅助理解的"脚手架"，最终目标仍是指向学生。

二、 AI 在立体几何中的应用探索[①]

(一) 案例背景

本案例依托金陵微校平台，结合 AI 技术，为五年级学生带来了一节别开生面的数学课——"表面涂色的正方体"。通过智能工具的深度应用，抽象的几何问题变得直观可感，课堂效率与学习兴趣同步提升。

在传统教学中，教师往往需要花费大量时间搜集和整理资源，尤其当涉及空间几何等抽象的教学内容时，如何把抽象的知识以直观形象的方式呈现给学生们，成为一线教师们的苦恼和面临的一项挑战。

如今，随着人工智能技术的发展，教师可以借助金陵微校平台，高效地完成教学设计。该平台在前一章就有所提及，它集成了火花学院的优质教学素材，包括3D动态正方体模型、涂色问题微课视频以及分层练习题库。平台基于 AI 算法，根据教学进度和学生的学习情况，智能推荐适配的学习资源，

---

① 本案例由南京市金陵河西学校柳传韬老师提供。

助力教师精准备课完成教学设计。

另外，云端资源库中，教师调用"GGB几何画板"的预设工具，可以一键生成不同切割次数的正方体动态展开图，为课堂演示奠定基础。"GGB几何画板"不仅提高了备课效率，也为课堂教学提供了丰富的素材支持。

（二）案例描述

1. 情境导入：可视化模型激活思维

课堂上，教师通过金陵微校展示3D正方体涂色的动画，见图5-3，学生可以直观地观察处在不同位置上小正方体的面数差异。AI工具能实时标注顶点、棱、面中心的小方块，帮助学生建立空间观念。这种可视化的教学方式，使学生能够直观地理解空间结构，并激发学生们的学习兴趣。

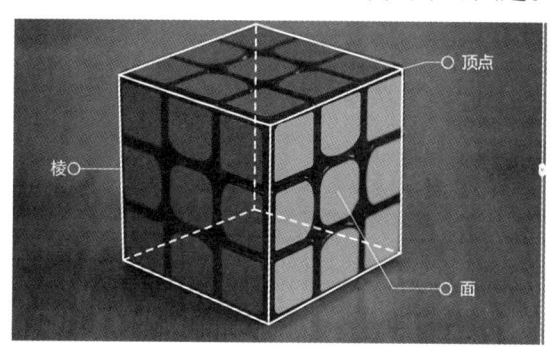

图5-3　3D正方体涂色动画展示

2. 探究环节：AI工具赋能深度互动

教师立足于学生"自主探究学习"的目标，设计多层次的教学活动，充分运用金陵微校中的火花学院资源，让学生自由拼、涂、分，并数表面涂色的小正方体个数。通过提问、探究、归纳、验证等环节，学生逐步探索出规律，提高了课堂效率，增强了课堂互动，同时利用"全班互动平板提交作业"等功能，调动学生学习的积极性，利用数据分析，促进学生深度学习。

活动一：观察猜测，操作验证，感知规律

教师首先出示二阶表面涂色的正方体，学生猜想每个小正方体的涂色情况，通过火花学院的动画效果来进行验证。接着出示三阶表面涂色的正方体，学生猜想小正方体涂色有哪几种情况，并猜想其个数，同样通过火花学院的动画效果来验证。在这个环节中，学生体会到 3 面涂色的小正方体在大正方体的顶点上，2 面涂色的小正方体在大正方体的棱中间，1 面涂色的小正方体在大正方体的面中间，如图 5-4 所示。

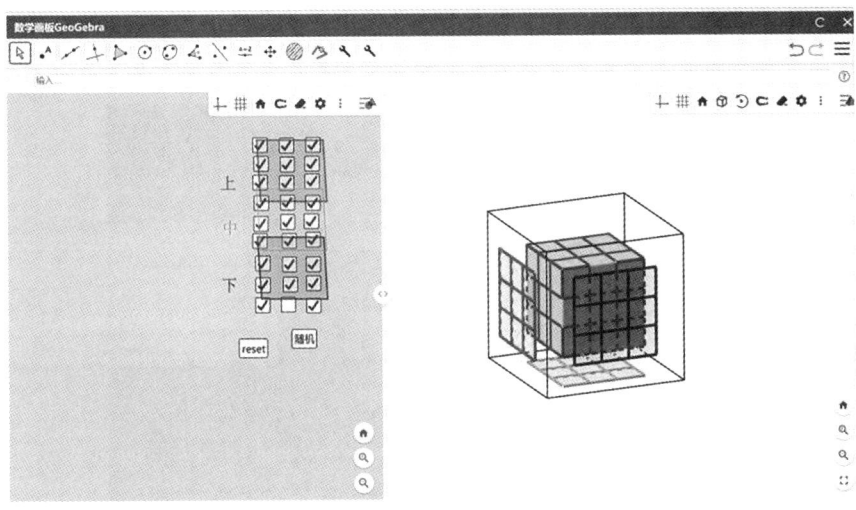

图 5-4　借用动画验证猜想

借助网页资源，学生在平板上将棱长平均分成 3 份的正方体，并进行涂色操作，观察不同层数的涂色分布情况。AI 自动统计各类型小正方体的数量，验证数学规律，如图 5-5 所示。

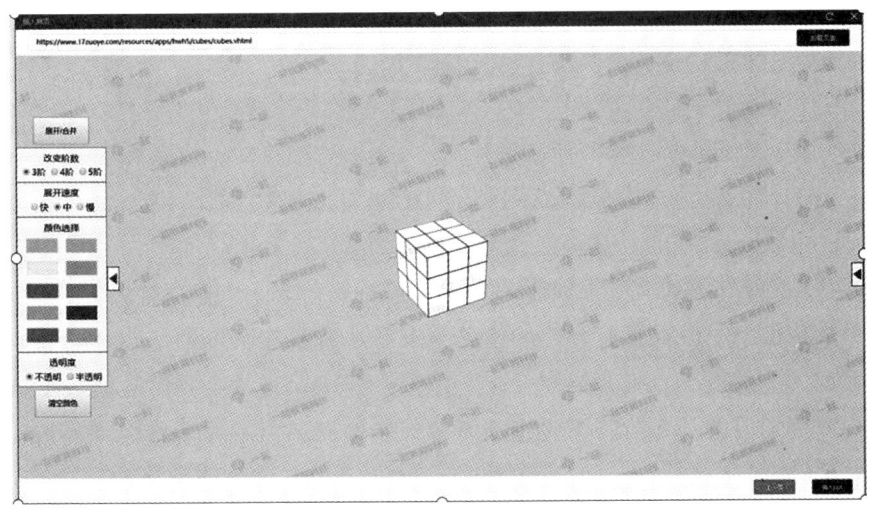

图 5-5　借用 AI 验证规律

活动二：展开想象，进一步感悟规律

教师引领学生研究，表面涂色的 3 阶正方体切开后，三面、两面、一面和 0 面涂色小正方体的位置及个数之间的关系，然后放手让学生探究 4 阶和 5 阶正方体表面涂色的情况。若活动过程中学生遇到困难，可借助模拟切开正方体的交互式学伴进行自主研究，发现并总结规律，如图 5-6 所示。

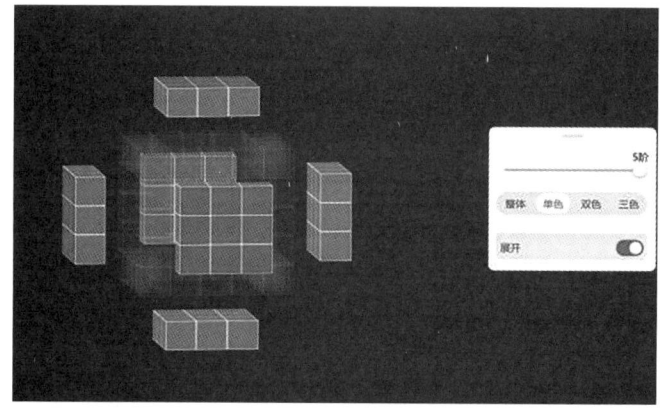

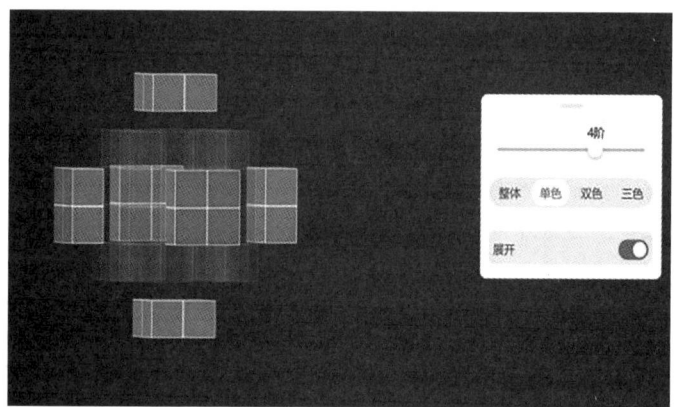

图 5-6　借助 AI 发现并总结规律

活动三：归纳总结，理解规律

学生借助平板观察正方体的涂色情况，从观察中获取数学信息，然后分析数据，总结规律，获得新知。这正好符合新课标对学生要学会用数学的眼光观察现实世界，会用数学的思维思考现实世界，会用数学的语言表达现实世界的要求。教师在教学时，提醒学生总结"如果每条棱被平均分成 n 份，不同涂色的小正方体的个数与 n 的关系",获得规律后,采用平板进一步验证。从信息技术中"来",又到信息技术中"去"。最后教师带领学生一起用字母表达出规律,由特殊推向一般,提升数学抽象概括能力。

(三) 课后反思

"表面涂色的正方体"这节课充分体现了人工智能技术在数学教学中的应用价值,通过智能工具的辅助,教师能够更高效地进行教学设计,学生能够更直观地理解抽象的几何观念,课堂互动更加丰富,学习效果显著提升。

课后,教师还可以利用人工智能的数据分析功能,获取学生在课堂活动中的表现数据,包括作业完成情况、互动参与度、问题解答正确率等。这些生成式数据能帮助教师全面了解学生的学习状况,识别学习中的薄弱环节,并进行有针对性的辅导。

三、 AI 教学智能体助力概念教学的应用案例[①]

(一) 案例背景

在通用大模型蓬勃发展的当下,教学智能体的开发与应用在实现精准问答和快速响应方面具备一定优势。尤其在小学数学概念教学中,面对概念抽象、学生理解困难和知识迁移受阻等难点,AI 智能体可通过可视化操作将抽象概念具象化,以互动问答拆解知识难点,还能依据学生认知特点定制个性化学习路径,助力概念理解、提升教学效率。

教师通过聚焦小范围的教学目标,创建了针对一个课时为教学内容的智能体——数小趣,其目的是作为"学伴"助力学生实现课堂互动学习,辅助教师实现个性化评价。下面就结合"认识面积"这一课来介绍如何使用 AI 教学智能体辅助教师教学、陪伴学生学习,并促进学生对数学概念的理解和运用。

---

① 本案例由南京市佳营小学姜梦莹老师提供。

（一）案例描述

1. 虚拟情境引入，理解面积含义

师：孩子们，咱们今天要一起认识面，你能找到哪些面呢？数小趣可以带我们一起进入"金陵印象"展厅参观。

师：走进展厅，仔细观察你能找到哪些面？

生：屏幕面、柱子面、地面、墙面……

活动一：你找到的这些面有什么相同和不同？将你的想法说给小组同学听。

生：这些面有大有小，有的是平面，有的是曲面。

师追问：你是怎么知道它有大小的？

小结：看来，咱们直接通过观察法就能够看出面是有大小的，那么像刚刚同学们找到的屏幕面、地面、圆柱面，这些物体表面的大小就是物体表面的面积。我们今天就要来一起"认识面积"。

评价一：试着在学习单上画一个平面图形，并涂色表示出它的面积。提示：可以拍照借助数小趣帮忙，检验自己的作品是否正确哦！如图 5-7 所示。

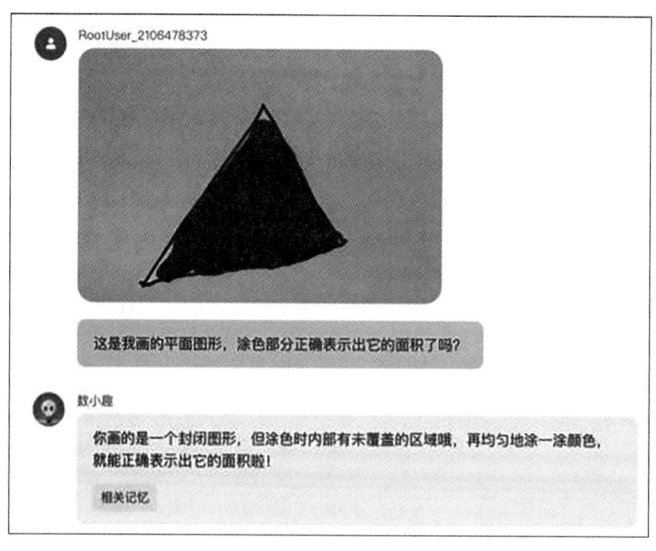

图 5-7　借助数小趣检验作品

通过AI智能体将师生代入沉浸式的学习场景——VR虚拟展厅，让学生在具身化感知的过程中找到"面"，比较"面"，知道面积有大小，逐步理解面积的含义，知道物体表面的大小就是它的面积。借助智能体调动工作流，实时分析识别学生"涂色表示面积"的作品并进行针对性的评价，从而实现应用数智技术深度赋能教学诊断，改进过程性评价。在人机协同不断对比和优化中逐步理解概念"只有封闭图形才有面积"。

2. 多维操作体验，比较面积大小

谈话：孩子们，刚刚我们直接通过观察就能够比较出展厅里不同物体表面面积的大小，打开面前的信封袋，里面藏着一些平面图形哦！

提问：你能试着比较出他们的大小吗？有困难可以求助数小趣哦！

活动二：比较面积大小

智能体方法提供，学生进行总结：

生1：重叠法。

生2：测量法。

小结：看来，比较面积的大小，有时还可以用到重叠法和测量法。通常，在面积不大的情况下，我们都是像这样用边长为1cm的小正方形去度量的。

谈话：在人们探究面积概念以及计算的历史进程中，数学家欧几里得的贡献最为突出。接下来，让我们和欧几里得一起来一场跨越时空的交流吧！

当学生比较图形面积大小出现困难时，求助智能体数小趣，通过自然语言交互提供差异化支持，对直观比较存在困难的孩子提供重叠法、测量法等建议。学生通过智能体的方法支持进一步开展学习活动，在用不同方法尝试比较图形面积大小的同时，又发现统一度量单位的必要性，测量法的准确性和应用的广泛性，突破了教学重难点，深化了对面积含义的理解。同时，引入"欧几里得"AI数字人，让学生尝试与其进行一场跨越时空的交流与互动，增强了数学学习的互动体验，强化了数学学习情感。

3. 智能生成题库，深化面积理解

谈话：孩子们，今天我们跟着数小趣一起认识了面积，可以试着让数小趣出题考考你哦！

评价二：

1. 试着让数小趣出题考考你。
2. 通过交流或者拍照，让数小趣评价你的作答。
3. 小组交流你的感想。

数小趣：这道判断题请你回答，面积相等的两个图形，形状一定相同。

生：这道题判断为错误，因为面积相等的图形有点多，可能是一个三角形和一个长方形，所以判断为错误。

数小趣：你答对啦，很棒哦！面积相等的图形，形状不一定相同，就像你说的三角形和长方形，它们可能面积相等，但形状完全不一样呢。

……

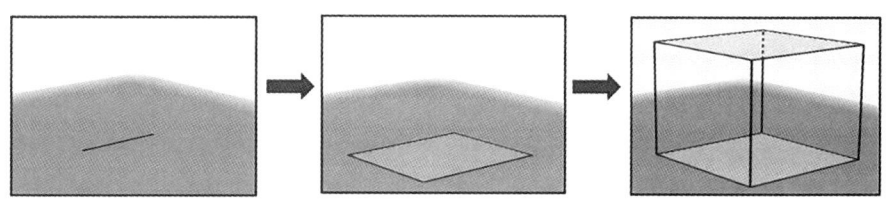

图 5-8 "由点到线到面再到主体图形"的动画

谈话：我们知道点运动成线，线段运动形成面，面运动会变成立体图形（播放 GeoGebra AI 软件制作的动画，见图 5-8），那我要想比较立体图形的大小，可以怎么量呢？

生：用小正方体测量！

依托教学智能体的多模态感知与检索增强生成技术，让智能体作为"助教"或"学伴"，协助教师在学生对面积概念理解的"困难点"生成定制化的学习资源（题库），从而实现个性化评价。同时，通过拍照上传或语音识别作答成果，智能体不仅能够反馈正误，还能实时提供学习建议，实现数智技术深度赋能协作学习。最后，通过播放 GeoGebra AI 软件制作的动画，让学生感受从一维长度到二维面积再到三维体积的图形变化，并引发学生思考，自然延伸想到可以用小正方体去度量立体图形，进一步发展了学生的数学思维。

(三) 案例反思

随着课程改革的深入、信息化的发展和人工智能的问世，AI 也成为课程的重要组成因素之一。本次教学把教师、学生、AI 工具、文本和世界五因素组合起来成为一起学习的共同体（见图 5-9），实现学教一体，学体多元，大大改进了过程学习与过程评价，有效促进学生对数学概念的理解。教学智能体的开发与应用，一定是更加突出人的主体性与创造性培养，更加重视对话与交流，更加自组织的学习管理，让以思维为核心的素养教育在各科教学中落地生根。

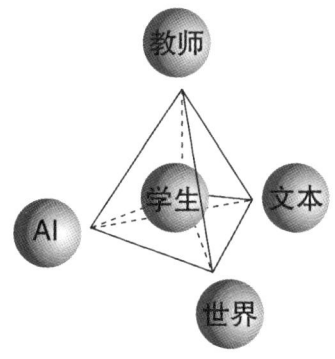

图 5-9　AI、教师、学生、文本与世界组成的学习共同体

第三节　英语教学场景中的 AI 工具应用初探

一、AI 赋能小学英语听说教学[①]

（一）案例背景

《义务教育英语课程标准（2022 年版）》明确指出"充分发挥现代信息技术对英语课程教与学的支持与服务功能"，鼓励教师合理、创新地使用数字技术，为满足学生个性化学习需求提供有力支撑。听与说是英语学习的重要

---

① 本案例由南京市五老村小学张倩雯老师提供。

输入和输出方式,是英语学科核心素养语言能力维度的重要组成部分。因此,教师要充分利用 AI 技术辅助教学,依据学生学情,推进 AI 技术与英语教学的深度融合,精准满足学生的个性化、多样化听说学习需求,为学生构建良好的英语听说环境。

(二)案例描述

1. 课前:利用语音评测技术,优化学生听说能力

课前,教师可以借助一起作业、百词斩等 APP,让同学们开展线上自主学习活动,清除单词障碍,对课文进行预习。以译林英语四年级下册第六单元 *Whose dress is this?*(*Story time*)为例。首先,教师选择相对应的教材与单元,根据班级学情勾选本班级学生需要完成的预习项目,如朗读生词,图文匹配,单词拼写等。接着,学生依次朗读本单元重点服饰类单词:a sweater, gloves, jeans, trousers 等。针对发音较好的同学,平台用卡通贴纸进行奖励;针对语音薄弱的同学,则通过重点讲解易错音素的发音方法和辨音小游戏进行突破。通过符合小学生性格特征的动态游戏活动,将枯燥无味的单词拼读简化、趣味化。AI 平台利用语音识别和自然语言处理技术,为学生提供即时、精准的语音反馈。这种实时反馈能帮助学生针对自身问题进行针对性训练,逐步纠正发音错误和语法问题,提升其口语表达的准确性和自信心。最后,学生上传预习作业。平台对每位同学的预习情况进行自动分析和评估,迅速了解他们的听说基础水平,包括发音、语调、流利度等方面的优势和不足,由此生成个性化教学计划。教师依据平台数据反馈如答题正确率、错误率、集中错误选项等,向学生推送个性化的学习建议。

2. 课中:利用 AI 听说课堂,提升学生口语能力

教学中,教师可以利用 AI 听说课堂赋能口语训练。AI 听说课堂是为英语听说整合式教学构建的具有丰富互动和即时测评特点的智能化平台。该平台以智能口语测评技术为核心,以优质教学资源为内容,创新应用智能语音答题器等手持设备,全面赋能英语听说练习、师生交流对话、精准评分纠错等多场景应用。

课前,教师进入 AI 听说课堂系统,创建自己的备课包,并提前打开备课

包，以便在课堂中随时切换。以译林英语三年级下册第五单元 *Fruit*（*Lead in & Cartoon time*）为例，学生在朗读课文时，手持 AI 听说课堂答题器，分角色扮演 Sam 和 Bobby。大屏上实时显示同学们的完成情况，对于朗读单句满分的同学予以三颗星的奖励。朗读结束后，平台上即刻显示得分最高的一组同学，以及每位同学单句朗读情况，绿色表示准确，红色表示发音不准确。答题器通过录音设备分析每位同学的发音流畅度、语调模仿度（如 Bobby 的惊讶语气）等，生成个人评分报告，如 "share" 读音中重音有误，建议多听示范音频"。在 "Let's chant" 环节中，对同学们韵律诗的朗读进行节奏训练。教师通过 AI 平台同步显示小诗字幕，并标注节奏重音，如 "On my plate, a tasty treat!"，学生跟读时 AI 平台用颜色条动态反馈节奏匹配度，红色表示过快，绿色表示准确，指导学生有节奏地朗读韵律诗。

朗读练习完成后，平台将对评价结果进行多维度整合，以量化的方式呈现出学生的口语能力水平。量化评估不仅能够为教师提供更为直观、准确的教学参考，也为学生的自我提升指明了方向。

3. 课后：利用智能交互技术，模拟真实交流场景

智能语音交互主要用于为学生提供实时、准确的发音反馈。通过语言大模型的深度学习和文本转语音（TTS）技术的精准合成，系统能够模拟出接近于真实人声的英语发音，为学生提供及时的反馈和标准的发音示范。课堂上师生的互动通常十分有限，难以覆盖到每一位同学。对于英语这门语言课程来说，真实而鲜活的人机互动显得尤为重要。AI 智能语音交互技术能为学生创设沉浸式的英语听说环境，丰富其语言输出。

以译林英语四年级下册第八单元 *How are you*？（*Story time*）为例，本单元呈现的场景是杨玲生病了，和李老师进行了两次通话，需要学生在不同场景下正确使用打电话用语。课后，教师布置相关情景式问答作业："你能给杨玲打一通电话关心她吗？"

教师需要在 AI 平台中生成杨玲形象的智能体，如图 5-10，输入尽可能详尽的信息，使人物真实可靠，具有一定人格化特点，增加与同学之间交流的真实情感体验，如图 5-11：

杨玲是一位来自中国的四年级小学生，性格活泼开朗，擅长英语。最近，她得了感冒，有些发烧，目前正在家中休息。她的朋友们想打电话关心杨玲。杨玲会主动询问打电话同学的名字并记住，自然地介绍自己的信息，并根据同学的需求用中文或英文解释单词句子。请使用简单易懂的英文词汇，引导同学使用英语交流。

图 5-10　AI生成的"杨玲"智能体

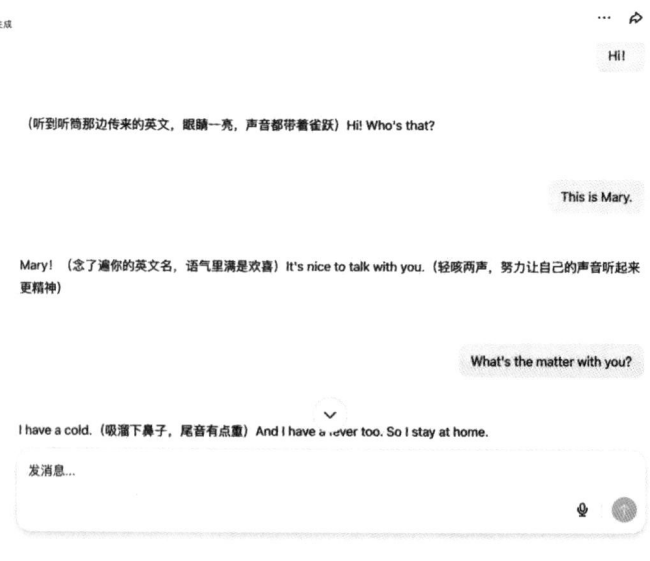

图 5-11　智能体"杨玲"与同学的互动

智能语音交互技术能够评估学生的发音、词汇和语法应用情况,如果学生在询问病情时用错了句型,系统将提示正确的表达方式,如"What's the matter with you?"等。教师还可以指导学生制订长期个人口语练习计划,利用智能体达到口语陪练的效果,使学生获得多种沉浸式互动学习体验,让其在愉悦的氛围中提高英语听说水平。

(三) 案例反思

AI赋能小学英语听说教学,在实践中展现出显著优势。其贴合新课标要求,通过精准评测实现个性化教学,如课前针对发音薄弱的学生进行专项指导;课中通过趣味互动提升参与感,实时反馈强化学习效果;课后通过学生与智能体的对话,拓展语音学习场景。但其也存在诸多挑战,AI难以评估语言中的情感与语境的准确性,过度依赖可能削弱学生主动思考与真实互动的能力。因此,最终教育还需回归"育人"本质,以教学目标为核心,强化人机协同,凸显教师主导,兼顾教育公平,让技术真正服务于学生核心素养的提升。

二、 AI赋能英语阅读教学[①]

(一) 问题缘起:初中英语阅读教学面临的现实困境与突破契机

在传统教学环境中,初中英语阅读课往往面临如下挑战:

1. 语篇分析依赖经验。教师备课时需反复研读课文,自行提取可教点、结构逻辑与文化信息,效率较低,并且受制于教师个人的知识储备。

2. 语境创设难度大。当面对文化隔阂较大的文本时,学生难以形成清晰意象,影响理解和语言输出的质量。

3. 教学活动模式单一。缺乏有逻辑、有梯度的任务链,常常局限于问题回答、词汇讲解等机械操练活动,课堂模式化。

面对上述挑战,AI技术以其强大的语言处理、多模态生成与交互反馈能力,逐步成为英语教学的助力。为探究其在阅读课堂中的应用路径,本文以

---

① 本案例由南京外国语学校吴启虹老师提供。

译林版英语七年级下册第八单元 *Down the Rabbit Hole* 阅读课为例，从文本分析、多模态输入和活动设计三个方面，呈现 AI 工具在初中英语阅读课堂中的应用实践，探索人机协同的教学模式。

（二）案例描述

本文教学过程围绕"引导—理解—输出"三大环节展开，AI 工具的实际应用聚焦以下三类场景。

1. 协助文本分析：构建教师备课支持系统

教师将教材语篇上传至 DeepSeek 平台，给出以下指令：

"你是一名初中英语教师，请对下列文本进行语篇分析，关注其中的可教点、结构逻辑与文化信息。"

在回复中，教师获得了一些之前没有关注到的方面。例如，在阅读理解与推理中，除了细节理解，还可以关注故事中的问题与冲突；在逻辑结构中，除了时间顺序，还有空间的转换和悬念的设置；在文化信息中，兔子洞已成为英语中一个固定习语，象征进入一个奇异、超现实、充满未知和规则颠倒的奇幻世界。这些信息加深了教师对文本的理解，也为教学活动的设计打开了思路。

2. 提供多模态输入：丰富语篇呈现方式

教师在备课和课堂导入环节，利用 AI 图像生成工具（如即梦、豆包）为文本补充视觉信息。以本课为例，教师在豆包平台中输入以下指令：

"请根据以下内容生成图片，其中主角分别为兔子和爱丽丝。"

得到的图片见图 5-12。

图 5-12　豆包生成的爱丽丝和兔子形象

AI生成的画面形象生动，与课文开篇场景契合。教师将该图像作为导入材料，组织学生观察画面细节，进行故事预测。在这一过程中，教师不仅节省了寻找和制作插图的时间，也激发了学生的阅读兴趣，帮助学生建立人物—情节—线索之间的初步理解。

除了图像输入，教师还可利用AI工具生成与原文语义对应的简短英文诗歌，用于朗诵训练与意义感知。以DeepSeek为例，教师输入指令：

"请将以下课文改写为适合七年级学生的英文叙事诗歌，语言简洁、有节奏感。"

AI输出如下短诗：

Down the Rabbit Hole（Short Poem）

One sunny day by the riverside，
Alice sat while time passed by.
A rabbit ran with coat and watch，
"Oh dear！I'm late！" was all she caught.
She stood and ran across the field，
The rabbit jumped——he didn't yield.
Alice followed，brave and fast，
Down the hole，so deep and vast.
She fell and fell——no end in sight，
Then found a hall with doors shut tight.
A key，a door，a garden bright——
But she's too big. Not yet right.

该诗歌语言节奏明快，既可作为精读文本的辅助材料，又可用于课前朗诵、语音模仿、配图创编等任务，拓展文本的语篇形态。图像与诗歌的结合，能够帮助学生从视觉与语言两个层面同时进入故事，降低理解门槛，提升文本再创能力。

3. 丰富课堂活动设计：生成任务型活动链

在基于文本组织教学时，如何设计逻辑清晰、层级递进、贴合教学目标的活动链,是阅读课教学实施的关键。借助 AI 工具,教师不仅可以拓展教学思路,还能更好地落实英语学习活动观,引导学生在真实语境中使用语言、发展思维、提升核心素养。

以 DeepSeek 平台为例,教师输入指令:

"请基于以下课文设计一组任务型教学活动链,活动需覆盖学习理解、应用实践和迁移创新三个层次,目标是引导学生理解叙事结构并开展语言表达,适合七年级中等水平学生。"

AI 输出的活动设计如下:

任务一:图文配对+时间排序(学习理解类活动)

提供 6 张 AI 生成插图(如河边、兔子、跳洞、下落、大厅、钥匙与门),学生小组将图像与对应句段进行配对,并按时间顺序排序,完成"情节链"任务单。

任务二:关键词复述+角色对话(应用实践类活动)

学生挑选一个情节(如 Alice 追兔子),根据关键词(如 ran, followed, jumped)复述故事段落,或改编成对白,与同伴表演微对话。

任务三:图文续写+Prompt 设计(迁移创新类活动)

小组设想爱丽丝变小后进入花园后的故事,用英文写出 2—3 句,并设计一条 Prompt,让教师在 AI 工具(如即梦)中输入生成插图,再结合图像展示故事发展。

在设计与使用这些任务时,教师还应结合学生实际,评估任务的适切性,与 AI 做进一步的协商与讨论。

(三)案例反思

AI 工具的使用为初中英语阅读教学注入新的动力。教师借助 AI 工具分析语篇、生成任务,推动教学由经验型向结构型转变。AI 生成的图像、语音、文本等资源,丰富了学生的语言输入形式,促进了文本理解,激发了表达兴趣。教材在 AI 辅助下被"重新激活",形成任务链式的学习路径。未来应构建"教师主导+AI 支持"的备课机制,实现教师、学生、教材与 AI 的深度协同,重构开放、智能、以学生发展为中心的阅读课堂。

三、AI 赋能英语写作教学[①]

（一）案例背景

在信息技术飞速发展的当下，人工智能逐渐渗透到教育领域的各个角落。初中英语写作教学一直是英语教学中的重点和难点，传统教学模式下，学生写作兴趣不高，存在语法错误多、内容空洞、缺乏个性化指导等问题。为了提升学生的英语写作能力，激发学生的写作热情，本案例尝试将 AI 技术引入初中英语写作课堂，探索新的教学方式和学习体验。

译林版英语八年级下册第四单元的主题是"A Good Read"，主题意义在于引导学生认识阅读的重要性，培养阅读兴趣和良好的阅读习惯，通过阅读不同类型的书籍来丰富知识、拓宽视野、提升个人素养。本单元的写作任务是基于阅读习惯的问卷调查，完成一份题为"*My Reading Habits*"的汇报。

本节写作课将以产品产出导向法（Production-Oriented Approach，简称 POA）为指导，以相关的人工智能工具为辅助。其中涉及的 AI 辅助工具包括极梦、豆包等人工智能产品。一般而言，POA 的教学流程涵盖三个阶段：①驱动（motivating）；②促成（enabling）；③评价（assessing）。每个阶段都围绕内容、语言和话语结构展开。

（二）案例描述

结合单元整体分析，本节课的教学目标为：

明确写作目的，从阅读调查报告中获取信息，分析写作结构，学习表达方式和写作技巧；

学习并模仿教材范文，根据自己的实际情况，完成"我的阅读习惯"的习作；

运用单元所学，依托 AI 工具，丰富习作表达，使用合适的连接词，增强习作行文逻辑；

[①] 本案例由南京市金陵汇文学校袁露露老师提供。

对照写作评价量表，修改和评价同伴的习作，并根据评分结果和反馈意见，进行优化；

形成科学的阅读方法，养成良好的阅读习惯。

本节课的教学流程如图 5-13 所示。

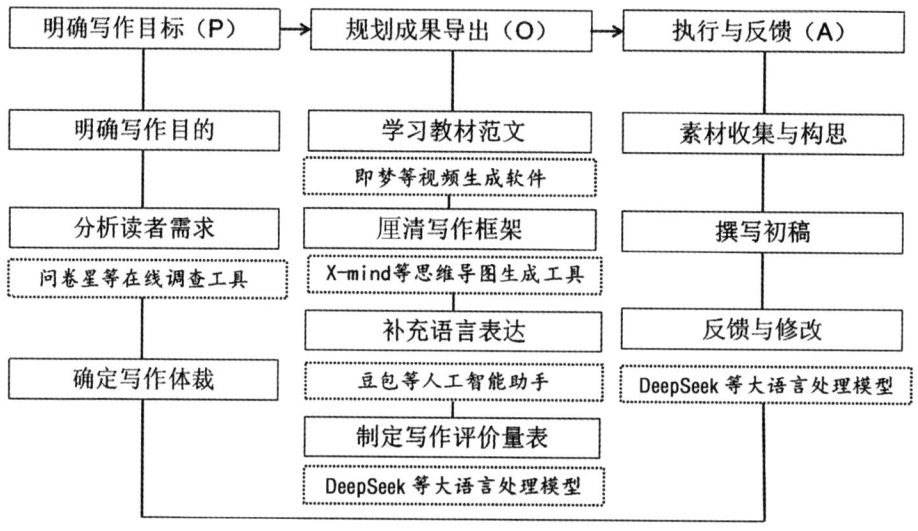

图 5-13　教学流程示意图

1. 明确写作目标与要求，关注语篇体裁

教师应积极创设主题情境，设计真实的交际任务，让写作任务与学生自身生活建立联系，增加学生参与度，激发学生的写作兴趣。

我们首先出示学生的周汇报的照片，创设真实的报告情境，紧接着告知本周汇报的主题是"*My Reading Habits*"，要求学生能够在本周五下午进行口头汇报，时长 1 分钟，词数 150 词左右。接着我们出示问卷的问题及问卷星的调查结果如下：

表 5-6　"关于学生阅读习惯"的调查问题及调查结果

A Survey about Students' Reading habits	Q1：15%不到 1 小时；15%阅读时长 1—2 小时；25%阅读时长 3—4 小时；25%超过 4 小时。
Q1：How much time do you spend reading each week?	Q2：84%每天晚上读书。
Q2：When do you usually read books?	Q3：34%学生喜欢阅读小说；18%喜欢科学类；20%喜欢历史类；28%喜欢旅游类。
Q3：What is your favourite type of book?	Q4：60%学生买书；35%在图书馆借书。
Q4：How do you get most of your books?	Q5：55%学生阅读为了放松；20%为了增长知识；10%为了收集信息。
Q5：Why do you usually read?	Q6：70%学生向同学和老师获得阅读建议。
Q6：Who do you usually ask for advice on books?	

2. 视听化展现教材范文，把握教学重点

教师应带领学生学习该板块范文，充分挖掘其中的写作素材，明晰其中的语篇框架、句子结构、时态变化等。但是，教材上的范文呈现只是单纯的文字呈现，略显枯燥，因而学生学习兴趣不足。教师可通过使用即梦、Sora、剪映等视频生成和剪辑软件生成视听化材料。

在本节课上，我们首先将教材人物米莉抠图并制作成数字人形态，再将文字内容转换为视频，最后通过剪辑和 PPT 动画等技术辅助，力求给学生从视觉、听觉多感官迅速感知教材范文，并了解范文内容，增加学生的阅读兴趣。

3. 借助互联网思维工具，厘清思路

为了帮助学生更好地理解范文的写作思路，领会背后的逻辑顺序，我们使用了 X-mind 思维导图软件来梳理文本段落逻辑（见图 5-14）。可知，文本的基本逻辑就是三段论"Introduction—Main Body—Conclusion"。

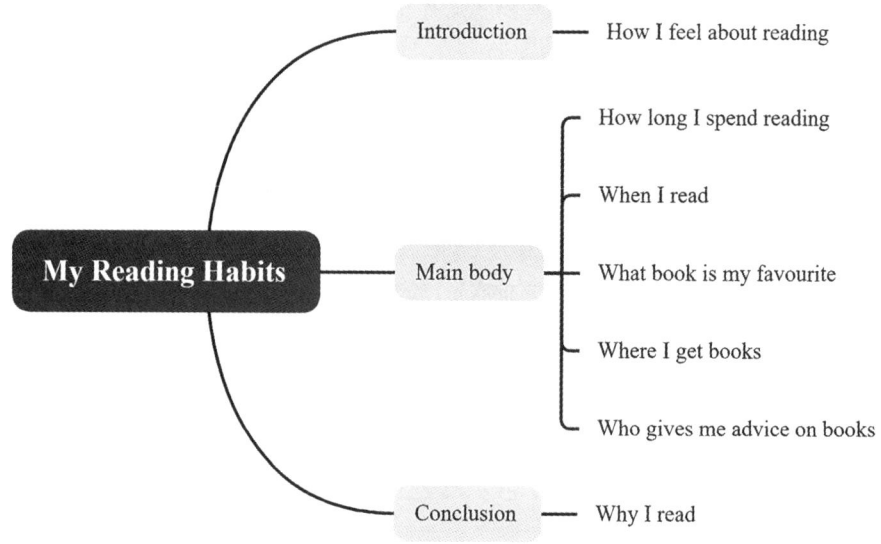

图 5-14　X-mind 软件梳理的文本段落逻辑

4. 使用人工智能助手，改善范文表达

在分析语篇结构的基础之上，学生还应注意文章主体部分的篇章结构和篇章衔接语等。通过分析，学生们发现范文有一定改善空间。如开头部分过于单薄，缺乏相应的支撑细节以及缺乏衔接词等。因此，我们引导学生再次关注范文，尝试提升范文质量。

我们在本节课上首先在班内互动，讨论出相应的段落修改的要求，接着打开人工智能工具豆包，输入如下要求：

假如你是一名八年级学生米莉，将向全班用英文分享自己的阅读习惯。目前你已经完成了你的初稿。但是希望你按照我提出的要求修改初稿。

要求如下：

（1）开头部分吸引读者注意并设定全文基调；

（2）主体部分能够结构化地组织并呈现信息；

（3）结尾部分总结全文信息并引发读者思考。

经过人机互动后，豆包给出了相应的习作。这篇修改后的习作增加对四大名著的描述，并表示自己最爱的是《西游记》，还增加了自己未来阅读计划等信息。通过赏析学习，学生从中看到了更加清晰的段落结构、丰富的写作内容和优美的语言表达。我们鼓励学生通过朗读、做笔记等方式，整体感知语篇、积累词句，为后续的模仿写作做好准备。

5. 学以致用完成初稿，双互动融合式反馈

本节课的任务是学生完成自己的习作，最后的教学环节也必须落脚在习作创作上。二次修改范文之后，我们让学生再次阅读范文、回顾自己的学习过程，尝试归纳评价标准。在生生互动之后，为了更清晰地得到本次习作评价标准，我们使用了大语言模型DeepSeek。在课堂上，我们打开DeepSeek网页，并输入以下要求：

假如你是一名八年级英语教师，学生完成了一篇英文习作，内容是"我的阅读习惯"。学生针对习作，提出了习作评价标准：1. 围绕"我的阅读习惯"的主题进行写作；2. 采用客观和清晰的语言；3. 信息组织结构清晰；4. 包含丰富的细节和例子；5. 行文有逻辑，有层次；6. 结尾段能引起读者思考。请你补充，并以表格的方式呈现。

DeepSeek反馈如下：

表5-7　DeepSeek生成的评价表

评价维度	评分标准	分值
主题聚焦	全文紧密围绕"My Reading Habits"展开，无偏离主题内容	40
语言准确	语法正确，时态一致（建议使用一般现在时），词汇使用恰当	15
表达清晰	采用客观描述性语言，避免模糊表达（如"sometimes"需明确频率）	15
结构逻辑	包含清晰的三段式结构（引言—主体—结论），段落间有过渡词（First, Besides, Finally等）	10

续表

细节丰富	提供具体事例（如每周读 2 本书/偏好科幻类）	10
词汇多样	避免重复用词	5
格式规范	符合基本写作规范	5

从表 5-7 可知，DeepSeek 提出的评价标准更加细化了内容、结构和语言的要求，在思维上提出了更高的要求。通过对照，我们和学生都认为这一版的要求适切度更高。接着，我们结合写作任务，增添了"书写美观"作为附加条件。本次作文则采取 100 分加一颗星的评价方式。

学生完成初稿后，我们组织学生进行小组讨论。每个小组 6 名学生，学生在小组内分享自己的作文，互相阅读和评价。我们选取 3 篇具有代表性的学生作文，拍照上传给 DeepSeek。最后，由我们给出全面评价，并在后续的课堂中进行优化。

（三）案例反思

在本节课中，AI 技术的引入为初中英语写作教学带来了新的活力和变化。学生对使用 AI 工具进行写作表现出浓厚的兴趣，积极参与课堂活动，自主写作的积极性和主动性明显提高。AI 工具在语法检查、词汇拓展和写作思路引导等方面发挥了重要作用，有效帮助学生减少了语法错误，丰富了文章内容，提升了写作质量。当然，我们也发现个别学生只是机械地按照 AI 的建议进行修改，缺乏思考和理解。

因此，教师应加强对学生的引导，培养学生正确使用 AI 工具的意识，让学生明白 AI 只是辅助学习的工具，而不是替代自身思考和学习的手段。同时，要根据学生的实际情况，提供分层教学和个性化指导，探索更好的 AI 使用途径，使之更好地赋能初中英语教学，促进学生全面发展。

第四节 跨学科教学场景中的 AI 工具应用初探

一、"尝一口人间春色"综合实践活动[①]

(一) 案例背景

本活动响应《中小学综合实践活动纲要》"价值体认、责任担当、问题解决、创意物化"四大目标要求,以二十四节气为载体,整合劳动教育、传统文化、营养健康、信息技术等多学科内容,开发了"跟着节气去探究"系列综合实践活动,具体分为"节气生活体验官""节气创意工坊""节气探索冒险记""节气生态小卫士"等四个活动。旨在通过"项目式学习+跨学科实践"形式,引导学生从书本走向生活,在真实情境中传承农耕智慧,培育核心素养。

"尝一口人间春色"这个实践活动,是"节气创意工坊"中的一个子活动,结合当时春天的最后一个节气——谷雨,让学生在实际体验中内化中国自古以来"应时而食"的饮食理念,并在沉浸式小组合作中,提升规划、协作和解决问题的能力。

(二) 案例描述

1. 活动目标

价值体认:通过探究节气饮食文化,感悟"顺时而养"的生态智慧,树立正确的饮食观,建立人与自然和谐共生的价值观。【重点】

责任担当:在小组协作中明确角色职责,培养食品安全意识与团队协作精神,形成对劳动成果的尊重与珍惜。

问题解决:运用 AI 技术迭代优化烹饪方案,解决"20 分钟限时烹饪"

[①] 本案例由南京市琅琊路小学严悦老师提供。

的真实问题，发展规划能力与创新实践能力。【难点】

创意物化：通过节气菜谱设计、营养搭配、美食创作，实现传统文化与现代科技的创造性融合。

2. 活动准备

教师准备：时令食材小超市、春日招牌菜奖杯，设立"节气美食小厨师"数字人。

学生准备：小组聚焦谷雨节气美食的一个方面，进行深入研究，做好汇报准备。

3. 学情分析

五年级学生正处于具体运算阶段向形式运算阶段过渡的关键期，抽象思维萌芽，需具象支持；探究欲望强烈，但深度不足；持续注意力有限，需沉浸式任务；有一定的烹饪经验，但常以自我为中心；AI 技术上手较快，但有依赖输出倾向等。针对以上特点，活动设计需以"具象化探究＋沉浸式协作＋分层化支持"为核心，通过 AI 技术赋能、文化情感联结和过程性评价，引导学生在真实问题解决中深化对节气文化的理解，同时培养学生的团队协作精神与批判性思维。

4. 活动过程

活动一：重温节气美食记忆

（1）交流分享在生活中品尝过、制作过的节气美食。

（2）发布本学期劳动周"节气美食挑战赛"英雄帖。

（3）揭示课题：现在正值谷雨节气，这也是春天的最后一个节气，让我们抓住春天的尾巴——尝一口人间春色。

（4）课前，各个小组聚焦谷雨节气美食的不同方面开展了研究，先进行小组汇报：第一小组聚焦保健要点，第二小组着重食材推荐，第三小组介绍烹饪方式，第四小组解读农耕寓意。

（5）根据小组汇报提炼板书。（重健康　讲时令　显本味　有寓意　顺时而养）

活动二：AI 助力迭代方案

（1）小组成员在现场"时令食材小超市"内挑选食材。

（2）根据挑选的食材，小组拟定 20 分钟谷雨节气快手菜烹饪方案。

（3）小组汇报方案内容。

（4）与 AI 数字人"节气美食小厨师"对话，修改并完善方案。

对话内容可参考：

所设计菜品能否在 20 分钟内完成？现在的烹饪设施是否能满足小组烹饪需求？烹饪方式和顺序是否合理？

（5）小组汇报方案优化重点。（烹饪顺序的合理安排，食材预处理的前置要求，小组成员分工的优化，菜品摆盘的建议等）

活动三：美食制作现场实战

（1）每人做好充分的手部清洁，佩戴好分工牌，进行实操演练。

（2）教师巡视并进行过程评价，关注小组合作的有效性，操作区域的整洁程度，操作进度的有序推进等，给予必要的安全提醒和技术支持。

活动四：我为节气美食代言

（1）每一小组美食推荐官依次推荐，菜品摆盘和菜牌设计进行实时投屏。

（2）每组推荐官将试吃菜品送到各小组进行品尝，每个小组从谷雨饮食"重健康、讲时令、显本味、有寓意"这几个方面进行线上评价，实时投屏投票结果。

（3）根据实时票数，给最高票数小组颁发"春日招牌菜"奖杯。

（4）活动反思与收获分享。

课堂小结：孩子们，今天的这节综合实践活动课不是终点，而是起点。当你们把春天装进餐盘时，也把文化自信、科技素养和社会责任感种进了心田。跟着节气去探究，愿你们带着积累的成长密码，在未来的每个节气中，都能烹制出属于这个时代的"中国味道"！

5. 板书设计

尝一口人间春色
重健康　　讲时令
显本味　　有寓意
顺时而养

（三）案例反思

本教学设计充分体现了综合实践活动课程的跨学科整合与核心素养培育理念，构建了"文化传承—科技创新—劳动实践"三位一体的深度学习场域。

从课程价值维度看，活动以谷雨节气为文化锚点，通过"顺时而养"生态智慧的探究，将抽象的饮食观转化为具象的节气菜谱设计，实现了传统文化与现代营养学的有机融合。AI数字人的引入不仅作为技术工具优化烹饪方案，更构建了"人—机"协同的问题解决场域，突破传统课堂的技术应用边界。

实践路径设计呈现进阶式特征：环节一通过小组汇报搭建认知脚手架，引导学生从零散认知走向系统建构；环节二以"20分钟限时挑战"创设真实问题情境，驱动学生运用AI技术进行方案迭代，体现"设计思维—技术验证—优化改进"的工程实践逻辑；环节三的实操演练与环节四的多元评价则强化了物化成果的价值转化，形成"实践—反思—升华"的完整闭环。

从学生发展视角看，活动精准把握五年级学生前运算思维特点，通过时令食材小超市的具象化体验降低认知负荷，以角色分工牌、协作契约等支架培养责任感。AI对话中的引导性问题设计（如"烹饪顺序是否合理"）有效促进元认知发展，而数字人评价的即时反馈机制则增强了学习动机。

从课程评价方面看，颁发"春日招牌菜"奖杯等过程性激励与"谷雨饮食线上投票"相结合的方式，实现了从知识习得到价值观内化的评价跃迁。板书设计以"顺时而养"为核心，通过四维关键词的结构化呈现，构建了可视化的思维模型，为后续节气探究活动奠定了方法论基础。整体设计彰显了综合实践活动课程在培育文化自信、科技素养与社会责任感方面的独特价值。

二、"科巷 AI 变形记"综合性学习活动[①]

(一)案例背景

科巷是邻近学校的一条 300 多米长的"网红"名巷,承载着科举文化、明清商业、民国建筑、菜场文化等多重文化底蕴。这条充满烟火气的文艺名巷,不仅汇聚了非遗手作与新潮文创,更以特色小吃闻名遐迩。然而,尽管在本地颇具知名度,但其深厚的文化内涵尚未被更深入挖掘。

随着 AI 技术的普及,如何利用新兴技术赋能传统文化传播成为教育创新的重要方向。本次综合性学习活动以"科巷 AI 变形记"为主题,引导学生运用 AI 工具(如即梦、豆包、DeepSeek 等)生成数字人、宣传海报和主题曲,旨在提升学生对本土文化的认知与热爱,锻炼学生运用 AI 技术进行创意表达的能力,探索科技与人文结合的新型学习模式。

活动设计遵循"文化认知—技术应用—创意表达"的逻辑脉络,通过数字人形象设计、宣传海报制作和主题曲创作三个环节,让学生在实践中感受传统文化的魅力。同时,尝试学习 AI 技术的应用方法。值得一提的是,活动将传统教学与现代科技有机融合,既保留了文化传承的内核,又注入了科技创新的活力,体现了"科技赋能教育"的理念。

(二)案例描述

1. 导入环节:唤醒文化记忆

活动伊始,教师播放老照片动起来的视频,配以轻快的背景音乐,瞬间将学生带入科巷的文化氛围中。"同学们,这儿你们一定很熟悉了!这是——"随着教师的提问,学生们齐声回答:"科巷!"教师随即展示以词云方式呈现的学生对科巷的认知关键词:"科考街""网红美食""文艺名巷"等。教师创设"争做科巷小小代言人"的情境,激发学生的学习兴趣。

2. 数字人展示:文化符号的 AI 重塑

在数字人展示环节,三个小组分别呈现了独具特色的科巷数字形象。

[①] 本案例由南京市五老村小学方雨琳老师提供。

（1）文曲星数字人：第一组从科巷的历史渊源出发，利用即梦软件创设了文曲星数字人形象。这个象征智慧与成功的形象，承载着科巷"自明清时代走来，藏着历史的厚重"的文化底蕴。数字人的旁白深情地诉说着："这里，古今文化交织，奏响独特乐章，邀你解锁时光密码。"

（2）哪吒数字人：第二组紧跟流行文化热点，以哪吒为主要形象，通过豆包发送指令并运用即梦让哪吒形象动了起来。这个充满活力的形象喊出："哒！都睁大眼睛看好了！南京科巷就是本魔童认证的'人间顶流'!"其活泼的语言风格与科巷的市井烟火气相得益彰。

（3）梅花糕数字人：第三组别出心裁地以南京市花梅花为创作主体，结合DeepSeek生成了可爱的梅花糕卡通形象。这个形象俏皮地介绍："救命！南京科巷简直是碳水刺客大本营！糯叽叽的糕团疯狂卖萌……"其幽默的语言风格让现场笑声不断。

在观众投票环节，梅花糕数字人凭借其可爱的形象和生动的介绍脱颖而出，成为科巷的"官方代言人"。这个环节不仅让学生体验了AI技术的应用，更让他们深刻认识到：传统文化可以通过创新表达焕发新的生命力。

3. 海报制作：多维视角的文化呈现

在海报制作环节，三个小组学生分别从不同角度展现了科巷的魅力。

（1）历史视角：第一组从历史角度出发，与DeepSeek对话，将科巷的历史底蕴总结为"科举文化、明清商业、民国建筑、菜场文化以及日军侵华罪证"等关键词，再借助豆包生成图片，将二者有机融合。教师点评道："AI省了很多搜寻资料和制作图片的时间呢！"

（2）文艺视角：第二组以文艺为主题，向豆包输入指令，要求融合科巷文化与文艺元素。其海报既有文化内涵，又突出了科巷的特点，展现出学生的创意才华。

（3）美食视角：第三组聚焦科巷的特色美食，借助AI把鸡蛋汉堡、青团、炸藕饼等美食元素插入海报。教师赞叹道："真聪明，你们的海报把科巷最吸引人的地方凸显出来了！"

这一环节不仅锻炼了学生的信息整合能力，更让他们学会从不同维度挖掘文化内涵，用视觉语言讲述科巷的故事。

4. 主题曲创作：声音叙事的文化传播

在主题曲创作环节，学生们展现了惊人的创造力。

（1）第一组：先用豆包生成歌词，再使用即梦软件选择流行曲风，创作出充满活力的宣传曲。歌词中巧妙融入了科巷的特色美食和文化元素。

（2）第二组：采用更放松的文艺曲风，旋律优美动听，令人印象深刻。其歌词唱出了科巷的文化故事，传递出快乐的情感。

（3）第三组：在创作过程中与豆包多次沟通，反复打磨歌词。教师引导学生思考如何进一步优化："歌词里可以再突出体现科巷的文化底蕴""曲风还可以再欢快些"。

最终，AI智能将文、曲完美结合，创作出独具特色的宣传曲。这一环节不仅让学生体验了音乐创作的全过程，更让他们认识到：声音叙事是文化传播的重要方式，而AI技术为这种叙事提供了无限可能。

(三) 案例反思

本节课例努力尝试文化与科技的深度融合，活动将传统文化与AI技术有机结合，让学生在实践中感受科技赋能文化的魅力。数字人、海报、主题曲等创作形式，既保留了文化传承的内核，又注入了科技创新的活力。活动涉及历史、语文、音乐、美术等多个学科领域，培养了学生的综合素养。通过创设真实情境，以"科巷代言人"为任务驱动，激发学生的学习动力。学生需要站在宣传者的角度，思考如何让科巷被更多人了解，这种真实情境的学习任务更具挑战性和成就感。

在执教过程中，我们发现部分学生对AI工具的操作不够熟练，AI技术融入教学需要的不仅仅是教师的信息素养提升，也需要学生、家长、教师重视对学生信息素养的培养。后续可开展"科巷文化创意大赛"等延伸活动，持续激发学生的创造力，探索AI技术与更多传统文化结合的可能性，为文化传承与创新提供新思路。

第六章 AI 支持下的作业管理与日常工作

AI 技术和教育不断融合，各种 AI 智能教育工具或平台层出不穷，前面已经介绍了不少。这些 AI 软件能够帮助我们减轻工作负担，同时提高工作效率，更可以精准把握教育规律，提升教学质量。有很多 AI 软件可以帮助我们进行作业的设计、发放、批改和反馈，通过大数据分析对学生的学习情况进行跟踪统计，帮助教师及时了解学情，为后续精准教学打下基础。

对于教师日常的工作管理，AI 也可以帮助教师处理日常琐事。例如利用 DeepSeek 帮助教师做好日程安排，组织好教研会议，做好年度总结报告等。教师借助 AI 而不是依赖 AI，所有工作仍需要教师的主体性参与。因此，我们需要理性看待 AI 和教育的融合，将 AI 为我所用。

第一节 AI 如何进行作业管理

2021 年 7 月，国家颁布了《关于进一步减轻义务教育阶段学生作业负担和校外培训负担的意见》，其中明确提出要"全面压减作业总量和时长，减轻学生过重作业负担"。国家"双减"文件是针对现今出现很多无效、重复、超纲的作业而颁布的，目的就是为了提高作业质量，减少作业量，从而减轻学生的作业负担。这就对作业质量提出了较高的要求，题目要精挑细选，同时还要能起到巩固提升的作用。据了解，相当一部分学校选择一本教辅资料作为学生的作业，这样的方法简单快捷，但也存在练习题和学生的学情不匹配的情况。还有一部分学校针对校情自己开发设计校本作业,这样的作业更具针对性,兼顾到每一位学生的学情。

一、如何进行作业分层设计与布置

显然,自主开发设计校本作业更符合"双减"背景下的教育实际情况,但其对学校和教师都提出了较高的要求。从学校层面,要有专门的行政部门牵头(一般是教学处),组织各个教研组核心力量进行各学科的校本作业开发设计,包括管理、设计、审核、成稿等方方面面,都要能够进行统筹规划,全盘运作,要耗费大量的人力、物力。而从教师层面,则对教师的专业能力提出了更高的要求,对题目的类型、难度、数量都要通盘考虑,题目对应哪些知识点,如何安排题目顺序,如何考虑分层设计,是否原创一些题目等都需要教师思考。

我们如何借助 AI 进行作业的分层设计呢?首先,需要确定 AI 工具,一般可以选择交互式人工智能。这里我们应用 DeepSeek,以小学数学学科为例呈现如何进行作业分层设计。由于 DeepSeek 只能进行文字交互,无法直接设计出其他形式的交互界面,因此还需要额外的平台配合 DeepSeek 一起使用。例如教师想设计一份小学数学计算题作业的程序,首先打开 DeepSeek 界面,然后向对话框中输入提示词,见图 6-1。

```
你是一名数学教育技术专家,请帮我编写一个支持以下功能的HTML数学题库网页代码:
1.核心功能
题目类型:加法、减法、加减法混合、乘法、除法、乘除法混合等选项
数值范围:加法/减法不超过3位数,乘除法限制在乘法表扩展范围
智能防错:减法结果不为负数,除法必须整除
答案控制:通过按钮切换显示/隐藏答案(默认隐藏)
题目下载:通过按钮可以实现题目的下载与保存
2.交互设计
题目数量:10、20、30、40、50、60、70、80、90、100下拉选择框
生成按钮:点击后清空旧题并加载新题
难易程度:简单、中等、偏难下拉选择框
分栏布局:电脑端4栏,手机端自动切换为1栏
题目下载:点击后可以进行题目的下载
```

图 6-1 设计小学数学计算题作业程序的提示词

这里需要强调，提示词非常重要，提示词越详细越精准，设计出来的程序越准确。

第一步：明确身份——数学教育技术专家，DeepSeek 会根据你的身份进行相应的设计。

第二步：明确目的——编写数学题库网页代码，最终的作业以网页的形式呈现。

第三步：明确具体要求——第一块是对于内容的设计，包括题目类型、数值范围、智能防错、答案控制和题目下载五个部分，并将具体的要求写在后边。这些要求都可以根据学生具体的学情进行修改，例如数值范围可以根据需要进行调整（不超过 4 位或 5 位）。第二块是对于交互界面的设计，包括题目数量、生成按钮、难易程度、分栏布局和题目下载五个部分，具体要求也要写在后边，也都可以进行调整。

点击确定后，经过一段时间，DeepSeek 会呈现出编程代码，部分见图 6-2。

```html
<!DOCTYPE html>
<html lang="zh-CN">
<head>
    <meta charset="UTF-8">
    <meta name="viewport" content="width=device-width, initial-scale=1.0">
    <title>数学题库生成器</title>
    <style>
        body {
            font-family: 'Microsoft YaHei', Arial, sans-serif;
            line-height: 1.6;
            margin: 0;
            padding: 20px;
            background-color: #f5f5f5;
            color: #333;
```

图 6-2　DeepSeek 呈现的编程代码

在代码界面中，右上角有一个运行按钮，点击运行，就会出现数学题库生成器的交互界面，进而完成设计，见图 6-3。界面中有六个交互按钮，可根据不同的需求进行选择，比如，点击下载题目就可以将呈现的题目进行下载，供平常作业使用。此外，可以将其代码进行复制，粘贴到文本文档中，将其另存为 html 格式，这样就以网页版的形式呈现，方便保存和转发。

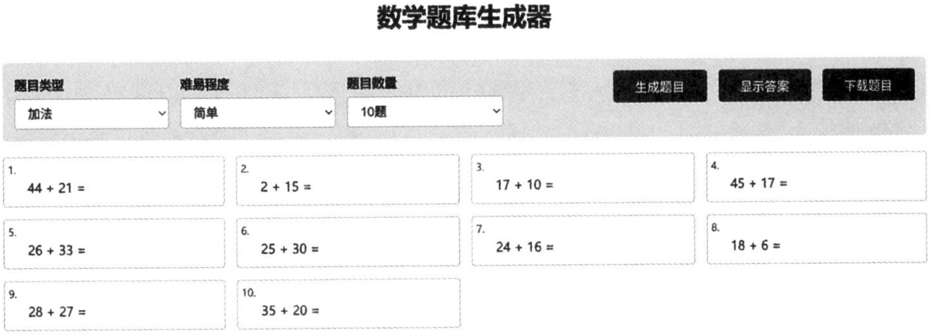

数学题库生成器

题目类型	难易程度	题目数量		生成题目	显示答案	下载题目
加法	简单	10题				

1. 44 + 21 =
2. 2 + 15 =
3. 17 + 10 =
4. 45 + 17 =
5. 26 + 33 =
6. 25 + 30 =
7. 24 + 16 =
8. 18 + 6 =
9. 28 + 27 =
10. 35 + 20 =

图 6-3　DeepSeek 题库生成器交互界面

我们在使用的过程中还需要注意，在功能设置中要有下载功能，这样就可以将程序中生成的题目进行下载，方便后续使用。当然第四章已经提及了现在还有不少 AI 教育教学平台自身就具备精品题库资源，或者汇总校本题库资源，供教师选用，这里不展开介绍。

说完作业设计，再来说说作业布置。作业布置至少还可以有两种方法：一种是可以直接将刚刚生成的小程序发给学生，供学生自主学习使用；另一种则是将 AI 生成的题目进行下载并优化，再按照平常作业的格式进行汇总整理，形成练习学案，发给学生。通常学校会选择第二种方式，学生做完后通过扫描设备输入电脑，教师直接在软件平台上批改即可。

二、如何进行批改与反馈

学生将作业完成后，我们就要进行作业的批改与反馈。传统的作业批改方式，即教师用红笔直接在学生的作业上批改，最后根据学生的正确率给出分数或者等第，这也是目前绝大部分教师仍在使用的方式。这种方式直观明了，教师可以第一时间知晓学生的学习情况，但部分教师由于教授班级数较多，每天作业批改量大，会耗费大量的时间和精力。此外，这种批阅无法对班级的错误情况第一时间进行准确统计，只能凭借教师批改时的感觉，作业评价的精准性不足。因此，借助人工智能可以帮助教师在批改作业的同时，第一时间给出作业反馈情况，教师可以基于大数据分析平台对每一位学生进行精准指导，从而实现个性化学习。

现在不论哪一种平台，对于客观题都可以瞬间完成批改。以选择题为例，预先将答案输入平台，学生的作业扫描进入系统，点击批阅功能，无论学生人数多少几乎瞬间完成批改，相比人工效率得到了极大的提升。而对于主观题，不同学科的批改要求各不相同，因此也催生了针对不同学科开发的作业批改智能软件。

这里以初中语文学科作文批改为例，使用的 AI 软件为 DeepSeek-R_1。作文题目如下：

“科技进步，万象更新。日新月异的科技发展给你的生活带来了哪些变化？请结合你自己的实际生活体验，围绕‘变化’这一话题，写一篇记叙文。要求：题目自拟，不少于 600 字，文中不出现含有考生信息的人名、校名、地名等。”

一位学生的作文，见图 6-4。

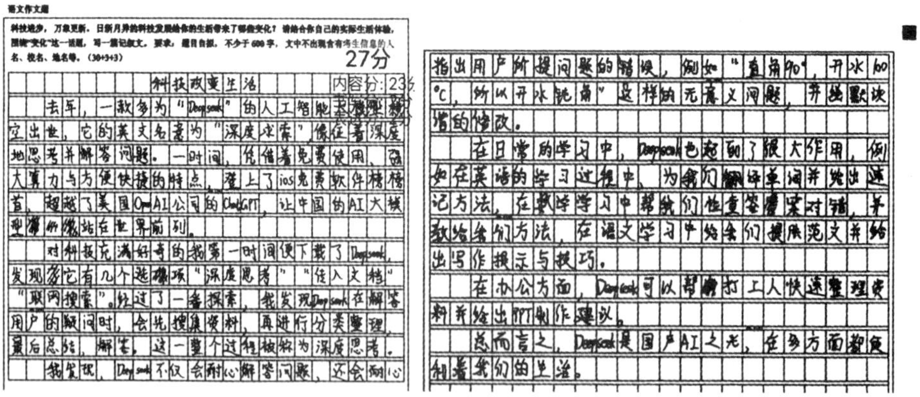
语文作文题
科技进步，万象更新。日新月异的科技发展给你的生活带来了哪些变化？请结合你自己的实际生活体验，围绕“变化”这一话题，写一篇记叙文。要求：题目自拟，不少于 600 字，文中不出现含有考生信息的人名、校名、地名等。（30+3+3）
27分
内容分：23分

科技改变生活

去年，一款名为“Deepseek”的人工智能大模型横空出世，它的英文名意为“深度求索”，象征着深度地思考并解答问题。一时间，凭借着免费使用、强大算力与方便快捷的特点，登上了ios免费软件榜榜首，超越了美国OpenAI公司的ChatGPT，让中国的AI大模型第一次站在世界前列。

对科技充满好奇的我第一时间便下载了Deepseek，发现了它有几个选项“深度思考”“传入文档”“联网搜索”。经过了一番探索，我发现Deepseek在解答用户的疑问时，会先搜集资料，再进行分类整理，最后总结、解答，这一整个过程被称为深度思考。

我发现，Deepseek不仅会耐心解答问题，还会耐心指出用户所提问题的错误，例如“直角90°，开水100°C，所以开水钝角”这样的无意义问题，并给出对应的修改。

在日常的学习中，Deepseek也起到了很大作用，例如在英语的学习过程中，为我们翻译单词并给出速记方法，在数学学习中帮我们检查答案对错，并教给我们方法，在语文学习中给我们提供范文并给出写作提示与技巧。

在办公方面，Deepseek可以帮助打工人快速整理资料并给出PPT制作建议。

总而言之，Deepseek是国产AI之光，在多方面都便利着我们的生活。

图 6-4　学生作文示例

教师将作文评判的相关要求发给 AI，见图 6-5。

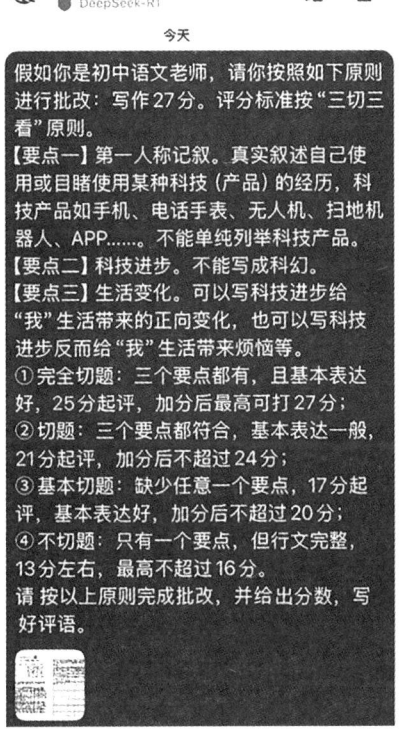

图 6-5　教师设置的评判标准

AI 的反馈如下：

作文分数为 26 分。评语：本文以"科技改变生活"为题，紧扣要求，记叙了你亲身使用 DeepSeek 这款国产人工智能模型的经历，内容充实，情感真挚，是一篇符合要求的记叙文。

优点突出：

第一，切题精准。要点一：第一人称记叙真实经历。你清晰叙述了自己下载、探索、使用 DeepSeek 的全过程，完全是"我"的亲身经历和感受，符合第一人称记叙的要求。要点二：聚焦现实科技进步。你描述的 DeepSeek 是当前真实存在并广泛应用的人工智能技术，具体列举了其在信息处理、学习辅助、办公支持等方面的功能，符合"科技进步"的要求，没有写成科幻。要点三：展现具体生活变化。你具体描写了 DeepSeek 如何改变了你的学习和他人工作的方式。在学习上，它帮助你翻译单词、提供速记法、检查数学答案、提供语文范文和写作技巧；在办公上，它能帮助整理资料和提供建议。这些改变具体、可感，紧扣"变化"主题。三个要点齐全且表达基本清晰。

第二，选材新颖，时代感强。选择当下热门的国产AI作为写作对象，视角独特，体现了对科技发展的关注，具有时代气息。

第三，情感真实，有自豪感。字里行间流露出对国产AI技术进步的欣喜和自豪（如"国产AI之光""站在世界前列"），情感真挚自然。

第四，结构完整，层次清晰。文章有开头（AI兴起与你的好奇）、主体（探索功能、学习应用、办公应用）和结尾（总结便利生活），段落分明，逻辑顺畅。

提升建议：

第一，语言表达需更精准流畅。错别字和笔误：如"空出身"（应为"横空出世"）、"像征"（应为"象征"）、"答复案"（应为"答案"）等。务必仔细检查，确保书写规范。语病与表达：如"发现它有几个选项"表述略显生硬（可改为"发现它有多个选项"或"看到它提供了几个功能选项"）。标点使用：注意句号、逗号的使用，避免一逗到底或句号缺失的情况。

第二，细节描写可更深入。在讲述学习或办公应用时，如果能加入一个更具体、更生动的使用场景（比如某次遇到难题如何借助DeepSeek解决的细节），会使"变化"的感受更深刻，文章更有感染力。

第三，结尾可稍作深化。结尾"便利着我们的生活"略显平淡。可以结合自身感受，用一两句话简要升华一下，点明这种科技带来的变化对你个人成长或认知的更深层次影响（如学习效率提升、视野拓宽、对科技力量的认识加深等）。

评分说明：

第一，完全切题（25分起评）。文章完全符合"三切三看"的三个核心要点（第一人称亲身经历、真实科技产品、具体生活变化）。

第二，加分项。选材新颖（聚焦国产前沿AI），情感真挚（自豪感），内容相对具体（分学习、办公简述应用）。

第三，扣分项。主要在语言表达的规范性和流畅度上有明显瑕疵（错别字、部分语病、个别表述不清），影响了"基本表达"的完美度，因此未给到 27 分上限，最终评定为 26 分。

总结：这是一篇符合题意、选材新颖、结构完整、内容较为充实的考场作文。你敏锐地抓住了科技发展带来的真实变化，并用自己的语言进行了记录。26 分是对你本次写作的肯定。请继续努力，在语言的准确精练和描写的生动具体上多加练习，你的写作水平一定会更上一层楼！期待你下次更精彩的作品！

在上述案例中，我们可以发现借助 AI 进行作文批改和教师批改流程基本相同，给出评分和说明，阐述优点，提出建议，最后进行总结，而且内容翔实，有具体案例作为支撑更具说服力。当然，在 AI 批改后还需要教师进行最终评价。

目前，有很多学校引进作业平台管理系统帮助教师进行线上批改作业。这里以科大讯飞的智学网平台为例，统一印制答题卡让学生完成作业通过机器扫描输入系统，扫描速度很快，一般 2 分钟可以扫完整个班级的作业。教师批改作业有两种方式，第一种先纸质批改然后再进行扫描，统计数据并汇总；第二种是将答题卡直接扫描，教师登录 APP 在线批改，该系统也支持手机等移动终端，扩大了教师批改作业的空间和时间，见图 6-6。

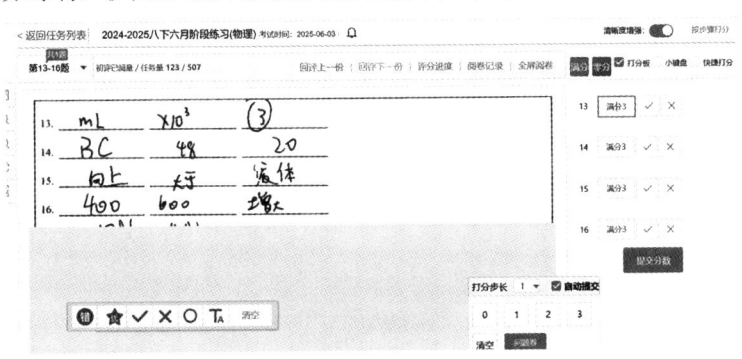

图 6-6 科大讯飞智学网平台批改界面

作业批改完成后，家长可以通过账号登录及时查看学生作业完成的情况，主要错误及订正，见图 6-7。此外，该平台还为学生提供错题再练，巩固薄弱知识点，提升学习效率。

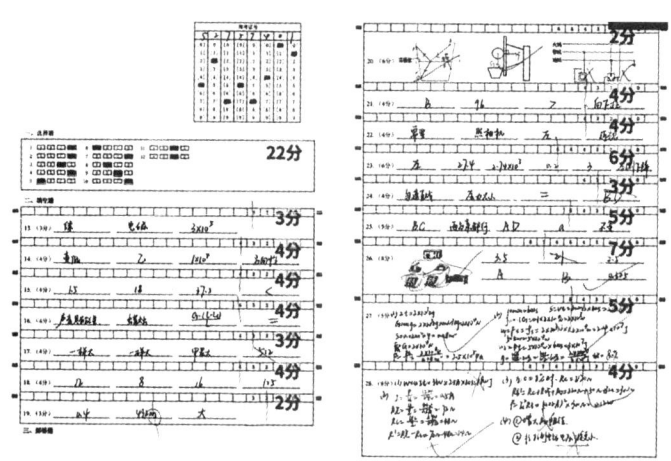

图 6-7 科大讯飞智学网平台家长查看作业完成情况界面

三、如何进行分析与追踪

教师根据作业批改情况，大致了解学生的学习情况，借助人工智能平台还可以准确了解每一位学生的错误知识点和知识盲区，从而有针对性地进行个性化指导，实现精准教学。这里仍然以智学网为例，见图 6-8。图中用不同颜色深度表示不同的作业质量，将整个年级作业进行班级对比分析，便于年级管理者进行整体把握和规划。

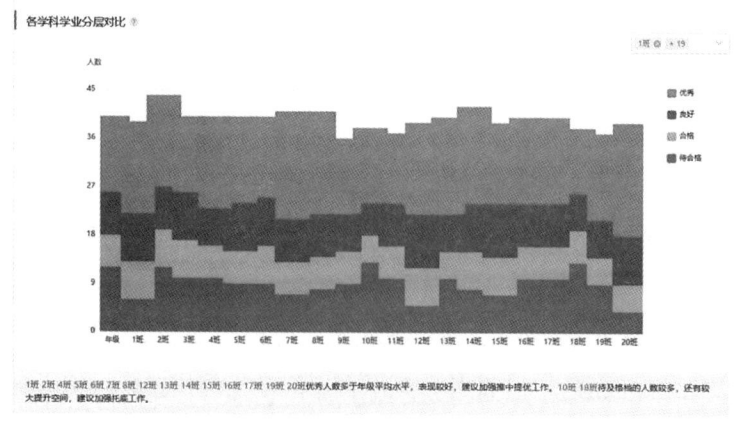

图 6-8 科大讯飞智学网平台生成的学业分层对比

教师如果想分析某一个班级的作业情况，也可以将其单独与年级对比，平台会根据比例给出具体教学建议，见图 6-9。

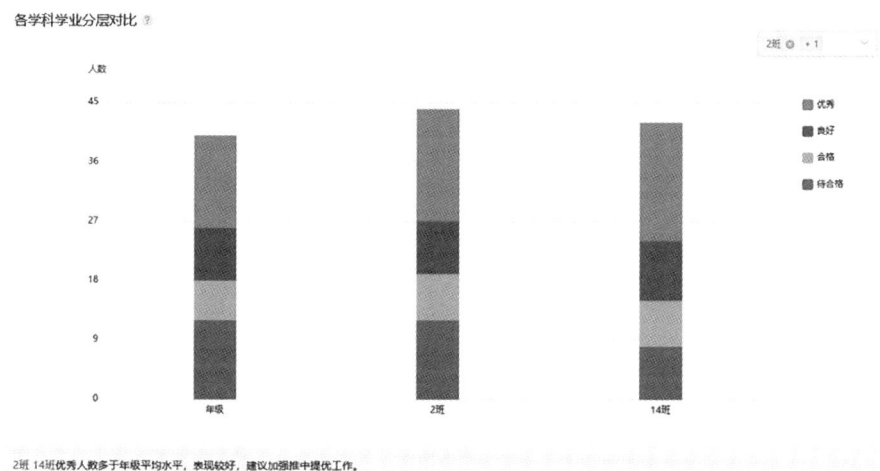

图 6-9　科大讯飞智学网平台生成的某一班级作业情况

此外，系统还可以绘制历次作业的动态曲线图，和年级平均水平进行对比，见图 6-10。还有针对不同的要素进行分析的动态图，例如优秀率、及格率等，这里就不再赘述。

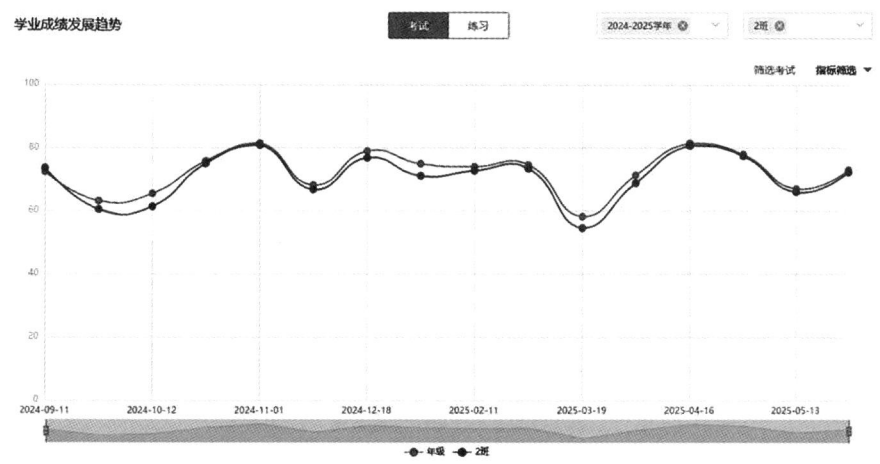

图 6-10　科大讯飞智学网平台生成的学业成绩发展趋势

第二节 AI 如何助力教师日常工作

一、如何进行日程智能提醒

在每天的工作中，教师会收到各种各样的消息和通知，如果涉及行政管理，则收到的信息会更多。如何处理好这些信息，及时提醒不出现工作失误，这对我们很重要。借助 AI 可以帮助进行日程提醒。有很多软件都可以实现这一功能，例如钉钉、飞书等。因这些 APP 的常用性，这里不做重点实操介绍。

二、如何填报数据和生成报告

利用 AI 填报数据和生成报告可以显著提升效率、减少人工错误，并快速生成结构化分析结果。对于数据填报可以使用在线表格，利用腾讯软件制作 Excel 在线表格，发在 QQ 群里让家长填写，可以设置对其他人不可见功能，确保个人信息的私密性。信息填写好后，将其进行下载保存在电脑中，然后通过 AI 软件进行数据分析。

这里以之前所教班级某次物理成绩数据分析为例，借助豆包软件平台进行分析。首先向豆包中插入该班级小题得分 Excel 表格，见图 6-11，主要信息包括姓名、班级、全卷得分，1 卷和 2 卷得分，每小题得分等。

图 6-11　向豆包插入班级小题得分 Excel 表格

然后，向豆包中输入提示词：

"请算出该班级物理全卷、1卷和2卷的平均分,该班级每个小题的得分率。"

豆包做了如下回复:

"好的,我将计算该班级物理全卷、1卷和2卷的平均分,以及该班级每个小题的得分率。首先,我将读取数据集。"

在其界面中会出现执行代码,见图6-12。然后,经过AI的分析,最终给出了结果,见图6-13(由于篇幅原因,小题得分率只展示前几题)。

```python
import pandas as pd

# 读取文件
excel_file = pd.ExcelFile('/mnt/小题分(9班).xls')

# 获取所有表名
sheet_names = excel_file.sheet_names
sheet_names
```

['小题分(物理)']

图6-12 豆包执行代码示例

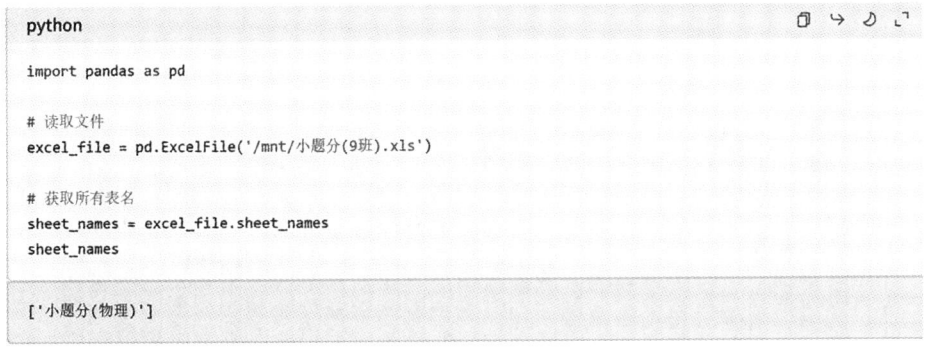

图6-13 豆包生成平均分及部分题目得分率

最后,豆包还给出简单的汇总报告:

"从上述统计结果可以推测,该班级整体物理成绩处于一定水平,2卷的平均得分相对较高。部分小题得分率较高,如单选6达到满分率,而部分小题得分率较低,如单选12等,这可能反映出学生对某些知识点掌握较好,而

187

对另一些知识点存在不足，教师可针对得分率较低的小题所涉及的知识点进行重点辅导。"

如果觉得看数字不够直观，还可以让 AI 根据数据生成图表进行分析，例如向对话框中输入：

"请结合小题得分率绘制出每题得分率的柱状图，绘制在一张图中。"

豆包会给出柱状图，见图 6-14。通过柱状图教师可以很容易找出得分率较低的题目，在质量分析或试卷讲评过程中把握重难点，从而做到有的放矢。

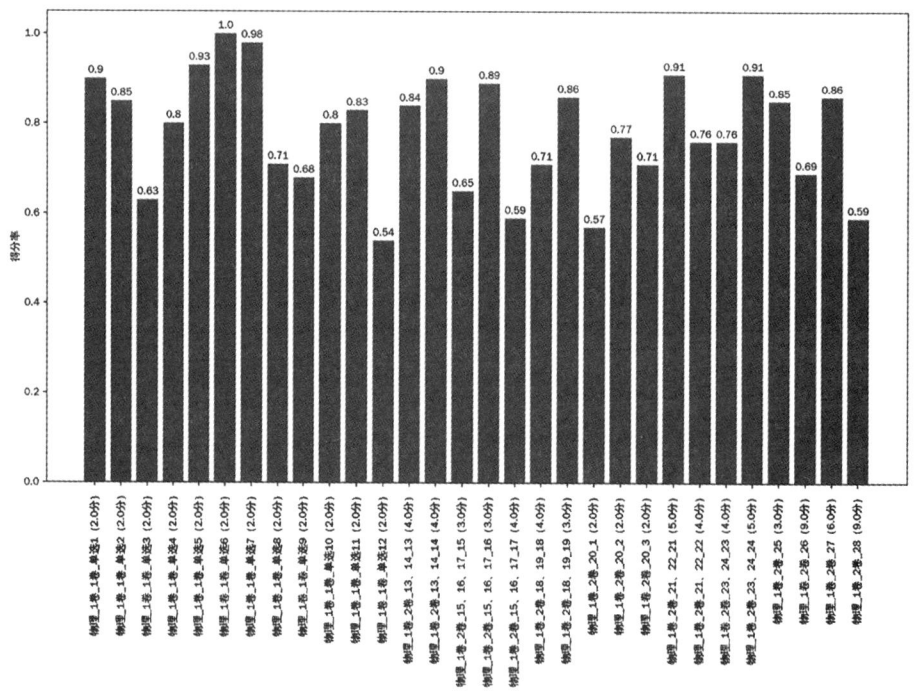

图 6-14 豆包生成各小题得分率柱状图

对于生成报告，这里仍以上述物理学科为例。在豆包对话框中输入：

"请根据表格中的数据生成分析报告。"

豆包给出的分析报告，从四个方面进行分析：第一，数据总体概述；第二，学生成绩分布情况；第三，小题得分情况；第四，各小题得分相关性分析。具体不再展示。

就我们的使用感受来谈，利用 AI 生成分析报告一定要注意以下三点。

第一，表格的栏目陈述一定要精准简洁，例如"学号""全卷得分""第 1 小题"等。

第二，提示词一定要准确，这样 AI 才会根据你的要求生成你想要的报告。这一点已经在本书中多次强调。

第三，报告生成后一定要自己先浏览一遍，选择自己需要的内容。虽然你的提示词指向性已经很明确，但 AI 有时会有拓展性的生成，不是所有生成的内容你都需要，因此要结合你自己的教学实际进行整理汇总，最终形成分析报告。

三、哪些琐碎工作正在被 AI 悄悄承包

AI 正在悄无声息地渗透到教师日常工作的各个角落，教师日常的许多琐碎工作正被 AI 系统逐步接管。

比如备课类，利用钉钉"AI 教案助手"设计教学方案，教师可以和自己已有的教学设计对比，取长补短，不断创新；利用 Canva Magic Design 根据教学设计自动生成 PPT，教师只需要最后进行适当修改完善即可；利用 Diffit 调整教材难度，找出适合本校本班学生适合的教学内容。

再比如试题编制类，智能组卷系统（如猿题库、学科网）自动生成考点平衡的试卷，教师也可以根据需要进行试题的选择，生成阶段性练习或平时作业；根据作业批改情况可以自动生成每个学生的错题同类练习题，不断积累形成个性化的题库；不同学科可以使用专业软件进行试题编制，例如数学教师可以使用软件 Symbolab 自动生成带解题步骤的试题。

这里需要注意的是，无论使用哪种 AI 工具，都不能忽略教师的主观能动性和主导性。我们是利用 AI 工具减轻工作负担而不是被 AI 取代，因此在 AI 生成相关文件后，我们一定要进行最后的把关，渗透自己的教育教学思想或理念。

四、AI 如何让教研会议效率翻倍

教研会议是学科组教师平时研讨的重要途径，教师在会议中进行学科研讨、问题交流、教育创新等，是提升教师学科专业素养的重要平台。但部分教师也反映有些教研会议流于形式，实质性内容不多。有时会议上会涉及很多内容，但无法全部记录，不便于会后消化吸收。而借助 AI 可以有效提升教研会议效率。

在会前，教研组长借助 AI 制定好会议研讨的主题，并分配好每个主题对应的时长。在会中，利用 AI（如 Zoom IQ）实时转录音频，自动标记争议点、待决策项，便于教师会后继续学习理解。当 AI 监测到讨论偏离主题时（通过关键词分析），自动提醒或调整剩余时间分配。

有时教师由于各种事务无法集中研讨，这时可以利用 AI 工具进行线上研讨，例如腾讯会议。该软件有很多实用功能，例如录屏、屏幕共享、音频转文字等，便于教师之间相互交流，其中音频转文字功能非常适合教师回顾会议内容时使用。图 6-15 是我们利用腾讯会议进行编写前讨论交流的画面，图

图 6-15 借助腾讯会议 APP 实现教研会议文字总结

片左边的黑色方框呈现视频画面，下方的文字是对本次会议的概括总结，未参与会议的教师通过这段文字能够快速了解本次会议的大致内容。右侧方框中是按照时间顺序显示各个成员交流的文字，便于教师阅读。若将其作为文件保存在电脑中，将教研组建设的过程性资料电子化，既便于保存又能够快速查阅，扩大其影响。

第三节　AI 如何协助行政日常工作

一、如何让 AI 自动生成会议纪要与待办事项

通过 AI 自动生成会议纪要和待办事项可以节约教师的时间，提高工作效率。具体操作如下：

第一，会前准备。确保 AI 能获取清晰素材，可以使用录音转文字工具，例如录音笔或腾讯会议软件等。

第二，会中记录。利用录音笔进行语音记录，会议结束后自动转成文字，或者使用腾讯会议自动生成字幕并标记。

第三，会后整理。利用 AI 工具如 DeepSeek、豆包等进行整理汇总，生成最终定稿的纪要。先上传录音或文字，输入提示词，例如：

"请将以下会议记录整理为纪要，包含：1. 关键结论（分点）；2. 待办事项（责任人＋截止时间）；3. 未决问题。"

以下是推荐的工具组合，如表 6-1 所示，利用 AI 自动生成会议纪要与待办事项关键是将 AI 嵌入现有工作流而非完全替代人工复核，因此在最后还是需要教师自己进行审核。

表 6-1　利用 AI 自动生成会议纪要与待办事项的工具组合

不同需求	工具组合
轻度用户	腾讯会议录音 + DeepSeek 整理
高效协作	Fireflies.ai（自动入会记录）+ Notion AI 分发任务
企业级	Microsoft 365 Copilot 全流程自动化

二、年终总结怎样"三键"搞定

每到学期末，各种各样的学期总结蜂拥而至，例如工作总结、教研组备课组总结、党员总结等，让教师应接不暇。利用 AI 高效搞定年终总结，既能节省时间又能提升报告质量。一般来说，有以下几种方式：

第一种方式，通过对话 AI 完成要点输入，例如从思想道德、教学业绩、班级管理、教科研成果等维度出发，对每个维度进行相关的说明，说清楚我们在这些维度上取得的一些成果，这样 AI 生成的总结更具真实性。

第二种方式，直接将这些维度进行量化，将数据打包汇总好发给 AI，请 AI 进行分析并生成报告。

AI 的总结基本上是根据你所提供的信息生成的，无非是添加了首尾和修饰的内容，让你的总结看上去更加立体饱满。总结生成后你要自己再进行阅读，然后根据你的需求让 AI 再进行润色修改，形成终稿。

这里以我们的年终总结为例，呈现 AI 是如何进行修改润色的。

先将总结上传给 DeepSeek，并在对话框中输入：

"基于文本内容请对该述职报告进行润色完善。"

DeepSeek 很快给出了润色后的全文，这里截取一段，对修改前和修改后的内容进行对比，如表 6-2 所示。

表 6-2 经由 DeepSeek 修改前后的年终总结对比

修改前	修改后
人无完人，虽然取得了一些成绩，但我还是有很多不足之处有待改善和提高。在这里，我要感谢发展中心的领导和小伙伴对我的关心和帮助。路漫漫其修远兮，吾将上下而求索。在大家的关心下，我一定再接再厉，不断攀登，用饱满的热情和积极的心态迎接新的工作和挑战，为栖霞区教育教学工作发光发热。	反思与展望。 尽管取得了一定成绩，但我深知自身仍有不足：一是对新兴教育技术（如 AI 赋能教学）的探索不够深入；二是区域教研活动的创新性有待加强。未来，我将以"三心"砥砺前行：初心：牢记为党育人、为国育才使命；匠心：深耕教研，打造更优质的教师培训体系；恒心：持续学习，争当新时代研究型教研员。"路漫漫其修远兮"，我愿以更饱满的热情和更扎实的行动，为栖霞区教育高质量发展贡献力量！

这两段文字对比，体现了 DeepSeek 强大的语言处理能力：首先，结构优化，分板块清晰呈现，突出逻辑性与层次感；其次，内容充实，补充具体不足，增强说服力；第三，语言提升，采用更规范的公文用语，同时保留个人风格，避免模板化；第四，反思深化，提出可操作的改进方向，体现专业成长规划。

第七章　AI 支持下的学生管理与家校协同

在这个智能化时代,"班主任"这一角色正被赋予前所未有的挑战与可能。充满智慧的班主任,是懂得"人机协作"的。当 AI 重构知识传递的方式,当多元价值观碰撞成长中的心灵,我们不禁思考:新形势下的班主任,该如何巧用 AI 这个"数字助教",获取"带班超能力",守护教育的温度与深度?本章就让我们一同探寻生成式人工智能如何成为班主任班级管理和家校协同的得力助手,开启数字化时代学生管理的新征程。

第一节　AI 支持下,您如何成为超级班主任

一、如何落实智能化学生信息管理

(一) 一键式电子花名册

建立一个数字化的班级信息库,实现智能化学生管理,班主任能充分调动学生积极性,轻松高效掌握全局。可以用钉钉或企业微信,整合晓黑板等专业教育应用,构建包含学情分析、活动档案、成长记录、心理评估等多维数据的智能中枢,形成完整的电子成长档案。上传班级名单后,自动生成带照片的电子花名册,支持按学号、姓名、性别快速筛选,家长联系方式一键拨打。设置未交作业自动提醒、学业波动分析推送等功能,还能对特殊节点,如考试倒计时、学生生日等设置智能关怀推送,便于班主任老师的日常学生

工作管理。

（二）巧用 AI 制作班级积分系统

班级积分管理系统是班主任进行学生管理的有效工具，通过 AI 技术可以打造智能化、个性化的管理方案。在 AI 技术支持下，设计一个学生积分系统，可以灵活地对学生进行加分、减分，并支持积分记录、奖惩管理等功能。南京市齐武路小学陈心怡老师制作了这样一种积分系统。

首先，可在 DeepSeek 对话框中输入以下指令。

请帮我做一个小学课堂积分管理系统的网页，双击就能运行。要求：

1. 网页背景色彩要丰富高级，要有高级的设计感和时尚的元素，背景色彩需要能够从左上角到右下角动态渐变颜色。顶部显示"南京市齐武路小学五（6）班积分管理系统"标题。

2. 标题下方有1个菜单栏，菜单栏居中。菜单栏第一个控件是"全体加分"按钮，点击该按钮会跳出可以用来调整数字大小的输入框，再次点击"确定"，所有学生的积分都增加相应输入的数字。菜单栏第二个控件是"全体减分"按钮，点击该按钮会跳出可以用来调整数字大小的输入框，再次点击"确定"，所有学生的积分都减少相应输入的数字。菜单栏第三个控件是"排行榜"按钮，点击该按钮会跳出积分排行榜，按积分从大到小排名，一行一个，按照"学生姓名：积分"显示，学生姓名前用阿拉伯数字显示排名。前三名在排行榜中最高的位置（标题下面）以金字塔形式排列显示（第一名在最上面，第二名和第三名在第一名下面并列）。菜单栏第四个控件是"全班清零"按钮，点击该按钮会弹出确认框，确认全班积分是否清零。菜单栏第五个控件是"导入积分"按钮，点击则可以选择文本、文档（txt）文件把积分导入到系统中，文件的格式是"学生姓名　积分"，按顺序一行一个。然后渲染学生操作网格，显示学生的姓名和积分。菜单栏第六个控件是"导出积分"按钮，点击则可以把目前网页上所有学生的积分导出成 txt 文件格式保存到桌面，文件格式是"学生姓名　积分"，按顺序一行一个。菜单栏第七个控件是"添加学生"按钮，点击则可以弹出输入框，输入学生学号和姓名，确认成功后，则在最前面渲染它的学生卡片，积分默认为 0。

3. 菜单栏下方显示学生操作网格，操作网格居中对齐，每一排最多显示五个学生卡片，每个学生卡片对应文本文件里每一行学生的数据，按顺序对应好。

4. 学生卡片中间的上方显示学生学号和姓名，中间的下方显示这个学生的积分。左侧是减分按钮，点击则这个学生的积分减一分（允许负值），右边是加分按钮，点击则这个学生的积分加一分，并且将变动后的积分显示在学生卡片中。学生学号和姓名要醒目一些。

5. 每次调整某个学生的积分、全班加分、全班清零，数据都要实时保存到浏览器里，下次双击网页时积分可以从浏览器里提取出来，然后渲染积分数据。每次调整积分，要有动画效果。

6. 因为第一次打开肯定没有学生姓名和积分，所以在末尾附上部分学生学号和姓名，积分默认都为0。学生学号和姓名，一行一个：1. 小蔡 2. 小然 3. 小陈 4. 小艺 5. 小紫 6. 小彤 7. 小何 8. 小洪 9. 小文 10. 小辰 11. 小杜 12. 小彦

其次，将生成的代码复制保存为一个 html 文件（如五（6）班积分管理系统.html）。双击该文件，即可在浏览器中运行，也可以复制 html 文件到其他设备上使用（见图7-1）。

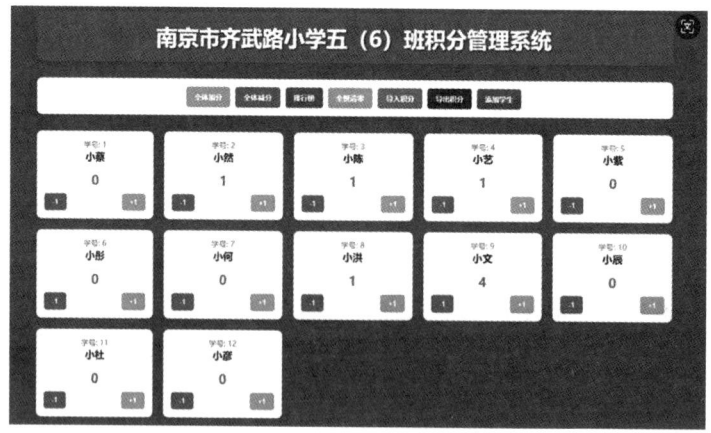

图7-1 运用 DeepSeek 生成的班级积分管理系统

（三）构建班级的数字档案馆

班主任一直希望能够了解每一个学生的发展特长，痛点是学生发展数据分散，收集不便捷，仅依靠班级积分考核、常规考勤难以形成体系。纸面呈现班级日常管理工作耗时，数据易丢失、难统计。面对这个问题，南京东南实验学校德育主任冯锟老师尝试使用校信极速版，构建班级的数字档案馆，每周任课教师和班委对课堂、作业、常规作量化点评，家长可随时查看，既私密又及时。个人荣誉由家长上传，随时形成属于个人的素养报告单，便于家校协作利用数据画像，发现学生的个性化特长，见图7-2、7-3。实践工具有校信极速版、科大讯飞智学网大数据系统等。

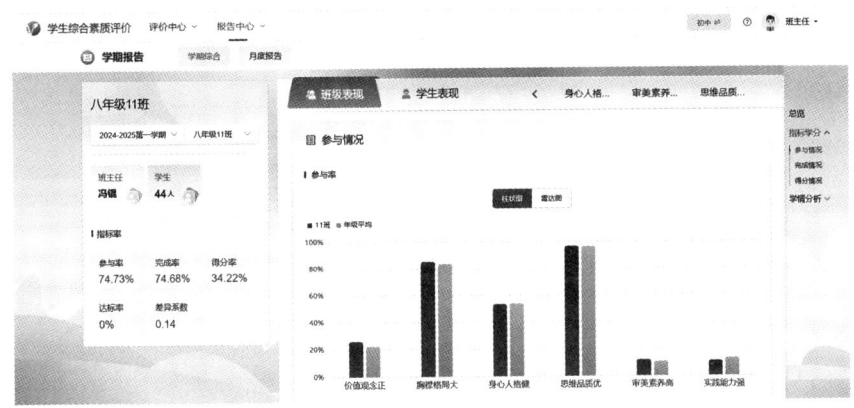

图7-2 班级数字档案馆界面（一）

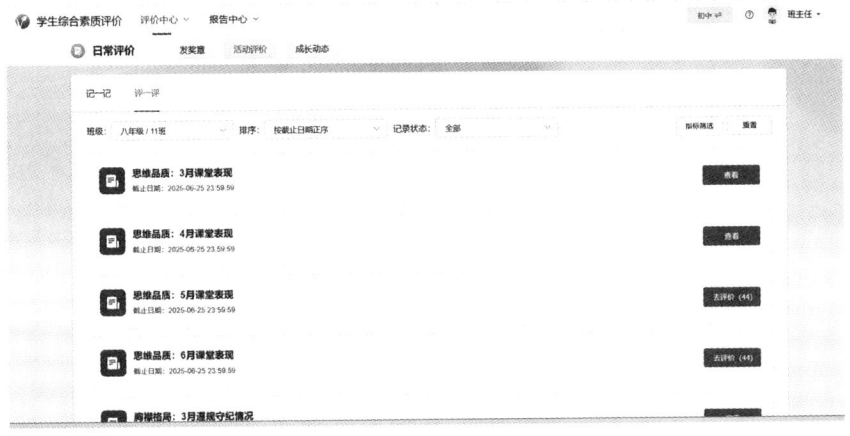

图7-3 班级数字档案馆界面（二）

二、如何进行个性化学生管理支持

(一) 用 AI 构建智能化自律学习环境

作为班主任,如何实现自习课的高效有序管理一直是班级管理的核心问题。随着教育信息化的深入推进,基于 AI 技术的智能管理工具正在重塑传统班级管理模式。以下推荐两款智能管理工具。

第一,OurTeacher。它有分贝检测仪的功能,支持预设"自习室"等 6 种典型教学场景声学模板,根据环境本底噪声自动校准安静阈值。填入使用场景"自习室"后,设置安静阈值,即可实时监测教室音量。学生保持安静时,屏幕上的绿芽会逐渐成长为一棵大树,用可视化激励培养学生专注力,用科技助力班级管理,轻松营造自律氛围,见图 7-4。

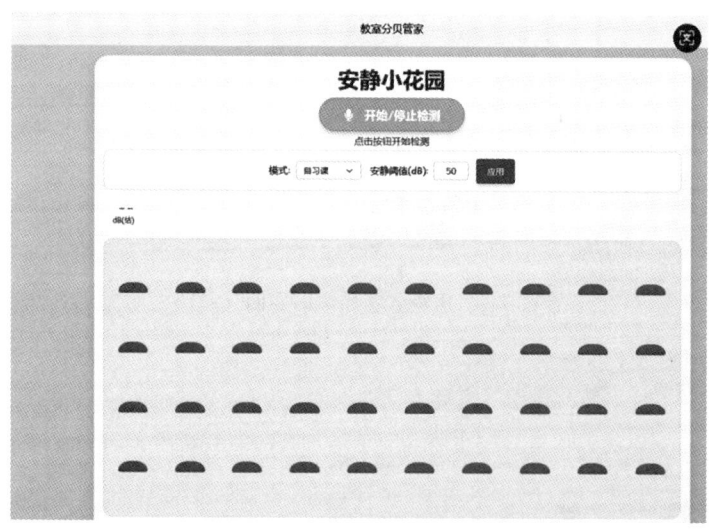

图 7-4　OurTeacher 平台自习室界面

另外,我们还可以借助生成式人工智能创编小程序。南京师范大学附属中学新城小学班主任、数学教师仲启蒙,发现晨读时学生的声音总是忽高忽低;自习课上,总有学生因环境嘈杂分心……于是借助 DeepSeek 大语言模型把声音数据转化为孩子们看得见的成长动力。她输入需求：

"请帮我设计一个小学早读使用的游戏小程序，内容为：通过麦克风实时监测分贝，并根据声音强度生成种小树动画反馈的 html 文本程序。"

DeepSeek 立刻生成了"早读种小树"的程序框架。它通过自然语言交互快速响应需求，将抽象概念转化为可执行的代码。

在后续的迭代中，仲老师逐渐摸索出与 AI 协作的节奏：设置"实时分贝值"让学生看见自己的努力，用"种树统计"和"激励语"点燃他们的斗志。当"读书小树"在屏幕上抽枝发芽时，学生的眼睛亮了——原来专注的声音可以长出灵动的枝叶。在后续的使用中，她增加了"安静模式"，再后来，通过设置调整参数模块，让这个程序适应了晨读、自习、课间等不同教育场景，最终演化成"新城植物园"这片虚拟花园，见图 7-5。当"新城植物园"上线后，老师观察到令人惊喜的变化：学生从被动遵守规则转向主动参与学习。他们开始自发调节音量，甚至互相提醒"别让我们的花园枯萎"，教师角色也从"监督者"变为"引导者"。此设计通过数据可视化和游戏化设计，激发了学生内在驱动力，达成学生自我管理的效果。

图 7-5　"新城植物园"实时分贝检测程序界面

第二，有言——一个强大的数字人创作工具。通过3D捏脸功能快速生成老师的专属数字分身，上千种高精度模板自由搭配。我们可以根据个人特点，选择精度非常高的数字人，而数字人严肃或活泼的风格，可根据班级氛围灵活切换。数字人可智能执行语音提醒、任务跟踪，甚至模拟情绪互动，让纪律管理更生动有趣，用科技感与趣味性激发学生自主性，实现"无声胜有声"的班级管理，见图7-6。班主任老师的用心、用情，再辅以人工智能技术，人机结合推动班级管理的方式多样化。

图7-6 有言软件生成的"班主任"数字人

（二）让AI创新主题班会设计

传统的生涯教育主题班会，存在着形式单一、内容抽象等问题，缺乏互动体验和直观感受，难以激发学生的情感共鸣，而AI技术能带给我们创新和突破。结合AI的智能形象生成、职业能力分析和虚拟现实体验功能，班主任可以带领学生开展一场特殊的生涯教育班会课，沉浸式体验"梦想的力量"。

例如，南京市齐武路小学班主任、英语教师邵静在英语课堂上敏锐地察觉到一个问题，由于六年级学生的英语词汇量有限，在表达一些职业的英文名称和从事职业的相关知识时有一定的困难。部分职业的英文表达对于他们来说，就像是一道难以跨越的门槛。基于这一情况，她果断地抓住这个教育契机，以"我和梦想对话"为主题开展了一节别开生面的励志班会课。学生们从最初对AI的陌生和好奇，逐渐转变为主动探索和积极利用。他们甚至借助 AI 展开了一场别开生面的"与 20 年后的自己对话"的想象活动。在活动中，学生们仿佛穿越时空，与未来的自己进行了一场深入的交流。他们向未来的自己倾诉着现在的梦想和努力，也从未来的自己那里获得了鼓励和指引。这种跨越时空的互动进一步点燃了他们探索职业梦想的热情，让他们更加坚定了为实现梦想而努力奋斗的决心。

在班会课上，语言壁垒被彻底打破。学生们不再因为英语词汇量的不足而感到拘束，他们用自己最真诚、最质朴的语言表达着对梦想的追求和向往。就连平时在课堂上沉默寡言的学生，也鼓起了勇气，主动举手代表小组上台分享。他们站在讲台上，虽然声音还有些稚嫩，但眼神中却充满了坚定和自信。这节班会课不仅仅是一次简单的交流活动，它更像是一场心灵的洗礼。它不仅巩固了课堂上学到的知识，让学生们在实践中加深了对职业梦想的理解，更让梦想的种子在学生心中生根发芽。它激励着学生们为未来努力奋斗，让他们明白，只有心怀梦想，并为之付出努力，才能够实现自己的人生价值。

通过生成式人工智能生成 AI 职业形象，将抽象职业概念可视化，增强学生的职业代入感，让学生将看到"未来版"的自己，与"未来版"的自己对话，感受高度写实的场景，让梦想触手可及。我们还可以利用智能职业分析，AI 同步生成对应职业的核心能力清单，帮助学生理性规划成长路径。用 AI 具象化抽象的职业概念，不仅能激发学生的学习内驱力，提升职业规划能力，还能联结师生情感，增强班级凝聚力。可参考以下操作步骤：

准备阶段：

拍摄学生清晰的半身照（需提前获得家长允许）；

指导学生用简单句式描述梦想职业（如"22 岁宇航员，在空间站做实验，穿着蓝色航天服"）。

魔法时刻：

使用即梦 AI 上传照片，输入职业描述指令。

生成对比视频：

用剪映将童年照与 AI 职业照拼接，添加时光叠化转场特效。

（三）让 AI 成为班主任的排座师

传统的排座位方式往往依赖教师经验，如果兼顾学生的个性化需求会比较耗时。现在，借助 AI 智能排座系统，我们可以实现数据驱动的科学排座，让每个座位都发挥最大育人价值。综合考虑身高、视力等生理因素，以及学科能力差异、性格特征、社交关系等多维数据，不仅能实现强弱互补、合作学习等教学目的，还能促进学生社会化发展。

基于 DeepSeek 教育大模型开发，支持自然语言交互，只需简单描述需求如"按数学强弱搭配，兼顾性格互补"，即可智能生成最优方案，大大提升了班主任的工作效率。这不仅是排座方式的革新，更是教育理念的升级，为每个学生创造最适合的成长环境。

南京市齐武路小学班主任祝叔飞老师选用 DeepSeek，利用其对话交互，精准传达需求生成排座位网页。首先，准备好班级学生名单以及排座位时需要参照的信息表，在对话框中上传附件。其次，在 DeepSeek 对话框中输入明确具体的需求指令并提交。可参考以下指令：

请帮我做一个小学班级的排座位管理网页，双击就能运行。要求如下：

1. 网页背景色彩要和谐且有活力，融入校园元素，比如从顶部到底部可渐变呈现淡黄到浅蓝的色彩过渡。顶部显眼位置显示"南京市齐武路小学三（7）班座位管理系统"标题，标题字体清晰、美观，大小适中。

2. 为了方便调整，请生成一个便于拖拽学生姓名的网页，将男生女生分别用蓝色和粉色表示，空位显示"空"，用灰色表示。

3. 我们班级目前一共 24 位同学，12 名男生，12 名女生，请根据我给出的学生身高以及部分学生的特点，帮我安排新学期学生的座位。要求座位分三大组，每组 2 列，每列 4 人。调开爱说话和爱做小动作的同学，遵循"身高优先＋男女搭配＋动静互补＋特殊照顾"的规则，近视的安排在前两排，学习较弱的可以和学习优秀或乐于助人的为同桌。结果用表格的形式列出来。

再次，将 DeepSeek 生成的代码，复制保存为一个 html 文件（如"南京市齐武路小学三（7）班座位管理系统.html"），双击该文件，即可在浏览器中运行使用（见图 7-7）。

图 7-7　应用 DeepSeek 生成的座位管理系统

三、如何辅助学生心理健康监测

(一) 识别学生随笔中的消极词汇

当人工智能融合到教育中来的时候,我们思考的不仅仅是替代思考和解除繁重的事务性工作,还要考虑如何让学生得到福祉,实现校家社协同育人的数据积累。当下学生的心理存在较为脆弱的情况,在配合相关部门心理筛查的同时,班主任如何自行排查出学生的隐性消极情绪?南京东南实验学校德育主任冯锟老师在班级中组织班级流浪日记"奇葩记"活动,学生可以进行无主题书写,尽情吐槽。然后拍下学生的日记,输入 DeepSeek 排查消极词汇并做分析,关注重点学生的心理变化,给予人文关怀,及时做好和家长的沟通配合。(见图 7-8)

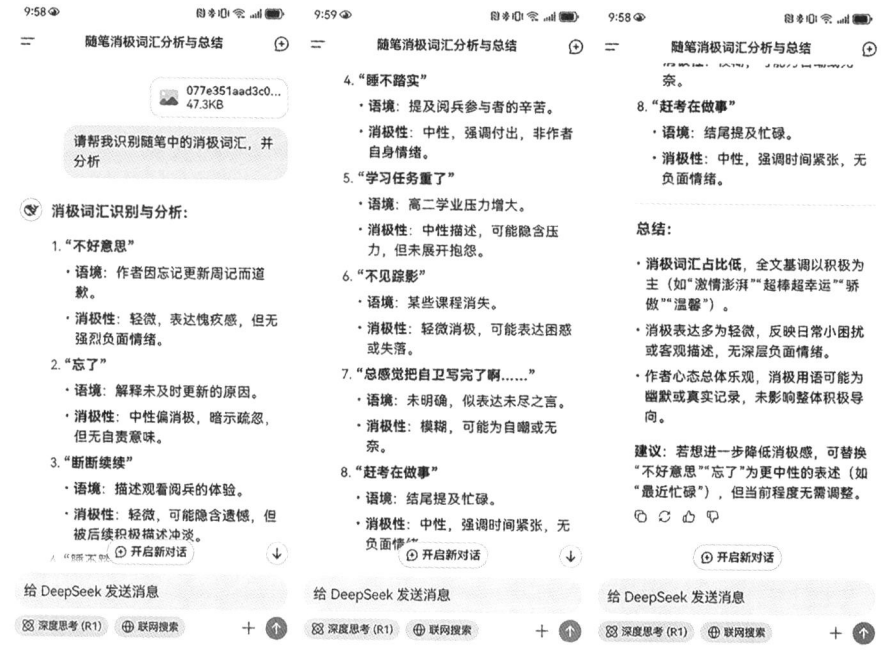

图 7-8　运用 DeepSeek 排查学生随笔中的消极词汇

(二)制作智能情绪雷达

为了了解学生的心理变化,进行可视化的心理观察,我们可以尝试利用腾讯文档的多人协同操作,打造一套便捷高效的"情绪晴雨表",巧妙捕捉学生的心情变化。使用腾讯文档工具,编辑"情绪打卡"模板,设置不同表情。每天让学生选择心情图标,一周后自动生成情绪波动曲线图,预警情绪持续低落的学生。

借助 AI 技术建立"情绪晴雨表",将学生的基本信息、心理健康测评结果、日常行为表现、情绪记录等多种数据整合在一起,班主任能够全面了解学生的心理健康历程,包括心理问题产生、发展和变化过程,为制定长期的心理健康教育计划提供依据。借助 AI 技术以图表、曲线等可视化方式呈现学生心理变化的关键信息，班主任能更加直观看到学生心理健康变化趋势，更准确做出决策，如调整班级管理策略、安排个别辅导。

（三）人机沟通释放心理压力

如何让孩子毫无顾忌地表达真实感受？在班主任老师对学生人文关怀的同时，我们可以适当巧用 AI 技术作为聊天机器人，细腻地模拟共情，达到润物无声、释放压力的效果。AI 不会批评或否定学生，学生可以倾诉对父母的抱怨、学业压力，而无需担心后果。而 AI 通过情感分析算法识别孩子的情绪状态，如愤怒、悲伤，并给出安抚回应，如深呼吸建议、积极心理暗示。

例如：当学生说"我讨厌考试"，AI 会回应："考试确实让人紧张，你愿意聊聊具体担心什么吗？"还会引导学生用认知行为疗法技巧重构负面思维。学生说"我永远学不好数学"，AI 可能回应："这次考试没考好，是否代表'永远'学不好？我们一起找找解决方法。"在模拟一名三年级的小学生借助 DeepSeek 倾吐自己的烦恼时，每一次的提问竟然有意想不到的回复，不仅幽默还能开导学生，对心理辅导能起到有益的辅助。我们还可以为学生准备好带语音功能的设备豆包，告知学生遇到情绪问题可随时找它，鼓励学生自己解决烦恼。豆包能对自己和同学的对话内容进行概括，进一步分析情绪，帮助班主任了解学生状态，起到一定的辅助作用。

四、AI 如何化身保护学生安全的数字哨兵

（一）一键报警系统

在科技飞速发展的当下，AI 正悄然化身保护学生安全的"数字哨兵"，为校园安全保驾护航。在教学楼、宿舍楼、卫生间等学生密集区域的显眼位置可以安装一键报警系统（见图 7-9）。这些外观醒目、操作便捷的报警装置，就像忠诚的"安全卫士"，时刻待命。当学生遭遇校园欺凌、突发疾病或其他紧急情况时，只需轻轻按下报警按钮，系统便会立即将报警信息同步传输至学校安保处和辖区警务室，同时触发现场声光报警，不仅能第一时间引起周

围人员的注意，还能让安保人员和民警以最快速度获取准确位置，迅速赶往现场处理校园不文明行为及各类突发事件，大大缩短了应急响应时间，为保障学生安全提供坚实基础。

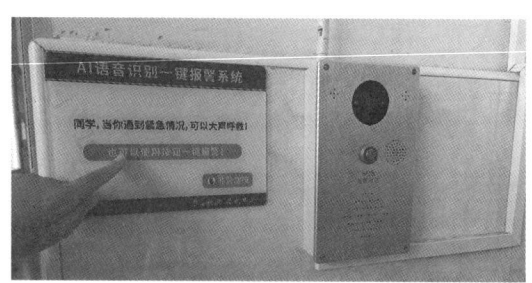

图 7-9 AI 语音识别一键报警系统

（二）课间安全玩伴

随着"开心一刻"课间活动的深入开展，如何兼顾学生活动自由与安全保障成为学校关注的重点。AI 技术可通过智能化、互动化的方式，构建"预防—监控—教育"全链条安全管理体系，为学生打造安全、有序且充满活力的"开心一刻"。班主任可以带领学生进行情景模拟训练，开展增强现实（AR）沉浸式安全教育，例如消防逃生、防踩踏演练、器械安全使用、安全知识闯关等，学生通过头盔或平板设备在虚拟场景中互动学习（见图 7-10），系统实时反馈动作规范性，强化安全行为记忆。

图 7-10 学生借助 AR 工具学习安全知识

（三）虚拟安全助手

在楼梯、洗手间等易发生事故的区域设置 AI 语音提示机器人，见图 7-11，其能自动识别通过传感器或摄像头的数据，分析人流密度，提醒"慢行""注意台阶"等，避免拥挤踩踏风险。班主任老师通过 AI 的主动预防、分析课间人流密度与活动轨迹，利用班会课进行动态调整，引导学生注意课间安全，避免拥堵风险，既能释放学生的课间活力，又能及时消除安全隐患，真正实现"安全"与"开心"的平衡。但是 AI 仅作为辅助工具，便于更好地预防和调整，人工巡逻岗仍需要保持巡查。

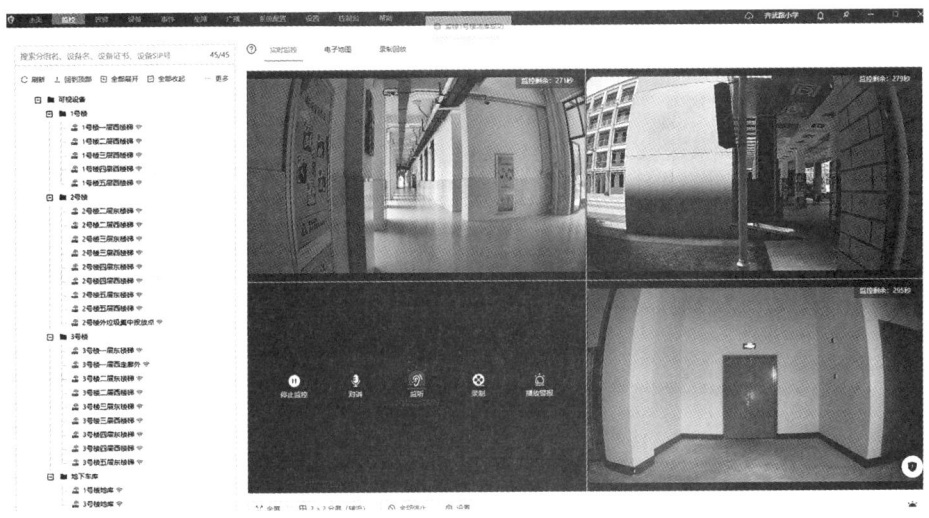

图 7-11　AI 语音提示机器人应用场景

（四）生成安全教育短片

想要生成一部精彩的安全教育短片，AI 能成为你的得力助手。以儿童在家乱用电的后果为例，你可以在 DeepSeek 等 AI 对话平台输入"以儿童在家乱用电的后果为主题生成一部儿童安全教育短片，时长不超过一分钟"，AI 便会快速输出详细的故事脚本。脚本里不仅会规划好短片的起承转合，还会设计出充满吸引力的情节，像孩子因为好奇用湿手触碰插座、随意连接过多电器等场景，搭配上令人警醒的后果描述，让安全知识自然融入剧情。

拿到脚本后，打开即梦 AI 软件，利用它的图像生成功能，将脚本中的每个情节转化为分镜头图片。在即梦的操作界面，只需输入对应文字描述，就能得到风格各异、色彩鲜艳的画面，无论是可爱的卡通形象，还是写实风格的场景，都能轻松实现。接着，使用即梦的视频功能，为这些静态图片赋予动态效果，让画面中的人物动起来，场景切换更流畅，原本平面的画面瞬间变得鲜活生动。

最后，把制作好的分镜头视频按照脚本顺序在视频剪辑软件中拼合起来，再配上合适的音效、背景音乐以及旁白解说。欢快活泼的音乐可以吸引学生的注意力，逼真的电流声、爆炸声等音效则能强化危险场景的紧张感，清晰的旁白讲解让安全要点深入人心。通过这样一系列操作，一部寓教于乐、适合在学校和班级开展主题教育的课间安全教育短片就新鲜出炉了，它能以轻松有趣的方式，将安全知识传递给每一位学生。

（五）班级管理小助手

放学前一分钟的 AI 安全播报，是班级安全教育的轻量化管理新方式。它巧妙利用碎片时间强化学生安全意识，不占用课堂教学时长，适合长期开展。在播报形式上，采用"声画互动"模式，见图 7-12：教室智能音箱或 AI 语音助手用亲切的儿童声线传递安全知识，班级电子屏同步滚动文字与动态图标，直观展示要点；设置趣味互动环节，随机抽取一名学生回答安全小问题，如"过马路要看什么灯"，让安全知识入脑入心。

图 7-12 AI 安全播报

在技术实现上，有多元选择：使用天猫精灵、小度等智能音箱，提前录制语音包并设置定时播报，操作便捷；借助讯飞 API 等 AI 语音合成技术，生成每日动态内容，根据天气、日期等信息灵活替换关键词，让提醒更贴合实际；老师也可在手机安装讯飞听见等文字转语音 APP，每日手动点击播放，随时调整播报内容。

此外，播报内容还细分为常规版、雨天特别版、周末/假期版。常规版覆盖日常安全知识；雨天特别版着重提醒防滑、防触电等注意事项；周末假期版则聚焦出行、居家安全，依据不同天气与时间节点，提供人性化、精准化的安全提醒，为学生安全保驾护航，如图 7-13 所示。

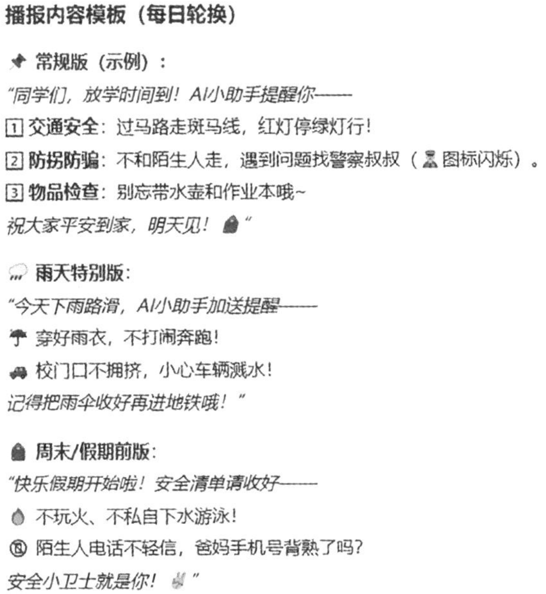

播报内容模板（每日轮换）

★ 常规版（示例）：
"同学们，放学时间到！AI小助手提醒你——
① 交通安全：过马路走斑马线，红灯停绿灯行！
② 防拐防骗：不和陌生人走，遇到问题找警察叔叔（🚔图标闪烁）。
③ 物品检查：别忘带水壶和作业本哦~
祝大家平安到家，明天见！🎒"

🌧 雨天特别版：
"今天下雨路滑，AI小助手加送提醒——
☔ 穿好雨衣，不打闹奔跑！
🚗 校门口不拥挤，小心车辆溅水！
记得把雨伞收好再进地铁哦！"

🔒 周末/假期前版：
"快乐假期开始啦！安全清单请收好——
💧 不玩火、不私自下水游泳！
📞 陌生人电话不轻信，爸妈手机号背熟了吗？
安全小卫士就是你！👍"

图 7-13　AI 语音播报内容分类

第二节　AI 如何打通家校协同"最后一公里"

在教育的征途上，家校协同如同驱动学生成长的双引擎，二者缺一不可。

然而现实中，家校合作常被信息壁垒、沟通代沟、活动组织难题等"绊脚石"阻碍，难以实现深度融合。当传统家校沟通模式遭遇瓶颈，AI 技术凭借强大的智能化手段破局而来。从破解家教难题，到汇聚家长智慧的线上协作平台，AI 携带着众多实用工具和创新应用，为家校协同开辟了全新路径。接下来，就让我们结合真实落地的 AI 系统与程序，深入探究这些神奇功能如何精准击破家校合作痛点，真正打通家校协同的"最后一公里"。

一、家教难题破解：AI 私房课单精准推送

（一）如何指导家长应对 AI 时代

在 AI 飞速发展的时代，作为父母难免会感到焦虑——"孩子未来会被 AI 取代吗？""该不该让孩子多用智能工具？""如何平衡科技与传统教育？"家长有这些担忧就会向班主任咨询，我们该怎么引导家长放下焦虑呢？

第一，认识 AI，蹲下来看看他们的世界。班主任可以指导家长亲自去体验 AI，感受生成式人工智能的快捷、多维和新颖。指导家长尝试对孩子说："这个 AI 回答挺有意思，不过你觉得它漏掉了什么？我们可以一起再查查其他资料。"比"不准用 AI"更能激发孩子的批判性思维。

第二，赞扬孩子，允许孩子知道得更多。当孩子强调"DeepSeek 不是搜索引擎而是大模型"时，应让家长感受到这值得骄傲而非不安。今天的孩子天生就是数字原住民，他们对 AI 的接受速度比父辈快 3—5 倍，这不是背叛，而是进化。

第三，巧妙引导，接受不完美的探索。孩子用 AI 辅助学习被老师发现了，这也正是商讨 AI 工具的最佳契机。接受 AI 时代的利与弊，相信人的温度，相信亲子共成长的力量。AI 再强大，也无法复制家长轻拍孩子肩膀时传递的温暖。

第四，亲子互动，日常生活中的安心指南。周末晚上半小时，家长和孩子一起用 AI 查恐龙名字的由来、生成睡前故事主角、解答作业里的"为什么"、试着整理自己的易错题，约定"就像过马路要牵手，用 AI 时也要找大

人,爸爸妈妈是你的家庭老师"……

举一个例子,一位妈妈发现女儿用 AI 写读后感:

× 错误做法:立即禁止,引起逆反心理。

☐ 更好做法:"我们来看看 AI 写的和你之前写的有什么不同?你觉得 AI 哪个比喻用得最妙?我们能不能受到启发想出更棒的?"

第五,启发思考,与孩子深度对话。指导家长在生活中与孩子平等对话,多问为什么、怎么做,激发孩子的探究欲望。比如,"AI 给出的事件分析,我们怎么辨别对与错?""如果你不会的数学难题,AI 给出了解题步骤有错误,你如何发现?""针对 AI 给出的答案,我们进行找漏洞比赛吧。"

第六,建立"AI 使用家规"的 SMART 原则。在家庭教育中,针对可能出现的问题建立适当的制度并进行监管,设置青少年模式、使用时间提醒等,可以更好地构建 AI 安全网。例如,引用彼得·德鲁克在《管理的实践》中提出的 SMART 原则(见图 7-14),让 AI 赋能家庭教育。

维度	小学阶段	初高中阶段
Specific(具体)	用AI前先自己思考10分钟	AI生成内容必须标注引用来源
Measurable(可测量)	每周AI使用≤3次	论文初稿AI辅助率<30%
Attainable(可实现)	先完成作业基础部分,再用AI挑战拓展题	AI解题后需口述解题逻辑
Relevant(相关性)	仅限科普/作文辅助	可用于研究性学习课题
Time-bound(时限)	单次≤20分钟 周末19:00—19:30为家庭AI探索时间	考前一周禁用生成功能 周末19:00—19:30为家庭AI探索时间

图 7-14 利用 AI 生成的"AI 使用家规"SMART 原则

(二)怎样用 AI 制作家庭学习小程序

当 AI 融入家庭教育场景,不仅能打破亲子间的沟通壁垒,还能为家庭教育注入全新活力。以古诗背诵为例,传统的反复诵读、机械抄写模式,常常让孩子望而生畏,甚至产生抵触情绪。而 AI 带来的游戏化学习理念,彻底改变了这一局面——它将知识转化为趣味关卡,让孩子在闯关冒险中不知不觉记住诗词，告别枯燥背诵的烦恼。

我们诚邀家长和孩子携手化身"小程序开发者"，借助 AI 的强大能力，共同制作一款专属的"古诗消消乐"小程序。在创作过程中，家长与孩子可以一起设计诗词关卡、构思特效动画，把原本单调的背诵任务，变成一场充满奇思妙想的亲子创意之旅。通过 AI 赋能，让学习变得既高效又有趣，让家庭教育成为一段温馨又充满惊喜的成长陪伴。

打开 DeepSeek，输入指令：

设计"古诗消消乐"课堂游戏，玩法与腾讯消消乐相同，只是替换为古诗上一句和对应的下一句"消消乐"，如：给出《惠崇春江晚景》《元日》《九月九日忆山东兄弟》三首古诗，三首诗拆分上下句打乱，每句第一句第二句为一组上下句，第三句第四句为一组上下句，以此类推，每一句都要显示。上句和下句为单独卡片，进行对应，并对古诗进行随机挖空，比如古诗上句"千磨万击还坚劲"，对应下句"任尔东西南北风"，显示为"千磨万击还（　）"和"任尔（　）风"，（　）里的为随机挖空名词内容，再次点击词语所在卡片，自动填充随机挖空内容；点击上句"千磨万击还（坚劲）"，再点击"任尔东西南北风"，这两句对应消失。以 3 * 4 随机显示卡片和对应单词，共 3 轮，以 html 格式输出。

DeepSeek 经过思考，生成代码，将此代码保存为 html 文件，直接在浏览器中打开即可开始游戏,,无需任何额外安装，见图 7-15。如需修改古诗内容，只需编辑代码中的 poems 数组即可。

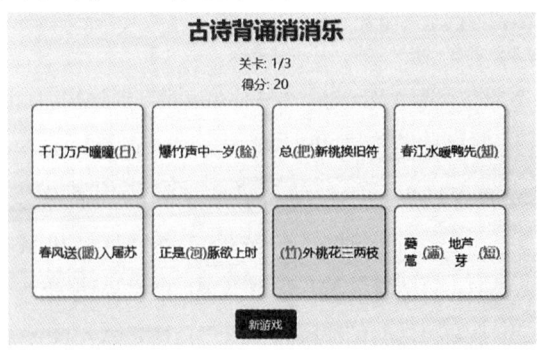

图 7-15　利用 DeepSeek 生成的"古诗消消乐"家庭学习小程序

家长和孩子共同创作，既能增进感情，也能培养孩子的逻辑思维和创造力。继续探索更多的 AI 操作，将完成的小程序分享给家人和同学，让孩子收获成就感和激发人工智能的探索欲！

（三）亲子活动怎样一键生成

班主任老师是否还在为设计亲子活动方案绞尽脑汁？那些翻遍教育网站却难寻灵感的焦灼、熬夜调整却担心适龄性的犹豫、打印材料时突现错漏的慌乱……你是不是有过这样的经历？而 AI 技术的崛起，为班主任推开了全新的创意之门。在 AI 工具中输入：

我是一名班主任，要开展一场亲子活动：二年级、户外、情绪管理，在亲子体验活动感受亲情。请设计一份亲子活动方案。

短短 30 秒，一套完整且专业的亲子活动方案便出现在屏幕上（见图 7-16）。

```
"快乐心灵 温顺同行"二年级亲子情绪管理户外活动方案
一、活动目标
1. 通过趣味互动帮助孩子认识基本情绪
2. 在自然环境中增进亲子情感联结
3. 教授简单实用的情绪调节方法
二、活动流程（时长2小时）
【开场破冰】情绪彩虹桥（15分钟）
· 亲子面对面站立，根据主持人指令做出表情：
  "太阳笑"（开心）、"乌云来"（生气）、"下雨啦"（难过）
· 家长孩子互相模仿对方表情，拍照记录最夸张的情绪脸
【主体活动1】情绪探险家（30分钟）
1. 情绪收集箱
  ○ 发放情绪卡片（喜、怒、哀、惧卡通图案）
  ○ 亲子合作在公园里寻找与情绪匹配的自然事物：
    ✓ 开心→盛开的花朵
    ✓ 生气→带刺的灌木
    ✓ 平静→轻轻摇摆的树叶
2. 情绪温度计
  ○ 用树枝/石子在地上拼出"情绪刻度盘"
  ○ 孩子站到对应刻度，讲述"上周最开心/生气的事"

【主体活动2】心灵充电站（25分钟）
· 呼吸魔法：亲子背靠背坐下，手持羽毛练习深呼吸
· 拥抱能量：计时1分钟拥抱，感受心跳（准备沙漏计时）
· 秘密树洞：把烦恼写在树叶形纸条上，共同埋入"情绪树洞"
【团体游戏】情绪小怪兽大作战（20分钟）
· 设置4个情绪堡垒（不同颜色帐篷代表不同情绪）
· 亲子组队完成挑战：
  ✓ 开心堡垒：合作完成搞笑舞蹈
  ✓ 生气堡垒：用玩偶玩"冷静角"角色扮演
  ✓ 难过堡垒：互相说3句安慰的话
【闭幕仪式】心灵礼物（10分钟）
1. 亲子共同制作"情绪手环"（彩色橡皮筋编织）
2. 颁发"情绪小管家"证书（含家庭情绪管理小贴士）
三、物料清单
· 情绪卡片30套
· 羽毛、沙漏、树叶便签
· 彩色帐篷4顶
· 证书/手环材料
```

图 7-16　AI 生成的亲子活动方案

AI 生成的方案绝非创作的终点，而是班主任升级教育智慧的起点。此时，班主任摇身一变，从苦思冥想的"方案生产者"，转型为掌控全局的"活

动导演",可以增加有特色的文化体验,例如剪纸、皮影戏等非遗项目,在亲子活动中相互配合、挑战自我,同时浸染独特的地域文化魅力;也可以设置分层难度,系统即刻根据学生的实际情况,量身定制专属任务卡,确保每个孩子都能在活动中收获成长。

曾经耗费在资料筛选、标准核对、流程编排上的漫长时光,如今得以解放。班主任们将精力聚焦于更有价值的教育场景——在亲子活动现场,用专注的目光捕捉每个家庭互动的温馨瞬间,用专业的洞察为家长和孩子提供个性化的教育建议。活动后,我们还可以借助 AI 技术记录活动过程,留下永远的记忆。

二、如何用 AI 破解沟通密码

(一)借助 AI 优化沟通体验

家校沟通是班主任工作的核心环节,而面对不同年龄层、不同教育理念的家长群体,如何让沟通更高效、更温暖,是每位班主任必须修炼的基本功。但班主任有时会在家校沟通时感到无助和茫然:消息已读不回,家长群一片沉寂;耐心解释却被误解,甚至遭遇情绪化指责;隔代教养观念冲突,沟通变成"拉锯战"……这些时刻,孤独感会突然袭来:"为什么我的付出,他们看不见?"而巧妙的沟通技能能优化沟通体验,在人工智能的帮助下,文字沟通内容可以被表达得更温情,有效减少由于沟通语言而带来的误解。例如,在 DeepSeek 等 AI 软件中输入:

"描述需要沟通的场景,学生之间发生的冲突,矛盾已经解决,但是家长各执一词,孩子重归于好了,作为班主任该如何调解双方家长之间的矛盾呢?模拟班主任的语气给家长发微信,要有理有据。"

借助生成式人工智能输入身份+需求+要求,就会生成一份沟通文案,简洁而温情的文案既帮助我们更流畅地进行家校沟通,又借助人机协同培养了教师的"语商"。

这里举个学校经常发生的例子:

"两个孩子在校内发生了矛盾,课间因为在室外跳绳,其中一人不小心把绳柄打到另一位同学的手，刚好碰伤了皮肤，伤了一个口子，流了不少血。矛盾已经解决，但是家长各执一词，孩子重归于好了，作为班主任该如何调解双方家长之间的矛盾呢？"

DeepSeek 给出了如下建议（见图 7-17）：

版本一：致受伤学生家长
（手写语气，突出心疼与负责）

XX妈妈/爸爸，您这会儿方便吗？
今天看着孩子手上包着纱布还坚持上课，我心里特别不是滋味。孩子当时忍着没哭，反倒安慰我说"跳绳不小心碰到的"，这份懂事更让人心疼了。（附伤口处理后的照片）

刚和体育老师一起复盘了经过：XX（对方孩子）甩绳时背对着您家孩子没注意到距离，两个孩子都吓坏了。现在他们互相写了道歉卡（拍照发给家长看），XX还偷偷问我"明天能不能帮XX接水"——您看，孩子们比我们想象中更珍惜友情。

和您商量三件事：
① 对方家长刚才打电话给我，声音都是抖的，反复说"只要孩子需要，我们随时上门道歉"，您看什么时候方便沟通？
② 明天早餐我打算给孩子带杯热牛奶（孩子说过喜欢），课间我来陪他们玩安静游戏
③ 这周咱们班的值日生任务，我准备让两个孩子搭档做"安全监督员"

您有任何想法随时告诉我，哪怕只是想聊聊孩子最近的状态，我都在线。

（隔开一段再发）
其实每次看到孩子们闹矛盾后反而更亲密，我都觉得特别感动——就像上次XX摔跤时，您家孩子是第一个冲过去扶的。这次意外，说不定会成为他们友情的特别记忆呢。

版本二：致主动方家长
（手写语气，强调理解与成长）

XX爸爸/妈妈，现在心里好受点了吗？
知道您一整晚都没睡好，但您今天坚持要亲自去医务室的态度，真的给孩子做了最好的榜样。（分享孩子写的反思纸条照片）

和您说个暖心细节：放学时您家孩子一直攥着XX的手说"明天我给你带草莓酸奶"，两个孩子额头抵着额头笑——有时候伤口反而让友情更结实了，您说是不是？

后续我们可以这样帮孩子：
✿ 医药费不急，等全部复查完再说（对方家长特意说"别催他们"）
✿ 明天我会假装偶然安排他们一起整理跳绳，让孩子自然修复关系
✿ 下周心理健康课，我打算用这个案例（隐去姓名）教全班"意外发生后怎么做"

您要是心里还有疙瘩，不如我们约个阳光好的午后，和孩子一起在操场边散步边聊？

（隔开一段再发）
悄悄告诉您，去年我被跳绳打到额头时，孩子们轮流给我吹伤口的样子让我哭得稀里哗啦。童年里的这些小伤痕，最后都会变成爱的记忆吧。

真诚沟通的秘诀：
1. **用故事代替说教**：展示孩子互动的具体细节（如"额头抵着额头笑"）
2. **暴露脆弱**：适当分享自己的情感反应（如"不是滋味""感动"）
3. **提供情感价值**：把事件升华到友情成长（如"伤痕变记忆"）
4. **留白艺术**：用分段制造呼吸感，避免信息轰炸

图 7-17　借用 DeepSeek 生成的沟通方案

（二）AI 组合筹备一次线上家长会

在班主任工作的百宝箱里，良好的家校沟通始终是拉近学校与家长距离的"金钥匙"。日常教学中，我们持续观察记录孩子们的学习表现、行为习惯与成长动态，而将这些总结反思高效传递给家长，召开家长会无疑是重要且有效的途径。在信息科技日新月异的当下，借助 AI 技术筹备阶段性班级线上家长会，实现更精准、更具针对性的家校沟通，为班主任工作注入新活力。

南京市齐武路小学班主任李思桐老师在筹备线上家长会时，将 DeepSeek 作为班主任的得力助手。打开 DeepSeek 网页，在输入框中清晰、详细地输入需求：

"撰写五年级上册期中班级线上家长会发言稿，内容涵盖学生学习情况总结、行为习惯分析、家校共育建议。"

AI 便能快速响应。点击生成按钮后，一篇逻辑清晰、内容翔实的讲话稿及 PPT 提纲即刻呈现眼前。

不仅如此，DeepSeek 还具备强大的"互动优化"能力。若对生成内容有调整需求，无论是增添个性化案例，还是修改语言风格，只需再次向其提出修改意见，AI 就能迅速优化内容。比如，希望发言稿语言更亲切自然，或让 PPT 提纲重点更突出，DeepSeek 都能按需调整，直至达到理想效果，大大节省了班主任的时间与精力，让家长会筹备工作变得轻松又高效。

完成讲话稿，精美的 PPT 课件制作同样关键，而 Kimi 将成为班主任们的"创意搭档"。通过 Kimi 的 PPT 助手功能，能快速解析提纲中的重点内容，自动完成分页设计，并对每个板块进行精准概括总结，生成详细的文字版 PPT 内容描述。从班级成绩柱状图分析，到学生日常活动照片展示说明，Kimi 都能给出专业且贴合主题的文案建议。

我们可依据家长会主题风格，从丰富的模板库中挑选契合的 PPT 模板，轻点生成按钮，一套图文并茂的 PPT 初稿便立马生成。若对生成效果不满意，点击"去编辑"即可进入深度修改模式。在编辑页面，左右两侧的工具栏集成了丰富多样的编辑功能，从字体字号调整、色彩搭配优化，到添加动画效果、插入视频音频素材，我们都能根据实际需求自由发挥，轻松将 AI 生成的内容打磨成极具吸引力的展示课件。借助 Kimi，原本繁琐的 PPT 制作过程变得高效又充满创意，让家长会展示更出彩。（见图 7-18）。

图 7-18　借助 Kimi 生成的家长会 PPT

如果缺少图片，这时我们可以请出豆包，选择"图像生成"，输入需求，可以从摄影风格、光影、色调等方面提出建议，选择符合要求的图片进行保存，添加到需要的位置。

精心筹备好家长会文稿与 PPT 课件后，如何让内容以更生动直观的形式呈现？借助 AI 视频制作工具有言，将静态的 PPT 转化为动态的家长会视频，融入班级学生日常学习生活的珍贵瞬间，大幅提升家校沟通的实效性。打开有言的"灵感中心"，这里有各类风格的视频模板。班主任可根据家长会主题与班级特色，挑选契合的模板。选定模板后，点击"全部替换"按钮，即可开启个性化创作之旅。在"我的素材"板块中选择"上传素材"，将已制作完成的 PPT 课件一键导入，系统会自动识别 PPT 页面，快速完成基础视频框架搭建。

为了让视频更具感染力，可将平日里记录的班级学生课堂发言、小组合作、课间游戏等精彩照片，或是校园活动的短视频，同步上传至有言。通过简单的拖拽操作，将这些承载着成长记忆的素材巧妙嵌入对应 PPT 页面，让家长透过屏幕，直观感受孩子们的校园日常。最后，回到视频编辑界面，将讲话稿按照PPT页面顺序逐页粘贴。有言内置的AI形象会依据文稿内容，以自然流畅的语调、生动的表情完成配音，同时智能匹配画面节奏，自动添加转场特效与背景音乐。一部融合图文、影像与语音的专属家长会视频便新鲜出炉，为家校沟通注入全新活力。

三、怎样用AI组建专家智囊库

（一）组建自适应学习系统AI自习室

带班育人的核心，在于唤醒学生内心深处的成长内驱力，而AI技术正成为这一过程的得力助手。南京东南实验学校德育主任冯锟老师介绍，学校别具一格的AI自习室便是生动例证。这里搭载的AI课堂分析系统，如一位不知疲倦的"学习观察员"，能对学生的学习行为进行实时监测与精准反馈评估。班主任通过系统生成的可视化数据报告，能清晰洞察每个学生的自习状态，了解他们在知识吸收、时间利用等方面的收获程度，从而为后续的个性化指导提供科学依据。

不仅如此，自习室中的学科自适应学习系统，更是为学生量身定制的"私人学习顾问"。它基于学生的知识储备、学习习惯和能力水平，智能匹配个性化学习路径。无论是薄弱知识点的专项突破，还是优势学科的拓展提升，学生都能在系统的引导下高效学习。小组讨论环节中，该系统还能根据成员特点，智能推送适合讨论的拓展性学习内容，助力学生在思维碰撞中深化理解。

此外，通过引入先进的DeepSeek智能引擎，驱动学生按照适合自己的节奏稳步前行。借助自适应学习系统、AI课堂分析系统等实践工具，AI自习室不仅成为学生自主学习的"智慧殿堂"，更逐渐发展为汇聚教育智慧的"民间专家智囊库"，为带班育人工作注入源源不断的创新活力，见图7-19。这一学习系统，也可以应用到家庭教育，更好地帮助家长辅导学生学习。

图 7-19　借用 AI 打造自适应学习系统 AI 自习室

(二) 学习使用 AI 的班本德育实践

在 AI 技术蓬勃发展的当下,如何让在校学生提升对 AI 的认知并熟练进行实践操作,是亟待攻克的难题。由于日常接触机会有限,且现有课程体系中 AI 相关内容融合不足,学生难以在常规学习中获得实操体验。为填补这一教育空白,南京东南实验学校德育主任冯锟老师创新推出基于 AI 的项目式学习活动。鼓励学生利用周末时间,以小组合作的形式开展 AI 实践探索,在亲身操作中感受 AI 带来的学习变革。项目结束后,借助问卷星快速收集学生反馈,通过数据分析精准把握大家关注的 AI 应用类型。根据分析结果,班级邀请学生与家长共同走上讲台,开设特色 AI 课程。课堂上,家长分享 AI 在生活中的实用场景,学生则化身"小先生",现场演示 AI 工具的神奇功能,如用 Kimi 依据设计思路一键生成精美 PPT,借助智影数字人与秒剪的组合,输入分享稿后让数字人代替自己完成演示,再用秒剪进行视频剪辑优化;Canva 可画则让学生自主设计出吸睛的海报,充分展现创意。

这些活动为学生搭建起与 AI 深度互动的平台,引导他们在实践中辩证看待 AI 的优势与局限,培养批判性思维和创新应用能力。在班级场景式"人机协同"模式下,大数据驱动的带班育人有了具体实践路径。学生在师生、家校的协同合作中,得以在大数据环境中构建起自主学习体系,开辟出个性化成长的广阔空间。

后　记

　　清晨的第一缕阳光照进教室，黑板擦得锃亮，课桌上整齐摆放着文具。这个延续了数百年的教育场景，正在经历前所未有的变革。站在今天的教育现场，我们目睹 AI 技术正在重塑教与学的每一个环节。当 AI 不仅能批改作业、生成教案，还能实时捕捉学生的情绪变化、个性化调整教学内容时，每个教育工作者都面临灵魂拷问：在这场人机相遇的教育变革中，究竟该举起抗拒的锤子，还是伸出合作的橄榄枝？

　　历史的回响总是如此相似。1811 年，面对蒸汽动力织布机的冲击，英国诺丁汉的纺织工人以"卢德将军"的名义砸毁了织袜机。E. P. 汤普森在《英国工人阶级的形成》中详细记载：机器普及后，约克郡剪绒工的收入从每周 21 先令骤降至 6 先令，许多体面工匠被迫转行成为街头小贩。两个世纪后的今天，当智能系统比教师更早发现学生的学习困境时，教育工作者同样面临着职业价值的重估与重塑。

　　然而，历史的智慧往往藏在转折处。那些愤怒的"卢德分子"没有预见，工业革命在摧毁旧岗位的同时，也创造了机械师、质检员等新职业。同样，AI 对教育的冲击正在催生学习设计师、教育数据师等新角色。斯坦福大学教育科技实验室的最新研究显示，善用 AI 工具的教师能缩短备课时间，转而将更多精力投入到教学创新和个性化指导中。技术淘汰的从来不是职业本身，而是故步自封的工作方式。

　　在这个人机协同的新时代，我们需要建立几个关键认知：首先，教育的本质正在回归其本真。当 AI 接管知识传授的基础工作，教师得以真正专注于教育的核心使命——价值观引导、创造力激发和人格培养。就像望远镜扩展了天文学家的视野，AI 应当成为教师的"认知增强器"，而非替代品。其次，教师的专业内涵正在发生质的变化。在"教师—AI—学生"的新型教育生态中，教师的独特价值体现在那些机器无法替代的人文维度：察觉学生情绪波动的敏锐，将课堂意外转化为教育契机的智慧，以及对每个生命独特性的理解与尊重。

教育正站在范式转移的临界点上。从"教师＋教材"的二维模式，迈向"教师＋AI＋数据"的三维生态，这场变革既带来挑战，也孕育着新的可能。在这个新生态中，教师的专业价值不再是与机器比拼知识储备或批改速度，而在于培育那些机器永远无法复制的教育智慧：对教学时机的精准把握，对学生需求的深刻洞察，以及对学习共同体的文化塑造。

本书旨在为教育工作者提供一份转型路线图。我们将共同探讨：如何让AI成为个性化教育的助推器而非标准化工具，如何在效率与温度之间找到平衡点，如何在技术浪潮中守护教育初心。通过翔实的案例、实用的策略和深度的思考，我们希望帮助每一位教育者在这个变革时代找到自己的位置。

感谢福建教育出版社的邀约，让我们的研究能进行系统性的思考。2025年春节过后，我就组织学生们一起思考、一起研究、一起实践AI如何赋能教学，我跟学生们说"走快半步就是专家"，如今他们真的成为了这个领域的专家。本书由刘大伟统筹设计，绪论由刘大伟负责，第一章由杜锐博士负责，第二章由李文烨博士负责，第三章由何欢欢博士负责，第四章由赵梓如负责，第五章由方雨琳负责，第六章由陈晨负责，第七章由邵丹丹负责，全书最终由赵梓如统稿审校。这是一本团队合作的成果，感谢大家的努力付出，让我们基层教师在走快半步上成为了可能。

教育的真谛，永远在于启迪心灵、点亮生命。在这个AI时代，让我们既不盲目崇拜技术，也不固守传统，而是以开放而审慎的态度，共同探索技术与教育融合的最佳路径。因为最终，我们要培养的不是更聪明的机器使用者，而是更完整的"人"。翻阅这本书后，希望我们能共同开始这段充满可能的探索之旅。

刘大伟
2025年5月于江苏南京